VIE

DE D. CARLOS V

DE BOURBON, ROI D'ESPAGNE.

Seront réputés contrefaits tous les Exemplaires
non revêtus de la signature de l'Auteur.

DON CARLOS.

VIE

D. CARLOS V

DE BOURBON, ROI D'ESPAGNE.

Par V. Doublet,

Professeur de Belles-Lettres et de Langues Étrangères, à Bourges,

AUTEUR D'UN GRAND NOMBRE D'OUVRAGES DE MORALE,
DE LITTÉRATURE ET D'ÉDUCATION, ETC.

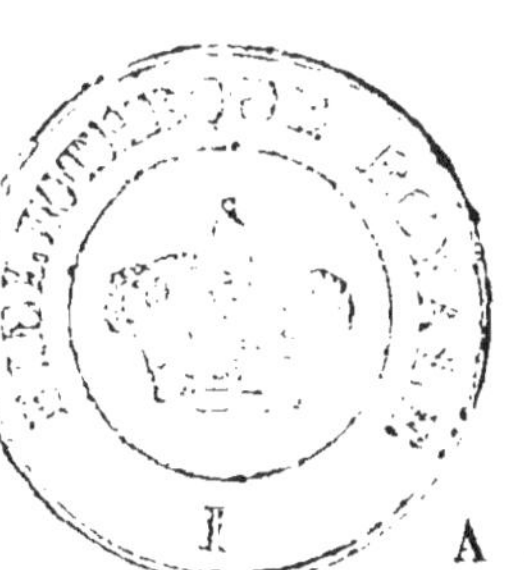

A BOURGES, CHEZ L'AUTEUR;

A TOURS, CHEZ R. PORNIN ET Cᵉ, IMPRIMEURS-LIBRAIRES;

ET CHEZ TOUS LES LIBRAIRES DE FRANCE ET DE L'ÉTRANGER.

1841.

CHARLES V DE BOURBON,

Le vrai héros n'est pas celui qui, heureux dans les combats, a toujours été favorisé par la victoire, a toujours cueilli des lauriers, a marché à pas de géant dans la carrière sans bornes des conquêtes; non , celui-là est un guerrier heureux , car

> Qui n'a pas des revers éprouvé les rigueurs ?

Le vrai héros est plutôt celui qui toujours maître de ses passions, de ses sentimens, de ses affections, maîtrise le cours des événemens , sait se plier aux circonstances , et se montrer grand dans toutes les occasions.

Dans la prospérité, il est au-dessus de sa fortune, puisqu'il est insensible à ses charmes et qu'il n'en use qu'avec sagesse et modération , pour ses propres besoins et pour ceux des hommes qui sont soumis à ses lois. Dans l'adversité, il est aussi plus grand que son infortune, puisqu'il s'élève au-dessus du malheur, et brave les efforts de la tempête en adorant la main de l'Éternel qui le châtie, car il sait que la divine providence dispense à son gré les biens et les maux pour le bonheur de ses enfans.

Honte à vous, qui méprisant les lois sacrées de la religion et de l'honneur, avez méconnu les droits inviolables dont votre Roi avait hérité, et l'avez si honteusement délaissé, trahi, abandonné; honte à vous, qui, par votre lâche et vénale défection, l'avez forcé de se réfugier sur le sol de France, où déjà vous aviez forgé des entraves à l'hospitalité qu'il réclamait; vous qui avez osé pousser la félonie et la cruauté jusqu'à convoiter sa ruine, à méditer sa mort, à mettre à prix sa tête auguste; tremblez ! Charles a des soutiens et des défenseurs !

Trop long-temps, ô grand Roi, vous avez gémi sous le poids accablant du malheur et des persécutions. Vos propres sujets ont abreuvé d'amertume ce cœur paternel qui ne désirait que leur bonheur. Vous vouliez tous les rassembler à l'abri de votre puissance tutélaire; vous savez trop bien que le ciel a fait les rois pasteurs des peuples, et que pour remplir cette haute destinée, il faut qu'un roi se montre véritablement le père de ses sujets. Vous avez rempli, Sire, cette noble tâche qui vous était imposée par le ciel. Mais la plupart de vos peuples, égarés par les perfides insinuations des ambitieux coupables qui tentaient d'exploiter à leur profit votre autorité suprême, ont méconnu la voix de leur pasteur, ont abandonné le bercail, et, brebis errantes, ils sont tombés entre les mains du cruel ravisseur.

t Sire ! puisse ma faible voix, en leur rappelant ce qu'ils doivent à leur Roi véritable, en leur montrant combien ce même prince qu'ils ont trahi, mérite d'être aimé et adoré, en leur faisant bien comprendre que plus ils s'éloignent de votre douce paternité, plus ils s'écartent du sentier du bonheur; les forcer tous à venir se jeter aux pieds de Votre Majesté, pour implorer le pardon que votre bonté est toujours disposée à leur accorder. Qu'ils comprennent, ces peuples, qui se sont laissé si facilement égarer, qu'il n'y a qu'un bon roi, qu'un prince légitime qui puisse enfin réparer tous leurs maux, calmer toutes leurs souffrances, leur rendre enfin le calme, la paix, la douce tranquillité dont ils sentent chaque jour plus vivement le besoin ! C'est alors, qu'ils béniront le ciel qui leur aura rendu leur véritable père; le voile de l'oubli couvrira leurs erreurs, ils ne se rappelleront leurs égaremens que pour enseigner à leurs enfans que là, est le bonheur, où est la fidélité, et alors, il n'y aura plus qu'un seul troupeau et qu'un seul pasteur.

VIE

De S. M.

D. CARLOS V DE BOURBON,

ROI D'ESPAGNE.

L'ESPAGNE.

Nous n'entreprendrons pas ici de donner au public une histoire tellement circonstanciée, qu'elle ne laisse plus rien à désirer sous le rapport des faits nombreux qui ont eu lieu pendant les sanglantes guerres qui ont affligé l'Espagne depuis une dixaine d'années. Il nous faudrait des volumes entiers pour retracer tant de souvenirs, et notre but n'étant que d'exposer clairement et succintement le tableau d'une partie de la vie de S. M. Charles V, et de désabuser cette quantité de personnes qui ont cru voir en lui un homme extraordinairement cruel, d'après les récits mensongers que l'on s'est plu à débiter en France. Nous nous bornerons à retracer ici les vertus, la douceur, la bienfaisance et les malheurs de cet illustre captif.

Nous sommes obligé aussi d'avouer que notre position de professeur de belles-lettres et de langues étrangères, nous ayant mis à même de fréquenter la maison qu'habite le roi, à Bourges, pour y donner des leçons pendant l'espace de vingt mois, nous nous sommes prévalu des éclaircissemens que nos rapports fréquens avec plusieurs personnes de cette royale maison ont pu nous procurer. Mais S. M. ayant eu connaissance que nous jetions les fondemens de l'histoire de sa vie, a manifesté une volonté tout-à-fait opposée à l'exécution de notre projet, et a défendu que l'on mit au jour des faits que sa piété et sa résignation voudraient, s'il était possible, laisser éternellement ensevelis dans la nuit des temps. Elle a aussi défendu que l'on soulevât des questions que les plus clairvoyans ne sauraient eux-mêmes décider sans risquer de se tromper, et que le temps et les circonstances seules pourront éclaircir.

Plein de respect pour la volonté suprême de S. M.; admirant surtout les louables motifs qui l'ont engagée à dicter ces sages mesures, nous nous sommes dispensés d'émettre notre sentiment sur les faits postérieurs à la retraite de l'armée royale devant Madrid, et nous nous sommes contenté d'indiquer seulement les faits d'après l'expression des journaux. Quant aux vertus sublimes du roi, nous pouvons en parler de science certaine, ayant été nous-même témoin d'une multitude de bonnes œuvres qu'il a faites pendant son séjour à Bourges : et l'on peut dire de lui avec vérité, que son grand cœur surpasse sa fortune : car relégué au centre de la France, captif dans une habitation étroite, privé des biens de son patrimoine, vivant lui-même pour ainsi dire au jour le jour et comme il plaît à Dieu, sa charité sans bornes trouve encore de quoi soulager bien des infortunes, réparer bien des malheurs, essuyer bien des larmes.

Touché de tant de vertus, nous avons cru qu'il était de notre devoir de consacrer notre plume à les publier : d'abord, pour les exposer comme des modèles à imiter, et ensuite dans l'espoir que le témoignage rendu à la douce piété de ce prince pourrait être une légère consolation dans ses malheurs, s'il est vrai qu'une larme versée sur le sort d'un infortuné est une larme qu'on épargne à ses yeux, une consolation que l'on donne à son cœur, un rayon d'espérance que l'on fait briller dans son ame.

Nous nous estimerons heureux, si nous avons pu remplir ce double but ; mais auparavant, il nous semble nécessaire de faire le tableau de la situation de l'Espagne, à l'époque où nous écrivons.

L'Espagne a toujours manifesté les principes religieux qu'elle professe. Les Espagnols ont toujours reconnu que le Tout-Puissant est la cause universelle dont dépendent toutes les autres dans leur essence, dans leur existence et dans leur manière de se produire. Aucune nation éclairée n'a mis en doute cette vérité, comme aussi elle n'a jamais douté que la reine des anges, la mère de Dieu s'est plu à manifester la protection et le patronage particulier qu'elle a bien voulu accorder à ce royaume. On ne doit donc pas s'étonner que le pieux roi Charles V ait choisi cette même reine des anges, sous l'invocation de la Vierge des douleurs, comme généralissime de ses armées, comme patronne et comme protectrice des défenseurs de la sainte religion de Jésus-Christ, persécutée en Espagne par les impies révolutionnaires, les mêmes qui font la guerre à son autorité. L'Espagne légitimist abandonnée à sa seule opinion eût suffi pour triompher de la révolution dans les premiers jours qui suivirent la mort du roi Ferdinand. Le soulèvement en faveur du roi légitime, de D. Carlos V, a été général, et spécialement dans les Castilles, où plus de 30,000 hommes armés se présentèrent pour le soutenir. L'Andalousie, l'Estramadure, la Gallicie et les Asturies avec les royaumes de Valence, d'Aragon, de Catalogne et les provinces Basco-Navarraises se prononcèrent en partie. Le gouvernement de Madrid fut effrayé ; il prit aussitôt des mesures pour comprimer cet élan d'une population amie de la légitimité. Bientôt des ordres supposés circulent, on publie des indults, on fait recueillir toutes les armes, et on offre par ruse une paix avantageuse, sans effusion de sang.

Voilà quels furent les premiers piéges tendus pour apaiser l'incendie qu'allumait la fidélité ; mais bientôt on connut ces fallacieuses intrigues. On les reconnut par les fruits amers des assassinats, des prisons, des exils et de tous les genres de persécutions furieuses et acharnées. Le peuple fidèle fut obligé de résister à main armée à l'impétuosité de la révolution, sans autre secours que l'opinion générale et indestructible en faveur de la légitimité. Et qu'arriva-t-il ?

Le gouvernement de la révolution ne peut se vanter des avantages légaux qu'il a obtenus dans cette glorieuse, bien que malheureuse lutte. Maître de toutes les ressources de l'Espagne, avec une armée imposante, pourvu de tout ce qui lui était nécessaire, secouru par l'étranger même avec de nombreuses légions, il a combattu dans toutes les provinces où une poignée de braves défendaient la légitimité sans autre ressource que l'opinion du peuple éclairé, sans autres armes que celles qu'ils ont arrachées à l'ennemi, avec des obstacles

invincibles pour leur organisation, et sans aucune place forte,
sans capitale, sans autre point d'appui que ceux que leur
valeur jointe à la fidélité pouvait leur procurer. Eh bien !
qui a vaincu dans les batailles, malgré une si grande dispro-
portion ? Que leurs généraux le disent de bonne foi, s'ils
peuvent se glorifier d'avoir remporté une seule victoire qui,
militairement parlant, puisse être ainsi qualifiée, tandis que
l'armée de la légitimité en a remporté tant et de si glorieuses,
que, par leur résultat, les militaires les plus habiles en stra-
tégie ont été frappés d'admiration. Ces détails ne servent
qu'à manifester que les Espagnols combattant les uns contre
les autres, à l'exception des légions étrangères qui furent
battues sur tous les points, sont également courageux ; que
le dieu des batailles et la vraie opinion de l'Espagne sont en
faveur de la légitimité : et il était nécessaire que les révolutionnaires dont le nombre est insignifiant, mais qui ont de
l'appui dans les moyens qu'ils emploient et auprès de quelques nations étrangères, adoptassent des moyens illégaux pour
pouvoir célébrer un triomphe que Dieu a permis pour quelque temps, afin de mieux les confondre et les couvrir d'opprobre ; afin de châtier les crimes de l'Espagne par les co-
lères de son indignation provoquée par les Espagnols traîtres
et sans religion, et pour éprouver la patience et les vertus
de ceux qui, avec leur roi et sa royale famille, gémissent
aujourd'hui dans une horrible captivité, ou dans une triste
expatriation, ou même au milieu de leurs ennemis les plus
acharnés.

Une trahison fit tomber le vaillant D. Santos Ladron au
pouvoir de l'ennemi. Des ruses innombrables se forment dans
les provinces contre l'immortel Zumala-Carréguy. Des dis-

cordes, des dissensions, des haines et des jalousies produi-
sent d'horribles catastrophes parmi des chefs auparavant
d'accord, et tout cela, dans le but de les maintenir dans une
continuelle opposition. Des révolutionnaires payés s'intro-
duisent sur tous les points, pour s'attirer les sympathies du
soldat, et, se prévalant de la nécessité de l'instruction militaire,
paralysent les opérations, afin de pervertir la troupe avec les
vices que produit l'oisiveté, et d'étouffer cette vive ardeur
dans laquelle s'embrasait auparavant leur fidélité. Des calomnies infâmes sont répandues contre les hommes les
plus distingués et dont les principes d'honneur sont ac-
crédités ; causant ainsi des dommages plus grands et des
préjudices plus considérables que ceux qu'eussent produit
les excès même que l'on exagérait. Des émissaires, prosélytes de la révolution, ou ignorant ses trames, parcourent
toutes les nations en discréditant le nom espagnol, et en appelant l'attention des gouvernemens, et même celle des représentans de la légitimité espagnole, afin de détruire leurs
espérances, et d'énerver la force puissante des vraies et plus
solides raisons sur lesquelles ils les avaient justement fondées.
On suscite des contradictions violentes en Catalogne, pour
maintenir dans l'inaction l'armée qui s'y formait et dont les
victoires étaient le signal de la persécution ou de la déposi-
tion de ses chefs ; tandis qu'en Aragon et à Valence, on
s'efforce à tout prix d'ôter la vie au héros Cabréra, dont la
prévoyance miraculeuse et le caractère naturel rendaient in-
fructueux les projets multipliés de l'ennemi qui, masqués
sous différentes couleurs, causaient une vraie confusion
dans l'armée et dans le peuple. De tous côtés, on discrédite
audacieusement et injustement un roi juste, esclave des

partis incendiaires qui l'oppriment et lui ôtent toute liberté, ainsi qu'une reine pieuse, que ses vertus et son amour pour les Espagnols, feront toujours chérir comme une véritable mère; on séduit par la plus vile trahison les vaillans Basco-Navarrais, pour les mettre en contradiction avec les fidèles Castillans; un traître livre à l'ennemi la plus grande partie de l'armée, et oblige le Roi, le prince royal et l'infant à entrer en France avec tout ce qui put se sauver du naufrage.

Cependant, la légitimité triomphe encore dans toutes les provinces de la couronne d'Aragon, dans celles de Castille et de la Manche. Les révolutionnaires renouvellent de puissans efforts, et parviennent à obtenir l'expatriation de tous les défenseurs de la légitimité, après avoir suscité parmi eux des discordes incendiaires et d'atroces calomnies qui pouvaient, dans toutes les nations, causer le discrédit des honnêtes Espagnols. Et quel en a été le résultat ?..... Le voici.

L'Espagne présente les trophées de ses victoires dans le chaos de la confusion où l'ont placée les passions désordonnées des prosélytes de la révolution. Il n'y a pas de gouvernement, et la plus complète anarchie règne dans ce pays. La régente abdique et s'enfuit. On tient les propos les plus infâmes contre toutes les branches de la famille royale; la jeune Isabelle, que son innocence ne saurait mettre à l'abri des injures, devient la proie de ces loups dévorans qui ne la retiennent au milieu d'eux, que pour ne pas laisser échapper leur pouvoir. Les Cortès, dont on exaltait à un si haut degré la suprême autorité, sont dissoutes. En constituant une régence, ceux qui se sont despotiquement nommés, méprisent les formalités que prescrivent les lois, même dans le cas de minorité des rois. Chaque province est un royaume où commandent à leur gré les plus puissans et même les hommes du peuple de la plus basse condition. Une armée démoralisée appuie la sédition contre ses chefs sur divers points, et le général qui n'a tiré d'autre épée que celle de la séduction, de la ruse et de la lâche intrigue, dépose aux pieds du trône aboli les lauriers infâmes de la trahison, qu'il a obtenus avec l'or de la révolution, afin de s'emparer de la dictature qu'il enviait. Les assassinats des généraux les plus exaltés comme Latre, qui renouvellent ceux de Basa, de Canterac, de Quesada, de Sarsfield, d'Esclavera, de Mendez-Vigo ainsi que d'un grand nombre d'autres de toutes les opinions, sacrifiés dans les séditions. Une soldatesque insolente qui se révolte, en faisant à son gouvernement disloqué des exigences qui ne peuvent faire à moins que de présager et de faciliter de plus grands résultats de leur démoralisation. Voilà le triste tableau qu'offre encore en ce moment l'Espagne révolutionnaire qui a résisté et qui résiste au gouvernement monarchique et à son roi légitime ; et quels que soient les nouveaux plans et les nouveaux projets que l'on invente, il n'y aura nulle paix en Espagne, et l'on devra craindre la propagation de l'unique moyen d'éviter les maux présens et de prévoir les maux futurs ; et ce moyen, c'est la reconnaissance du seigneur **D.** Carlos V, comme roi légitime d'Espagne, selon les lois fondamentales et le gouvernement monarchique qu'elles prescrivent et dans la même forme qu'il a été convenu, consenti, soutenu et défendu de commun accord avec toutes les nations, depuis la fondation de la monarchie régnante jusqu'à ce jour, sans qu'il y ait de moyens légaux ni de circonstances qui puissent obliger à une variation. Juste droit par lequel

Charles V en Espagne et hors de l'Espagne, prend le titre
de Roi de cette contrée, et est reconnu comme tel, bien qu'une
révolution anarchique trouble sa possession , et bien que les
puissances conservatrices, ou qui se disent telles, n'en aient
pas fait une reconnaissance publique.

LA LIBERTÉ

ET

LES RÉVOLUTIONS.

J'irai dans le désert, où jadis en pleurant,
Et cherchant comme nous son salut dans la fuite,
David d'un fils rebelle évita la poursuite.
RACINE.

Celui qui donne à son gré les couronnes et les retire quand il lui plaît, qui tient le cœur des rois entre ses mains puissantes, et qui a dit aux monarques de la terre : *Vous êtes des Dieux,* se plaît quelquefois à abaisser ces puissances souveraines, soit parce que dans l'éclat de leur gloire, elles ont oublié le roi des rois de qui tout dépend dans l'univers, soit parce que ce souverain Seigneur a voulu achever de purifier, par le feu des tribulations, ces justes dont le monde n'était pas digne; soit encore, pour punir des peuples infidèles, en les abandonnant aux désordres de l'anarchie et aux aveugles fureurs des guerres civiles. C'est alors, que ces peuples malheureux, qui par leurs crimes ont attiré sur eux la colère de Dieu, deviennent les instrumens de leur propre supplice.

L'histoire est remplie d'exemples aussi terribles qu'effrayans, qui nous prouvent jusqu'à quel degré d'aveuglement et de barbarie peut tomber un peuple qui n'écoutant que les folles rêveries d'une liberté imaginaire, oublie ses devoirs sacrés, sa foi, ses sermens, pour se livrer à la merci d'hommes plus cruels que des bêtes féroces ; qui sous le prétexte spécieux d'affermir les libertés du peuple, ne cessent de faire couler le sang des citoyens, pour satisfaire leurs haines particulières, leur odieuse cruauté et leur insatiable avidité. C'est alors qu'il voit que ce titre pompeux de liberté, dont on l'avait tant flatté, n'était qu'un vain mot sans réalité, et qu'on ne lui avait promis cette liberté que pour mieux l'asservir. Mais trop souvent, hélas! il est trop tard ; ces malheureux restes d'une population moissonnée par la *terreur* et par l'acharnement des différens partis qui s'entr'égorgeaient dans l'espérance d'arriver au pouvoir, se voient forcés de gémir sous le poids accablant de l'énorme impôt qui doit servir à réparer une partie des maux qu'ils ont causés.

Peuple, où est donc alors cette liberté qu'on t'avait tant vantée ! Cette liberté pour laquelle tu avais fait tant de sacrifices, en faveur de laquelle tu avais commis tant de crimes !

Interrogeons l'Angleterre : Quel fruit, quels résultats a-t-elle retirés de cette révolution, qui, en substituant à son roi légitime un intrigant décoré du titre pompeux de *protecteur,* devait lui procurer une liberté sans bornes ? Que nous répondra-t-elle ? Ne craint-elle pas que des milliers de nobles victimes n'élèvent du fond des tombeaux cette voix accusatrice dont les derniers accens ont retenti dans l'univers entier, pour la flétrir aux yeux de toutes les nations ! L'ombre de Charles Ier ne viendrait-elle pas faire trembler par son imposante majesté les lâches blasphémateurs qui oseraient démentir les scènes de carnage qui ensanglantèrent le sol britannique? Oui, la mort de Charles Stuart forme dans l'histoire une page qui couvrira éternellement d'ignominie la nation anglaise.

Interrogeons la France : Où l'a conduite son zèle aveugle pour la liberté et l'indépendance? O ma patrie! à combien de malheurs n'as-tu pas été en proie, lorsque d'infâmes perturbateurs abusaient tes enfans, faisaient tomber sous le tranchant de la hache révolutionnaire, la tête de tes plus nobles soutiens, et au mépris de toutes les lois divines et humaines, renversaient à la fois et le trône et l'autel.

Peuple français, tu avais vu tomber la tête sacrée du meilleur des monarques, tu avais vu fermer les temples, abolir cette divine religion, source de tant de consolations dans l'infortune; et pour prix de ton dévouement, de ton approbation, de ton silence, de tes gémissemens, de tes souffrances, que te resta-t-il?... L'esclavage, les fers et la mort!

Rappelle-toi cette époque, où, lorsque lassé de voir couler le sang dans les rues de la capitale, effrayé du carnage souvent répété par les diverses factions, désirant te reposer comme le lion fatigué du combat, qui la gueule ensanglantée, rentre dans sa tanière, tu confias tes destinées à ton premier soldat... Qu'arriva-t-il encore? Ce guerrier, pressé par la soif de la gloire, ou plutôt conduit lui-même par la main de Dieu, qui voulait tirer de tes crimes une vengeance éclatante, conduisit tes enfans aux combats!

Les nombreux lauriers qu'ils cueillirent furent-ils suffisans pour arrêter les ruisseaux de larmes que firent couler tant de sanglantes batailles !

Plus tard, tu vis le héros, après avoir épuisé l'espoir de plusieurs générations, triller les restes de la population, pour y trouver encore quelques soldats.

Rappelons-nous ces journées signalées par le courage et l'énergie de cette population qui crut apercevoir dans ceux qui la gouvernaient, des oppresseurs et des tyrans. On vit tout un peuple marcher avec fierté contre les baïonnettes aiguës pour défendre ses droits; on le vit mépriser la mort, la recevoir et la renvoyer aux prétendus ennemis de ses libertés, et déclarer hautement qu'il n'est plus pour lui d'existence possible, dès qu'il a perdu ses franchises.

Loin de blâmer ton courage, ô peuple, je l'admire. Mais combien ta bravoure, ton dévouement me paraîtraient plus dignes de louanges, si des sentimens plus généreux avaient guidé tes actions ! Tu n'écoutas alors que ton ressentiment ; froissé dans tes prétentions, tu t'abandonnas à la colère. Ta fureur ne connut plus de bornes, tu sacrifias ta raison au besoin de te venger.

Tu voulais des libertés !... La Pologne en voulut aussi... Hélas !... L'Italie voulut t'imiter... Le contre-coup de la révolution que tu avais faite, se fit sentir jusqu'au-delà des Pyrénées, et tu oublias que tu avais été, peu de temps auparavant, le pacificateur de cette Espagne, aujourd'hui si désolée.

Moment horrible, où tous les États se trouvaient comme en dissolution par la secousse violente qu'ils avaient éprouvée; les trônes furent ébranlés; les rois étonnés en descendirent pour en raffermir les fondemens. Et bientôt ils y remontèrent avec plus d'éclat.

Mais jetons un regard sur le passé : comparons avec le présent, ces temps que nous appelions malheureux. Qu'y a-t-il de changé ? Je n'entreprendrai pas de prouver si la France a gagné à sa révolution ; c'est une question usée dans tous les journaux des différens partis. Reportons seulement nos regards sur les puissances qui nous environnent, et qui, imbues de nos doctrines, ont essayé des révolutions, d'après la glorieuse révolution modéle.

Quand je vois la Pologne gémir sous le joug de fer de l'autocrate, l'Italie obéissant aux lois de l'aigle à deux têtes, l'Espagne en proie à toutes les horreurs de la guerre civile, je ne puis retenir mes larmes, et faisant trève à des ré- flexions trop pénibles, je m'écrie avec le saint prophète : *Desolatione desolata est terra, quia non est qui recogitet corde*. La terre a été frappée de désolation, parce qu'il n'y a personne qui réfléchisse dans son cœur.

Oui, si le peuple réfléchissait, ou plutôt s'il ne se lais- sait pas surprendre, jamais il ne servirait d'instrument à ces terribles révolutions dont il n'est que trop souvent la misé- rable victime ; car il est doux et compatissant. Il aime la liberté ; mais souvent, on a profité de sa bonne foi, en lui faisant prendre pour liberté, une licence effrénée cause de tous les maux déplorables qui ont inondé la face de l'uni- vers. Non, peuple, ne t'y trompe pas, la liberté n'est pas la licence. La liberté, c'est le droit qu'acquiert tout citoyen français en naissant, de jouir librement des garanties que les lois lui accordent, pourvu toutefois qu'il se conforme à ces mêmes lois ; car c'est dans leur observance qu'il trouve la paix, la protection et le bonheur qu'il chercherait vaine- ment ailleurs. La licence, au contraire, est un appétit désordonné de s'élever au-dessus des lois qu'un injuste caprice ou le désir de mal faire nous fait fouler aux pieds. Et la cause de cette licence est, le plus souvent, produite par l'ambition ! Et pourtant, chaque fois qu'un ambitieux a voulu soulever et faire mouvoir ces masses d'hommes qu'il caresse, qu'il flatte, qu'il adore, pour les faire servir à ses coupables projets, et qu'un moment après il asservit en les méprisant, il n'a jamais manqué de faire retentir à leurs oreilles ce mot magique, tout puissant sur l'esprit des peuples, *liberté !* Et toujours le peuple l'a cru, et toujours il a été trompé.

Si pourtant il réfléchissait, ce peuple, aux tristes conséquences produites par ces fatales révolutions, il deviendrait plus sage, et montrerait une volonté plus ferme pour résister aux insinuations perfides qui lui sont suggérées. Mais le malheur veut, que ces conséquences, ou on les lui laisse ignorer, ou on les lui défigure tellement, qu'il est loin d'en pouvoir mesurer toute la gravité. Cependant, combien d'illustres proscrits gémissent dans les tourmens et les rigueurs de l'exil, et à la mémoire desquels on insulte, et que l'on plaindrait si l'on connaissait les peines qu'il éprouvent, que l'on bénirait, que l'on adorerait si l'on pouvait lire, au fond de leurs cœurs, les tendres sentimens qu'ils nourrissent pour les peuples qu'ils ont gouvernés, ou que la Providence sel avait appelés à gouverner.

N'en a-t-on pas vu plusieurs de ces illustres princes, gémir, dans le secret de leur retraite, sur les maux qui accablaient leur peuple, et travailler encore à les soulager, quoiqu'ils fussent presque assurés de ne recevoir, pour prix de rleu charitable sollicitude, que l'ingratitude et, souvent même, une haine aveugle et insensée.

Nous pourrions citer ici de nombreux exemples, mais un seul suffira pour démontrer la vérité de ce que nous venons d'avancer, et pour faire briller avec plus d'éclat les vertus obscures de l'illustre infortuné qui, dans son exil, s'est bien gardé d'oublier que Dieu l'avait placé au-dessus des autres hommes, non-seulement pour les gouverner, mais encore pour leur servir de modèle; car la dignité royale est considérée comme cette montagne dont parle l'Écriture sainte, et sur laquelle les peuples doivent toujours avoir les yeux fixés, selon ces paroles : *Respice et fac secundum exemplar quod tibi in monte monstratum est.*

VIE

DE CHARLES V DE BOURBON,

ROI D'ESPAGNE.

Beaux lieux qu'habite sa pensée
Contemplez sa gloire passée !...
. . . .
Qu'il est grand sur le sol de France !
Et pour vous léguer d'heureux jours,
Il se place, géant immense,
Entre le crime et la vengeance,
Entre le châlet et les cours !

V. DOUBLET.

Charles V de Bourbon, descendant de Louis-le-Grand,
roi de France et de Navarre, parent très proche de nos rois
légitimes, naquit le 29 mars de l'année 1788, à Aranjuez.
Il eut pour père Charles IV, roi d'Espagne, et pour mère
la reine Marie-Louise. Ce jeune prince montra dès son
enfance des dispositions extraordinaires pour l'étude. Le roi
son père confia le soin de son éducation aux savans Pères
D. Scio, et D. Christophe Bencomo. La philosophie,

surtout, parut intéresser d'une manière toute particulière l'infant **D**. Carlos ; il y appliqua tous ses instans ; et à la grande satisfaction de ses vénérables précepteurs, il fit dans cette science des progrès étonnans. Il ne savait pas alors, ce vertueux prince, combien cette philosophie chrétienne, qu'il puisait dans le sein de la religion, lui servirait un jour à apprécier à leur juste valeur les biens et les maux de cette misérable vie ! Il ne savait pas non plus, que deux fois exilé sur une terre étrangère, il n'aurait pour consolation que la force de son esprit, cette force que le raisonnement suggère, que la religion confirme, que la foi rend invincible, et que le juste regarde comme l'unique bien qui lui reste après le naufrage, puisqu'elle lui apprend à s'élever au-dessus du malheur, qu'elle affermit ses espérances, et lui fait trouver des consolations dans l'adversité.

Le général **D**. Vincent Maturana fut chargé d'enseigner au jeune prince l'art militaire, jusqu'à ce que son éducation fût achevée ; c'est alors qu'on lui donna pour gouverneurs, le marquis de Santa-Cruz et le duc de la Roca.

D. Carlos ne montra pas moins d'aptitude dans cette nouvelle science qu'il en avait montré dans ses études littéraires et dans celles de la philosophie ; il semblait déjà qu'un noble pressentiment lui fit sentir la nécessité de se servir bientôt après des connaissances qu'il aurait acquises dans ses études. Et en effet, à peine ce prince sortait-il de tutelle, et avait-il quitté ses maîtres, que la grande catastrophe qui vint priver l'Espagne de ses rois légitimes, éclata et donna aux princes l'occasion de signaler leur amour pour leurs peuples, aux peuples, celle de signaler leur amour pour leurs princes.

Napoléon, qui comptait pour rien la justice et la bonne
foi, quand il s'agissait de favoriser son ambition et ses
intérêts, fondit tout-à-coup sur l'Espagne, son alliée. Sous
des prétextes spécieux, la famille royale fut attirée à Bayonne.
Là, sans égard pour la majesté royale, pour la foi des traités, pour le droit des gens, le roi Ferdinand VII, D.
Carlos et leur oncle D. Antonio furent mis en captivité,
et conduits à Valençay où ils durent rester prisonniers.

Cependant les fidèles Espagnols, déplorant le sort de leurs
rois, ne s'en tinrent pas aux sentimens d'une stérile douleur.
Bientôt le feu de la vengeance éclata; en peu de jours, l'Espagne fut couverte de combattans, on jura d'exterminer les
Français trompeurs, et cette fatale résolution ne fut que
trop bien exécutée, pour le malheur de la France; car
l'héroïsme de ces fidèles royalistes força les Français à abandonner ce sol qui avait englouti six cent mille hommes des
meilleures troupes de l'empire. Cette guerre d'extermination
épuisa les ressources de la France.

Enfin le héros qui seul avait su faire tourner à son profit
tous les avantages de la révolution, qui avait un instant
épouvanté les rois, inondé le monde d'un torrent de gloire,
frappé de stupeur tous ses ennemis attérés, relevé l'orgueil
de la nation française, effacé, pour ainsi dire, la tache honteuse du régicide, en imposant à ces libres-captifs le plus
onéreux despotisme, acheva sa mission! Ainsi le voulut l'ar-
bitre suprême des destinées des humains, et ce colosse,
géant exterminateur, fut relégué sur un point du globe, où
quelques hommes seulement comprimèrent les effets terribles de ce génie vaste comme l'univers qu'il avait fait descendre à ses genoux!

Les rois respirèrent ! Leur terreur se dissipa, mais leurs regards restèrent toujours fixés sur ce rocher, où s'éteignait cette auréole brillante qui avait ébloui les nations.

Ferdinand VII et son frère D. Carlos rentrèrent en possession de l'Espagne ; la pacifique restauration les y invitait, et tous les rois se donnèrent la main pour former ce cercle impénétrable, qui devait pour jamais fermer tout accès à la funeste guerre ! Ferdinand était faible, Charles fut son appui, son soutien, son sujet le plus dévoué, et mérita, pour son auguste frère, l'amour des peuples que Ferdinand n'avait pas su captiver. Nous verrons, plus tard, comment ces mêmes peuples voulurent se rallier sous l'influence douce et salutaire de cet excellent prince, en le nommant leur Roi ; mais Charles, que l'esprit de religion remplissait toujours de l'idée sacrée de ses devoirs, ne profita de cette influence que pour ramener sous le joug paternel de son auguste frère, les sujets qui s'étaient laissés éblouir par l'éclat de ses vertus, mais qu'un moment d'aveuglement, ou plutôt un sentiment d'attrait invincible et irréfléchi avait entraînés hors de la voie qu'ils devaient suivre.

Et en effet, qui pouvait rester insensible aux charmes de la vertu d'un tel prince ? Religieux sans superstition ; charitable sans ostentation ; ami sincère, sujet toujours fidèle, il faisait consister tout son bonheur dans la pratique du bien. Son auguste frère trouvait en lui un conseiller sage et prudent ; un ami respectueux et fidèle ; un frère aimant, un guide sûr et éclairé. Les compagnons de sa captivité le regardaient comme leur génie tutélaire, et se reposaient sur lui du soin de les ramener dans leur chère patrie. En lui seul étaient fixées toutes leurs espérances. Les pauvres l'appelaient leur père. Toutes les infortunes trouvaient en lui un protecteur zélé, un consolateur affectueux , un véritable père, touché, jusqu'au fond de l'âme, des misères du peuple qui venait déposer à ses pieds toutes ses peines, et s'en retournait toujours consolé !

O Charles ! ta mémoire restera éternellement gravée dans le souvenir des bons habitans de Valençay. Ils ne peuvent se rappeler, sans verser des larmes d'attendrissement, ces momens heureux où tu daignais descendre dans l'habitation du pauvre pour y essuyer des larmes , pour y soulager les misères. Tous les jours encore , ils bénissent ton nom, illustre proscrit, et ils envient le sort des habitans de Bourges qui, aujourd'hui , ont le bonheur de te posséder au milieu d'eux. Mais ils ne savent pas, ces hommes pleins de reconnaissance, que ta situation ici n'est plus la même qu'autrefois ; ils ignorent qu'une surveillance incommode et sévère accompagne tes pas, suit tous tes mouvemens, scrute le secret de tes actions les plus cachées , et ne te laisse pas même goûter la douce satisfaction de te livrer à tes penchans généreux , et d'aller comme autrefois visiter le pauvre et l'affligé.

Étant rentré en Espagne, D. Carlos choisit pour compagne la princesse Dona Maria-Françoise de Bragance de Bourbon , fille du roi D. Jean VI de Portugal. Cette illustre princesse, plus recommandable encore par ses hautes vertus que par l'éclat de sa naissance, apporta à la cour d'Espagne cette douce humilité , si rare chez les souverains, cette patience, cette douceur, cette modération et cette charité tendre qui lui concilièrent tous les esprits.

Les mauvais exemples sont une espèce de contagion qui

se répand avec rapidité et gagne bientôt tous les cœurs ; le bon exemple, plus lent à s'insinuer, fait des progrès d'abord moins rapides, parce que les hommes sont toujours peu disposés à croire le bien qu'ils voient dans les autres, et encore moins disposés à le pratiquer ; mais telle est cependant la force du bon exemple, qu'il pénètre peu à peu dans les cœurs, il persuade, il plaît, et attire enfin une foule d'imitateurs. Tel fut aussi l'attrait puissant des vertus de la princesse. Son exemple fut imité de toute la cour, et il n'y eut personne qui ne tînt à honneur de marcher sur ses traces. Le ciel se plut à bénir un tel mariage, et trois fils en naquirent. D. Charles-Louis, prince des Asturies, D. Jean et D. Ferdinand. D. Charles-Louis, l'aîné de ses trois fils, fut d'abord élevé par sa mère, qui, à l'exemple de Blanche de Castille, crut que le premier devoir d'une reine est d'instruire ses enfans des principes de la religion, et de former leur cœur à la vertu.

Cependant D. Carlos s'occupait du soin de gouverner l'Etat, son frère l'avait chargé de ce soin important, et il se reposait en tout sur ce prince qu'il regardait comme l'âme de ses conseils, comme le plus ferme appui de son trône. D. Carlos présidait ordinairement, en l'absence du Roi, le conseil de la guerre et le conseil d'Etat. Il était en même temps colonel de cette célèbre division de cavalerie d'élite, connue sous le nom de carabiniers royaux. Il eut bientôt occasion de montrer combien il était attaché aux sages principes qui doivent former la base principale de tout gouvernement monarchique, car il savait que lorsque les esprits inquiets et turbulents parviennent à s'affranchir en quelque sorte d'une partie de l'obéissance qu'ils doivent à leur souverain, le roi doit marcher de concession en concession , et finissant par perdre toute son autorité, il tombe dans la disgrâce de ses peuples, et souvent même dans une honteuse et lâche servitude ; et quelquefois encore, la mort est le prix d'une coupable faiblesse. **D.** Carlos avait pour lui l'expérience, il se rappelait le sort infortuné de Charles Ier, Roi d'Angleterre, et l'exemple encore tout récent du vertueux, mais trop faible Louis XVI, Roi de France. C'est pour cela, qu'en 1820, lorsque les troupes que l'on devait envoyer en Amérique se mutinèrent et demandèrent la publication de la constitution démocratique de 1812, **D.** Carlos s'opposa fortement à la publication de la constitution et déclara qu'il fallait employer tous les moyens , même les plus rigoureux , pour s'opposer aux tentatives des rebelles. Cependant son avis n'ayant pas prévalu dans le conseil, la constitution fut accordée , et on alla jusqu'à demander que le vote de **D.** Carlos fut effacé des actes du conseil. Le Roi qui craignait d'offenser son frère dont il reconnaissait de plus en plus les nombreux services , et des bons avis duquel il avait un extrème besoin dans les circonstances difficiles qui se présentaient , ne permit pas qu'on lui fit souffrir une telle injure.

Les sentimens religieux de **D.** Carlos étaient trop bien connus des libéraux pour qu'il ne fut pas en butte à leurs persécutions. Ils savaient d'ailleurs, que tant que ce prince serait à la tête des affaires du gouvernement, il ne céderait qu'à la force, et qu'il faudrait lui disputer le terrain pied à pied. Or, les rebelles qui ne redoutent rien tant que les lenteurs, parce qu'ils craignent de voir rentrer dans l'ordre les masses qu'ils ont soulevées, ne pouvaient souffrir la présence d'un prince qui s'opposait continuellement à leurs desseins, qui dévoilait toutes leurs intrigues, qui faisait échouer tous leurs projets : aussi devint-il dès ce moment l'objet de tous leurs outrages, de leurs insultes et des plus cruelles vexations.

D. Carlos avait bien prévu que si l'on faisait aux constitutionnels une première concession, on se trouverait bientôt entraîné par le torrent contagieux des exigences ; et en effet, le Roi se vit tellement pressé de toutes parts par ses propres sujets, qu'il se vit forcé d'implorer le secours du Roi de France.

A peine la nouvelle se fut-elle répandue dans Madrid, que Louis XVIII envoyait en Espagne son neveu, le duc d'Angoulême, à la tête d'une armée de cent mille hommes, que le gouvernement révolutionnaire chassa toute la famille royale de Madrid, et la fit conduire à Séville au milieu des insultes les plus révoltantes et des injures les plus accablantes qu'on lui prodigua pendant tout le cours du voyage. Les cris de mort retentissaient sans cesse autour de l'auguste famille, et le peuple avait peine à contenir la fureur dont il était animé.

Arrivés à Séville, les nobles captifs furent déclarés déchus de tous leurs droits, on les mit hors la loi, on les accusa d'avoir trahi l'Etat, d'avoir appelé l'étranger pour combattre leurs peuples, et on les conduisit aussitôt à Cadix où ils furent jetés dans une obscure prison, en attendant que la nation décidât de leur sort.

Sur ces entrefaites, l'armée française vint se placer sous les murs de Cadix : elle assiégea la place et força la garnison à capituler. Les principaux articles de cette capitulation, furent que les français occuperaient cette place, et que la famille royale serait remise en liberté.

Ainsi, les progrès rapides de nos armes eurent bientôt pacifié l'Espagne, et replacé sur le trône cette même famille royale qui avait couru de si grands dangers, et qui aurait infailliblement péri, si le secours de la France eût tardé seulement de quelques jours.

D. Carlos reprit de nouveau son poste au conseil d'Etat, et fut aussi chargé des affaires particulières; mais sa principale occupation, pendant les loisirs de la paix, fut de consacrer ses instans à l'éducation de ses enfans; il voulut lui-même remplir ce devoir sacré et s'en acquitter avec toute la douceur d'un père tendre, et la sollicitude d'un instituteur éclairé. Son zèle et ses lumières obtinrent les plus heureux résultats; car ses illustres fils répondant aux bons soins de leur tendre père eurent des succès prodigieux.

Ce bon prince employait encore une partie de son temps à satisfaire son inclination naturelle à exercer les œuvres de charité. Tantôt, il visitait des pauvres militaires et soulageaient leur indigence; tantôt c'était des veuves et des orphelins. En un mot, il employait tout son superflu en aumônes, soit pour subvenir aux nécessités des maisons d'éducation, soit pour secourir des infortunes de quelque nature qu'elles fussent; car, habitué lui-même au malheur, il compatissait aux peines de tous les malheureux qu'il regardait comme ses frères.

Ne le vit-on pas à Orihuela, rassembler les vierges éparses que le tumulte des guerres civiles avait dispersées, les réunir dans une communauté, les doter richement de ses propres revenus, et leur assurer un avenir paisible. Il leur fit construire lui-même une église et un monastère qu'il plaça sous l'invocation de Notre-Dame de la Visitation.

Cependant le foyer de la révolution n'était pas encore tout-à-fait éteint ; quelques étincelles sortaient de temps en temps de ses cendres brûlantes, et il y avait tout lieu de craindre qu'un nouvel incendie ne vint à éclater.

D. Carlos qui était toujours considéré par les révolutionnaires comme le plus grand obstacle à leurs projets, devint encore une fois le but principal de leurs attaques. Ils employèrent tous les moyens possibles pour se défaire de ce prince, ou au moins pour l'écarter de la cour ; car ils savaient bien que tant qu'il y conserverait son influence, ils ne pourraient que s'exposer inutilement à un danger certain, en proposant des voies de réforme. Après avoir usé en vain toutes les ressources de la ruse, de la perfidie la plus honteuse, ils eurent recours à la plus noire calomnie ; mais c'était trop de hardiesse ; accuser **D.** Carlos de conspiration contre son frère, c'était déraisonner ; ils eurent honte eux-mêmes de leur infâme calomnie, lorsqu'ils virent qu'ils s'étaient trompés si grossièrement, et ils en rejetèrent la faute sur les conseillers ; leur indignation tomba principalement sur l'archevêque de Cuba, l'illustrissime Elizalde confident de **D.** Carlos, qu'ils forcèrent de sortir de Madrid.

Tous les complots des malveillans ayant été déjoués, leurs projets ayant aussi échoué dans le soulèvement de la Catalogne en 1827, l'Espagne rentra dans l'ordre, et la paix la plus profonde régna jusqu'en 1829, époque à laquelle le roi Ferdinand se maria pour la quatrième fois, et épousa Marie-Christine, fille du roi de Naples.

Un pressentiment presque général avait fait croire que les suites de ce mariage seraient funestes à l'Espagne. L'effet ne tarda pas à prouver que ce n'était pas sans raison qu'on

avait conçu ces justes craintes : les intrigans et les révolutionnaires profitant de cette circonstance, engagèrent le roi
D. Ferdinand à publier au mois de mars 1830, une pragmatique sur la succession d'Espagne. Cette pragmatique
renversait l'ordre établi par la loi fondamentale de Philippe V. Par cette loi, les femmes sont exclues de la couronne,
toutes les fois qu'il y a des princes. Voici le texte de la loi :

« Les États-généraux assemblés à Madrid, voulant prou-
» ver leur amour et leur zèle pour le Roi et pour la patrie,
» ont réglé définitivement, que les princes descendans de
» Philippe V, en quelque degré qu'ils soient, parviendront
« à la couronne avant les princesses, *fussent-elles filles du*
» *régnant.* » L'auteur dont nous empruntons ce texte,
ajoute : « Toute l'Espagne applaudit à une loi qui fixait la
» succession à la couronne dans la postérité masculine, de
» préférence aux droits des femmes, et dissipait la crainte
» d'être soumis désormais à un prince étranger. »

Il est impossible de décrire les ruses et les intrigues que
l'on mit en usage pour abuser la bonne foi et surprendre la
prudence des hommes intelligens qui veillaient au maintien
de la loi ; mais tous les efforts furent vains ; les coupables
intentions des révolutionnaires furent connues, et presque
toute l'Espagne fut saisie d'indignation en voyant qu'on avait
voulu la tromper.

Cependant les esprits clairvoyans prévoyaient déjà les maux
de tout genre qui devaient affliger leur patrie, et ils en
étaient profondément affligés. Les révolutionnaires seuls et
les intrigans au contraire se réjouissaient par avance avec
quelques lâches flatteurs, de l'établissement de la nouvelle
loi, que le Roi fut assez faible pour sanctionner.

Le Roi de Naples, qui était venu accompagner à Madrid sa fille Marie-Christine, fut le premier à protester contre cette nouvelle détermination qu'il regardait comme contraire aux lois de l'Espagne et aux intérêts des familles. Louis-Philippe alors duc d'Orléans, et le Roi de France se montrèrent du même avis; une protestation publique devait même avoir lieu; mais la France se trouvant alors engagée dans une guerre importante contre Alger, n'eut pas le temps de s'occuper des affaires de l'Espagne.

Nous aurons bien plus tard, et d'ailleurs c'est une tâche que nous nous sommes imposée en écrivant cette histoire, de prouver la légitimité de Charles V. Cette partie contentieuse devant être appuyée sur les lois fondamentales du royaume, nous nous engageons à prouver d'une manière invincible et en dépit de toute suggestion contraire, de tous les sophismes inventés par les hommes dévoués à Marie-Christine, ou plutôt à la cause des révolutionnaires, que D. Carlos V est légitimement le seul et unique roi d'Espagne, celui à qui appartient le trône de Saint-Ferdinand, de Philippe V, de Charles IV son père.

Les faits irrécusables sont là pour prouver sa légitimité, et il n'y a véritablement que des hommes ou intéressés et de mauvaise foi, ou peu éclairés, qui puissent lui contester ses droits.

Ferdinand VII eut de sa femme Marie-Christine, deux filles, l'aînée, Isabelle, née le 10 octobre 1830, et la seconde, Marie-Louise-Ferdinand, née le 3 janvier 1832.

Quelque temps avant la naissance d'Isabelle, la révolution de juillet venait de changer la face de la France; sa politique devait changer aussi. Les conséquences de la révolution

française se firent sentir au loin ; le retentissement de cette
grande œuvre opérée en si peu de temps et avec tant de calme,
fut un véritable prodige et trouva des imitateurs ; mais tous
n'eurent pas le même bonheur. La révolution modèle était
impraticable ailleurs que sur le sol de France ; les évènemens
ultérieurs l'ont bien prouvé ! La Pologne fut abimée ; l'Italie
ne fit que resserrer les nœuds de sa captivité ; et l'Espagne sur
laquelle veillait sans cesse la prudente vigilance de D. Carlos, ne
fut attaquée que sur les frontières, par les tentatives des révolutionnaires réfugiés en France. Les partisans de la révolution
de juillet les soutenaient, les appuyaient, les excitaient. Les
drapeaux constitutionnels furent arborés sur les Pyrénées et
dans quelques ports de la Méditerrannée ; mais grâce encore
aux efforts puissans de D. Carlos, toute tentative de rebellion fut comprimée ; les rebelles furent repoussés et tout
rentra dans l'ordre. Le calme fut rétabli, et l'Espagne continua à jouir de la paix et du repos que peut seul procurer un
gouvernement légitime appuyé sur la volonté de la nation.

Cet état de choses dura pourtant bien peu ; car le principe
de la légitimité fut bouleversé, le vœu général de la nation
fut contrarié.

Au mois de septembre 1832, le roi Ferdinand fut attaqué
d'une maladie très grave qui le mit aux portes du tombeau.
Il comprit alors combien son état était désespéré, et bourrelé
de remords, il sentit aussi la faute grave qu'il avait commise
en abolissant de sa propre autorité le décret des Etats-géné-
raux approuvé par son auguste aïeul Philippe V. Voyant
donc la mort s'approcher, et voulant mettre sa conscience
en repos, il s'empressa de rétracter solennellement l'injuste
pragmatique de 1830 ; et dans cette rétractation, il expri-

mait clairement ce noble vœu bien digne d'un monarque catholique : *Que pour soustraire l'Espagne aux maux sans nombre qui viendraient l'accabler, si une telle loi subsistait encore, il ordonnait qu'elle fut abolie dans son entier ; il ordonnait en outre que toutes choses fussent rétablies dans le même état où elles étaient avant son dernier mariage.*

A cette nouvelle, toute la nation fit éclater sa joie, elle conçut dès lors une ferme confiance que le repos et le bonheur du gouvernement légitime et paternel dont elle jouissait, ne seraient point troublés à l'avenir ; elle s'attendait même à trouver des garanties plus sûres dans la justice, la loyauté, la sagesse, la prudence et les lumières de D. Carlos ; enfin, les tentatives des inquiets révolutionnaires lui semblaient déjouées pour toujours. Ce fut alors que la reine Marie-Christine prononça ces belles paroles : « *Ainsi soit fait selon la* » *volonté du Roi mon seigneur, plutôt que de voir une* » *seule goutte de sang répandue en Espagne.* »

Les ministres et les courtisans qui en 1830 avaient engagé le roi Ferdinand à publier la pragmatique, avaient en quelque sorte effacé la tache dont ils s'étaient souillés, et paraissaient satisfaits du nouveau décret qui venait ainsi décharger leur conscience du poids accablant de l'injustice la plus noire ; mais les révolutionnaires qui étaient loin de trouver leur compte à ce nouveau changement de résolution de la part du roi, protestèrent hautement contre cette détermination, sollicitèrent Marie-Christine, lui imposèrent un rôle convenable à leurs coupables intentions, et la rendirent l'instrument aveugle de tous leurs attentats contre la légitimité, des maux incalculables qu'en son nom ils firent souf-

frir à la nation ; enfin, après l'avoir rendue elle-même l'arti-
san de son ignominie, ils la forcèrent honteusement à sortir
de cette Espagne qu'ils lui avaient fait exploiter à leur profit.

Si pourtant, du vivant de son auguste frère, **D.** Carlos
se fut laissé entraîner par l'ambition de régner, s'il eut voulu
attenter aux droits légitimes de son souverain, n'était-il pas
appelé d'une commune voix à s'emparer des rênes du gouvernement? Ne l'avait-on pas proclamé Roi ! Mais non, rien
ne pouvait lui faire oublier le serment de fidélité qu'il avait
prêté à son frère, la mort seule pouvait l'en délier, il tint
donc toujours à honneur d'être le premier et le plus fidèle
sujet du royaume tant que son auguste frère vécut, et il
donna lui-même l'exemple le plus éclatant d'obéissance et
d'abnégation, en écartant jusqu'aux moindres soupçons
d'infidélité.

Marie-Christine tint les rênes du gouvernement pendant la
maladie du **Roi**, et ce fut alors que cédant aux suggestions
perfides des intrigans, elle commença à jeter les premiers
fondemens de cette révolution qui devait un jour la
renverser elle-même.

Les premiers actes de son gouvernement furent signalés
par des fautes graves : les ministres de Ferdinand furent
congédiés. Les capitaines-généraux, les chefs de l'armée, les
gouverneurs des villes et des forteresses, les intendans, les
corrégidors et les employés de toute espèce furent changés
et remplacés par des hommes dévoués aux intérêts du parti
révolutionnaire. Les officiers de tout grade ne furent pas plus
épargnés que les employés civils. En un mot, elle écarta de
l'administration et du commandement tous les hommes
dévoués, tous les sujets fidèles, qui avaient en tout temps

défendu l'autorité royale, qui s'étaient voués à la cause de son mari, et s'étaient toujours montrés les plus fermes appuis du trône. Ces hommes, l'élite et l'ornement de la nation espagnole, furent remplacés par les fauteurs des révolutions, par ceux-là mêmes qui en 1823 avaient lutté contre l'armée française, et qui, un an auparavant, avaient retenu captive la famille royale. Une amnistie générale faisait oublier tous leurs crimes, un nouveau décret en leur faveur leur prodiguait les charges et les honneurs, et les rendait maîtres absolus du sort de l'Espagne. Ce que toutes leurs cabales et leurs ruses n'avaient pu opérer, la faiblesse et l'aveuglement de la reine Marie-Christine l'opérait à leur grande satisfaction, je dirai même, à leur grand étonnement. Ainsi, ces mêmes hommes qui, quelques années auparavant, avaient proféré des cris de mort contre la famille royale qu'ils retenaient dans une dure captivité, après avoir déclaré déchu de tous ses droits leur roi Ferdinand VII, ceux-là mêmes, qui par une lâcheté sans exemple, avaient perdu les colonies et entraîné la nation dans un affreux précipice, en la mettant à deux doigts de sa perte, furent rappelés, placés au pouvoir et regardés dès ce moment comme les soutiens les plus dignes du nouvel ordre de choses ! Tel était le principe de gouvernement que Marie-Christine avait adopté, soit en supposant des décrets d'amnistie, soit en en détournant le sens, comme nous le verrons dans la suite de cette histoire.

Cependant le plan conçu par Marie-Christine rencontrait encore quelques obstacles : la vertueuse princesse de Beyra, Marie-Thérèse de Bragance et de Bourbon était un des plus fermes appuis de la légitimité ; et tous les bons Espagnols qui conservaient dans leur cœur quelqu'amour pour leur patrie, la regardaient comme le point de ralliement auquel ils viendraient se rendre, si quelque circonstance critique mettait la nation en danger. Sa présence devenait donc importune ; elle était à craindre dans les circonstances présentes ; on trouva un prétexte pour l'éloigner de la cour. Elle reçut l'ordre de sortir d'Espagne et de se retirer en Portugal ; sa sœur et son beau-frère, **D.** Carlos, voulurent l'accompagner jusqu'à la frontière ; mais loin d'obtempérer à leur demande, on s'opposa à leur départ. Pourtant, les révolutionnaires ayant trouvé leur compte à ce voyage, et méprisant la défense de la cour, donnèrent à **D.** Carlos et à toute sa famille, l'ordre de se rendre en Portugal. On désirait aussi éloigner cette auguste famille, et cet ordre fut exécuté le **16 mars 1833.**

Les révolutionnaires ayant réussi à faire prévaloir leurs décisions sur celles du roi, se hâtèrent de préparer les voies à leur plan de bouleversement général de l'Espagne.

Cependant la maladie du Roi sembla moins grave, on crut même devoir espérer que le monarque recouvrerait la santé ; on eut honte d'avoir ainsi précipité les choses, et on pensa que pour calmer la juste colère qu'il pourrait concevoir contre un pareil bouleversement, il fallait ne lui rien déguiser. On lui mit donc sous les yeux l'état affligeant dans lequel allait se trouver l'Espagne, s'il venait à mourir sans laisser d'enfans mâles ; on lui rappela que sa pragmatique de 1830 ne pouvait que faire couler des flots de sang dans son malheureux royaume ; et le Roi touché de ces représentations, tourmenté par les remords de sa conscience qui lui faisait envisager clairement toute la gravité du mal, s'empressa de désavouer la pragmatique de **1830**, et de rétablir dans toute sa vigueur la loi toujours subsistante de son auguste aïeul Philippe V.

C'est alors, que Ferdinand, en bon roi catholique, pour mettre sa conscience en repos, annula le testament de 1830. C'était à la Granja. Christine convint et avoua que la couronne ne revenait pas de droit légitime à ses filles, à cause de leur sexe, elle convint aussi que son frère politique et oncle, **D. Carlos**, devait avoir la préférence ; elle-même assura que pour éviter toute responsabilité, le Roi son époux devait le déclarer ainsi dans sa dernière volonté, en témoignant des sentimens dont il est pénétré à cette heure où il va rendre compte à Dieu de toutes ses actions ; circonstances dans lesquelles la grace de Dieu place les époux, les fils, les parents et les amis catholiques, pour séparer de celui qui est appelé au dernier jugement, les affections de la chair et du sang.

Ferdinand fait donc son testament, dans lequel il déclare les droits légitimes de son frère, **D. Carlos**, au trône. Ceci est de notoriété publique ; la reine elle-même le lui conseilla, en disant ces belles paroles : *Je ne veux pas qu'il en coûte une seule goutte de sang à l'Espagne.* Tout se fit en sa présence ; quelques difficultés qui se présentèrent au sujet de l'héritage des biens particuliers du monarque furent levées ; et le même ministre qui avait été un des moteurs les plus ardens du décret de 1830, fut dans l'obligation, à cause des fonctions qu'il remplissait, de rédiger ce nouveau décret par ordre du Roi. Le 31 décembre 1832, à six heures du soir, tous les ministres furent convoqués : la reine elle-même arrangea le pupitre sur lequel le Roi devait signer ; elle lui présenta la plume, et l'invita à signer. Pour prouver combien Ferdinand conservait encore toutes ses facultés intellectuelles, il suffira de dire qu'ayant mis seulement son parafe comme cela se fait ordinairement lorsqu'il s'agit de simples décrets, il demanda ensuite au ministre de la justice s'il fallait encore mettre son nom. Sur la réponse affirmative du ministre, Ferdinand ajouta son nom à côté du parafe.

Telle est l'exacte vérité des faits qui se passèrent alors, et qui eurent pour témoins les personnages les plus distingués et les plus dignes de foi, qui eux-mêmes ont publié ces détails.

Une chose encore bien digne de remarque, c'est que ce jour-là même, l'ambassadeur de France annonçait à sa cour, dans une dépêche télégraphique : *que la santé du Roi était bien meilleure ce jour-là,* et c'était bien le 18 septembre, jour de la signature du décret dont nous parlons.

On a bien pu soustraire ce testament ; mais on n'a jamais pu empêcher les nombreux et imposans témoins qui ont assisté à sa rédaction et à sa signature, d'en publier hautement l'existence et l'authenticité, et d'en laisser des copies dûment certifiées et légalisées. Si le président du conseil, Puig, ne voulut pas le publier dans le conseil, que Calomarde dise lui-même s'il n'a pas été publié dans la réunion des ministres !

Cependant, la maladie du Roi qui était devenue plus grave laissa encore à quelque distance de là, une interruption. Des esprits remuans profitèrent de cette circonstance pour engager le Roi à prendre encore de nouvelles dispositions contraires aux précédentes, et à convoquer les cortès pour prêter serment de fidélité à sa fille aînée Elisabeth, en cas qu'il mourût sans laisser d'enfans mâles. Il serait impossible de décrire toutes les ruses, toutes les intrigues que l'on employa dans les élections, pour faire tomber le choix sur des hommes tout-à-fait contraires aux véritables intérêts de la nation.

Le 21 juin de l'année 1833, les cortès furent réunies sans aucune marque de réjouissance, sans cet appareil brillant que l'on emploie ordinairement dans de telles circonstances, pour exciter la joie et la satisfaction du peuple. Partout, un morne silence et une tristesse profonde semblaient présager les grands malheurs qui allaient s'appesantir sur la nation. Car étaient-ce là de véritables cortès qui voulaient bien sincèrement le bonheur des peuples ? On s'aperçut déjà que la révolution triomphait. Son premier système, qu'elle avait étendu dans toutes les classes de l'État, n'y ayant produit aucun effet, il fallut en adopter un autre, comme première et plus puissante ressource d'une habile invention. Les séditions militaires n'avaient pas produit le fruit qu'on en avait espéré ; le peuple ne pouvait plus être séduit ; on eut recours au plus habile stratagème : on tenta de faire disparaître de l'Espagne la vraie représentation de la légitimité. Comment s'y prit-on ? On fit changer la loi fondamentale de succession. On proclama une soi-disant pragmatique qui annulait la loi salique, et pour réussir, on s'appuya sur celle que l'on avait déjà tenté de promulguer en 1789. Comment ne s'accomoda-t-on pas de celle-ci, quand on mit dans la constitution de Cadix l'article 175 qui est en contradiction avec cette prétendue pragmatique ? Pourquoi n'excita-t-on pas l'affection particulière du Roi, à l'époque de la naissance de l'une et de l'autre des infantes qu'il eut à son second mariage avec la défunte reine Maria-Isabelle de Bragance, ni au temps où il put espérer avoir des enfans de sa troisième femme, Maria-Amélie ? Il fallait se couvrir des apparences de la légalité. La mort violente de la reine Amélie , sans laisser de succession , était un obstacle. Charles V était Roi par la mort de Ferdinand, et il ne se présentait encore aucun moyen de lui contester la paisible possession du trône. Une jeune fille qui adhérât aux idées révolutionnaires, soit par opinion, soit par docilité, pouvait seule aider et appuyer cette apparence. Christine se laissa tromper, elle se montra docile. La malheureuse Christine était donc celle dont la fécondité et la docilité étaient destinées à rendre le Roi légitime, sa race et elle-même, victimes de la révolution ! En vain, elle essaya de se soustraire aux fàcheux événemens dont on prévoyait déjà les tristes conséquences ; elle les avait provoqués, elle ne put s'y soustraire : le torrent du mal était débordé , il devait avoir son cours. Les souverains d'Outre-Rhin, spectateurs attentifs de cette première catastrophe, doutèrent avec raison, qu'un gouvernement destructeur des lois fondamentales du royaume, pût subsister long-temps. Ils virent clairement que sa tendance était une anarchie qui, unie aux nations révolutionnaires, tàchait de contrebalancer, par la force de son empire, les forces puissantes et indestructibles de la légitimité, ainsi que le *statu quo* que ces mêmes puissances soutiennent avec caractère. Comment pouvaient-elles reconnaître la supposée représentante d'une monarchie républicaine ?

Les puissances se virent trompées en 1833 , quand elles eurent connaissance de la manière frauduleuse avec laquelle on donna le nom de cortès à la réunion qui eut lieu dans l'église de Saint-Jérôme de Madrid , pour prêter serment à l'infante Isabelle, comme princesse des Asturies, qui est le titre du prince héritier, sans entrer en discussion sur la légitimité ou sur la nullité de cet acte ; et en donnant pour toute réponse, à ceux qui s'opposaient à une telle injustice, l'exil, l'expatriation ou le refus aux protestations les plus solennelles, même de ceux qui assistèrent à cette réunion. Ces mêmes puissances furent confirmées dans leur erreur, lorsqu'elles virent se reproduire un germe fécond de l'opinion générale de l'Espagne, depuis le moment où, dans chaque province, on eut connaissance de la mort du Roi. Elles n'ont pas reconnu Isabelle, parce que son ascension au trône est illégitime. Elles ne connaissent pas la légitimité de Charles V, mais elles ne se prêtent pas à la reconnaissance de sa faveur, parce qu'elles croiraient compromettre leurs intérêts particuliers. La question était déjà présentée à leur décision ; les faits les détermineront, sous peine de succomber sous la révolution et d'en être victimes, comme l'a été D. Carlos V, comme l'a été déjà Marie-Christine, et comme le sera bientôt aussi Marie-Isabelle. Cette vérité ressortira d'une manière évidente des indications suivantes tirées entièrement des événemens contraires à ceux que d'obscurs partisans de la révolution se plaisent à supposer.

Les tortueux moyens dont les révolutionnaires se sont servis pour obtenir leur triomphe, triomphe qui rend plus pressant le remède des maux qui affligent l'Espagne, font connaître cette vérité, et doivent appeler l'attention de toutes les puissances, pour remédier aux conséquences fatales où la révolution d'Espagne peut les conduire.

Lorsque les cortès furent rassemblés dans l'église Saint-Jérôme, on exigea d'elles qu'elles prétassent le serment de fidélité. La plupart des membres se soumirent ; mais un grand nombre ne voyant ni l'utilité ni la justice d'un tel serment, ne voulurent le prêter, qu'à condition que l'on n'exigerait d'eux rien de contraire aux droits d'autrui. Il y en eut même quelques-uns qui refusèrent absolument de jurer. On peut citer honorablement parmi ces derniers, l'illustre archevêque de Tolède, le célèbre cardinal Inguanzo, qui, à cause de ce refus, devint dans la suite, l'objet des persécutions les plus acharnées, de la part du nouveau gouvernement. D'autres députés enfin, reconnaissant combien ils avaient été trompés, se rétractèrent, et déclarèrent formellement qu'ils ne voulaient pas prêter les mains à une telle injustice ; à la tête de ces derniers, se montra l'infant D. Sébastien.

D. Carlos qui en ce moment résidait en Portugal, fit une protestation solennelle contre tous ces actes dont l'arbitraire et l'illégalité ne sont que trop connus. Presque toute l'Espagne s'empressa d'applaudir à la noble démarche qu'avait faite son roi légitime, et manifesta hautement qu'elle s'unissait à lui pour appuyer cette protestation et en accélérer les heureux résultats.

Cependant la maladie du roi Ferdinand augmentait chaque jour et semblait présenter des symptômes de plus en plus alarmans. Les partisans de l'infante Elisabeth ne négligeaient aucun moyen de préparer en sa faveur les suites du grand et fâcheux événement auquel on s'attendait tous les jours ; les sujets les plus fidèles étaient déjà en butte aux plus cruelles vexations ; on n'épargnait rien pour les persécuter ; la prison, l'exil, les violences de toute espèce étaient devenus leur partage. Au contraire, les ennemis les plus acharnés du roi

Ferdinand jouissaient d'une protection déclarée ; les révolutionnaires étaient flattés, caressés, appelés aux charges et aux dignités ; on ne leur faisait que trop sentir combien on comptait sur leur esprit toujours inquiet et toujours entreprenant, pour assurer la réussite du coupable projet que l'on avait formé.

Tel était l'état des choses, tel était aussi le stupide aveuglement de Christine, qui croyait pouvoir affermir le trône de sa fille avec le secours d'hommes infidèles qui, déjà plusieurs fois, avaient trahi la cause sacrée de la patrie, avaient fait descendre du trône leur Roi légitime, l'avaient jeté dans les fers, et l'auraient sans doute fait mourir, si le secours de la France ne fut arrivé à temps pour l'arracher de leurs cruelles mains. Eh bien, ce sont ces hommes, dans lesquels Christine avait placé toute sa confiance, ces hommes qu'elle regardait comme son plus ferme appui, qui plus tard, devaient la renverser elle-même du trône, la forcer à quitter l'Espagne en fugitive, à errer de royaume en royaume, pour y implorer le secours de l'hospitalité, et enfin, à partager avec sa victime les pénibles souffrances de l'exil.

Enfin les choses qui avaient été en suspens jusqu'alors, prirent une tournure beaucoup plus affligeante à l'époque fatale de la mort du roi Ferdinand, qui arriva le 29 de septembre de l'an 1833. Cette mort fut véritablemen affreuse, par les circonstances qui l'accompagnèrent. L'entrée du palais avait été interdite à tous les vrais amis du Roi ; toutes les personnes dont la sagesse, la vertu, l'expérience et le zèle pour le bien de la nation avaient été publiquement reconnus, furent éloignées de la demeure royale. Les ecclésiastiques les plus distingués, soit par leur dignité, soit par leurs vertus, le confesseur même du Roi, ne put approcher de sa personne sacrée. Ce malheureux prince se trouva donc réduit à la triste et affreuse nécessité de rendre le dernier soupir sans s'être auparavant disposé à la mort, sans avoir reçu les dernières consolations du chrétien mourant, sans participer aux secours de l'église, et même sans se douter qu'il était arrivé à son heure dernière, et qu'il allait paraître devant son souverain juge. Tel fut le fruit des intrigues que l'on employa au moment de la mort de ce prince, pour empêcher que la vérité ne parvint jusqu'à lui, pour empêcher qu'il ne reconnut ses erreurs et qu'il les réparât, enfin, pour l'empêcher d'arrêter les flots de sang qui commençaient à couler dans l'Espagne, et qui plus tard devaient l'inonder ; car on avait des raisons très convaincantes pour croire que Ferdinand aurait prévenu tous ces maux par de sages dispositions, parce que les avis des personnes sages et éclairées l'auraient décidé à faire une rétractation plus solennelle encore que la première qu'il avait faite.

A peine le bruit de la mort de Ferdinand se fut-elle répandue, que de tous côtés on apprit que de nombreux écrits auxquels le feu Roi attachait une grande importance, et qu'il gardait avec un soin tout particulier dans un tiroir secret, avaient été brûlés par ordre de ceux qui avaient pris possession de son cabinet secret.

Aussitôt que les provinces apprirent la mort de Ferdinand, on vit les Basques, la Navarre, la Castille, l'Aragon et une multitude d'autres peuples se lever en masse pour proclamer Roi Charles V de Bourbon ; et si en ce moment les partisans de Christine n'eussent employé les menaces, les vexations, les violences, Charles eut vu en un moment toute l'Espagne soumise à sa domination. Mais, malgré toutes les précautions que prirent les révolutionnaires, toute l'Espagne manifesta son opinion en faveur de D. Carlos ; et si les peuples n'eussent eu la conviction intime que les souverains légitimes se seraient empressés de l'appuyer de toute leur influence et de le placer sur le trône d'Espagne, ils se seraient levés en masse pour l'y placer eux-mêmes. La nation se reposait avec d'autant plus de confiance dans l'espoir que les souverains viendraient en aide à leur Roi légitime, qu'elle savait combien ils avaient de motifs puissans pour bien connaître l'esprit national qui animait l'Espagne. La guerre contre Napoléon en 1813, le mécontentement général qu'excitaient les innovations faites par Marie-Christine pendant la maladie de son mari, et tant d'autres circonstances frappantes, étaient plus que suffisantes pour faire croire que les souverains devaient se hâter de terminer, en faveur de D. Carlos, une affaire aussi importante, en appuyant de tout leur pouvoir les manifestations bien déclarées de toutes les provinces.

Tous les cabinets d'Europe ont reconnu dans les traités d'Utrech et de Vienne, le droit de succession à la couronne d'Espagne dans la ligne mâle de la maison royale de Bourbon, sans qu'aucune femme puisse acquérir ce droit, à moins qu'il n'y ait faute de mâle agnat, lequel serait en possession par représentation. Cette reconnaissance a été soutenue, et son observance réclamée par les mêmes cabinets, dans les traités conventionnels de 1812 et 1822. A Laybac et à Vérone, non-seulement ces traités furent maintenus, mais encore les mêmes cabinets préparèrent une intervention pour soutenir le Roi légitime d'Espagne et son gouvernement monarchique, dans le *statu quo* décidé en 1814. On ne peut dire que l'on pouvait, ni que l'on devait soutenir le gouvernement monarchique, sans soutenir son vrai et légitime représentant, parce que ce serait une difformité impossible que celle de chercher à soutenir la vie et l'existence permanente d'un corps sans tête, et permettre la dislocation d'une nation, ce serait consentir à sa propre dissolution. De même un vaisseau sans gouvernail, flottant au milieu du tourbillon des eaux agitées par les vagues d'une mer en tourmente, s'engloutit dans ses profondeurs ; de même, une nation plongée dans l'anarchie furieuse que la révolution s'efforce avec tant d'opiniâtreté de consolider, est entraînée à sa ruine, ainsi que tous les pays qui jouissent des bienfaisantes influences des gouvernemens monarchiques.

Les grandes puissances, qui n'ont d'autre désir que le maintien de l'ordre et de la légitimité, n'ont pu prendre une part active à la conservation de celle de l'Espagne, parce qu'elles ont vu leurs intérêts débattus en Orient par la quadruple alliance de 1834, qui menaçait de troubler la paix de toute l'Europe ; et bien pénétrées du droit légitime de Charles V, et de l'appui que ses défenseurs possédaient dans l'opinion générale, dans le courage héroïque et dans le ferme caractère des catholiques et fidèles Espagnols, elles crurent que les mesures qu'elles avaient prises pour maintenir l'équilibre européen, étaient suffisantes. Il n'est cependant pas facile de connaître leurs intentions présentes, ni opportun, et encore moins politique, de faire la moindre observation sur les motifs qu'elles ont eus pour se renfermer dans une apathique insouciance comme celle qu'elles ont conservée à la vue des progrès de la révolution et de ses tendances, pas plus que sur l'antilogie du noble caractère avec lequel elles ont publiquement soutenu leur décision, en renversant la révolution, et leur indifférence à permettre que cette même révolution s'intronisât en Espagne, et que le Roi légitime en fut la victime, en l'abandonnant aux opprobres et aux traitemens inconvenans qu'il a soufferts et qu'il souffre encore. Si les puissances n'ont pas nié le droit de Charles V, si elles n'en ont pas reconnu d'autre qui ait cherché à lui faire opposition, on ne peut avec justice leur attribuer l'ignorance des vrais principes ; mais quand on les voit spectatrices impassibles des désordres qui menacent leur propre tranquillité, on ne peut se servir d'un autre nom que celui *d'apathie, d'indifférence*, vu la connexion qui existe entre leurs propres gouvernemens et celui de Charles V, et l'antipathie qu'elles doivent avoir pour celui que cherchent à consolider en Espagne, ceux qui ont pris pour prétexte l'insoutenable légitimité de l'infante Isabelle.

Cependant l'espérance qu'avaient conçue les Espagnols, que les puissances étrangères appuieraient fortement les droits de Charles V, ne se vérifia pas ; et pourtant, elle était fondée, cette espérance, sur le besoin qu'ont les souverains légitimes de s'entraider mutuellement, pour ne pas voir les mêmes désordres troubler la paix et la tranquillité de leurs États. C'est alors que les partisans de Christine se montrèrent sans crainte, et commencèrent à exercer toutes sortes de cruautés contre les partisans de D. Carlos. Ils se répandirent dans les provinces, essayèrent de les soulever, de les obliger à se déclarer en faveur de Christine, et toute résistance, tout refus de se rendre à leurs désirs, furent cruellement punis. Les provinces en proie aux plus cruelles vexations, n'osèrent plus se mouvoir ; il n'y eut que quelques guérillas qui formèrent, pour ainsi dire, le noyau de cette armée qui, dans la suite, devait être si redoutable sous les ordres immédiats de son Roi légitime. L'illustre et vaillant D. Santos Ladron se mit à la tête de cette petite troupe, et alla se présenter dans les provinces Basques et dans la Navarre, devant les places qui, à cause de leurs priviléges ou de leurs Fueros, n'avaient point de garnison, ou du moins n'en avaient qu'une très faible, à l'exception de celle des forteresses. Là, le cri de la légitimité fut entendu ; un concert unanime de voix et d'applaudissemens proclama D. Carlos, et on se hâta de prendre les armes pour soutenir sa juste cause. Les partisans de Christine ne manquèrent pas d'envoyer des ordres pour réprimer ce premier mouvement ; des troupes nombreuses furent rassemblées, elles tombèrent avec impétuosité sur les fidèles soutiens de D. Carlos, et l'acharnement avec lequel elles combattirent décidèrent bientôt de la victoire en leur faveur. D. Santos Ladron fut pris et fusillé. D'autres chefs eurent le même sort, et ceux qui eurent le malheur d'être faits prisonniers, furent indignement maltraités. On ne s'étonnera pas d'une pareille victoire, si l'on considère que D. Santos Ladron n'avait avec lui qu'un petit nombre de partisans, ramassés à la hâte, peu organisés, mal armés, qu'il conduisait contre une armée beaucoup plus nombreuse, bien disciplinée et animée de l'espoir de l'indépendance. Cependant ce premier échec, loin d'effrayer ou de décourager les carlistes, ranima leur ardeur ; ils comprirent en apprenant la mort cruelle de leur chef, ce qu'ils avaient à attendre de leurs ennemis ; ils jurèrent de venger l'affront sanglant qu'ils avaient reçu, se rallièrent sous les ordres de l'immortel Zumalacarrégui, formèrent la redoutable armée basco-navarraise, et firent bientôt le sujet de l'admiration de toute l'Europe. Il faudrait avoir été témoin de la résolution généreuse et du noble dévouement avec lequel les jeunes gens de ces provinces coururent s'enrôler sous les drapeaux de la légitimité, pour former les illustres bataillons de Zumalacarrégui. Avec quel zèle, quels transports d'allégresse, les bons parens embrassaient leurs enfans chéris, en les quittant, et en les envoyant défendre la cause sainte de la religion et de la légitimité ! Avec quel enthousiasme, chacun faisait tous ses efforts pour contribuer au succès d'une si noble entreprise !

Les ennemis occupaient le pays ; ils avaient pris toutes les précautions nécessaires pour l'asservir, le contraindre et lui ôter tout moyen de se soulever. Les vivres, les armes, les munitions, tout était en leur pouvoir ; ils exerçaient la surveillance la plus active, ils punissaient des peines les plus graves toute tentative contraire à leurs intérêts, et pourtant on vit en quelques jours s'organiser une petite armée bien équipée, bien approvisionnée et pouvant rivaliser avec les nombreux bataillons révolutionnaires, parce que hommes, femmes, enfans, tous avaient travaillé à la former et à lui fournir les secours nécessaires.

Quoique les ennemis fussent infiniment supérieurs en nombre, ils ne purent jamais soumettre par la force des armes les vaillans défenseurs de Charles V. La honte de se voir défaits en plusieurs circonstances par un petit nombre de braves guerriers, enflamma leur colère : tourmentés d'une rage aveugle, ils eurent recours à la plus lâche cruauté ; ils se jetèrent sur les habitations des invincibles guerriers qui les avaient couverts de honte, ils tournèrent toute leur fureur contre de faibles femmes, contre d'innocens enfans. Ils massacrèrent sans pitié tout ce qui se trouva sur leur passage, les prêtres eux-mêmes ne furent point épargnés. Les maisons des particuliers, les édifices publics devinrent la proie des flammes. On vit alors se renouveler des scènes d'horreur et de désolation, qui n'appartiennent qu'aux siècles d'ignorance et de barbarie ; on vit le fils égorgé sur le sein de sa mère, la mère tomber inanimée sur le corps de son fils, le prêtre sacré égorgé sur les degrés du sanctuaire, la flamme consumer les restes de ces malheureuses victimes, et laisser, sur son passage, des traces éternelles de tant d'horribles forfaits. Mais c'est surtout contre les parens et les amis des braves de l'armée de Zumalacarrégui, qu'étaient commises ces barbares cruautés. Telle était la conduite infâme de ces hommes féroces qui osaient se vanter d'être les défenseurs de la nationalité. Leur fureur allait plus loin encore, lorsqu'ils perdaient une bataille, ils tournaient aussitôt leur fureur contre les alcades, les vieillards, les prêtres, qu'ils accusaient d'être les auteurs de leur défaite, et d'avoir donné avis de leurs mouvemens à Zumalacarré- gui ; mais ce faux prétexte n'était emprunté, qu'afin que le supplice qu'ils faisaient souffrir aux personnes restées fidèles à Charles V, les empêchât d'être témoins de la honte dont ils venaient de se couvrir en fuyant lâchement devant les braves défenseurs de la légitimité. Une telle cruauté était tellement ordinaire, que lorsque les habitans d'une ville voisine du lieu où l'on avait combattu, venaient à apprendre la défaite de ces monstres, au lieu d'attendre leur arrivée, ils s'empressaient de quitter leurs habitations et de prendre la

fuite pour se soustraire à leur vengeance barbare. Les ennemis furieux de ne plus trouver de victimes sur lesquelles ils
pussent assouvir leur rage, se vengeaient en brûlant, en
saccageant tout ce qu'ils rencontraient.

Tels furent les commencemens de cette guerre désastreuse
que les partisans de Christine s'étaient vantés de pouvoir
terminer en moins de trois mois. Ils ignoraient alors que les
défenseurs de D. Carlos devaient être invincibles, parce qu'ils
étaient revêtus du bouclier de la justice, et qu'ils combattaient pour une cause légitime et nationale.

Le gouvernement de Christine n'en usait pas beaucoup
mieux envers ses généraux qu'envers ses ennemis. Le
premier qui avait si mal réussi reçut de grands reproches,
et fut renvoyé honteusement, sans égard pour son grade
élevé. Le second, D. Valdès, crut que pour éviter la disgrace
de son prédécesseur, et pour réussir dans une entreprise dont
il ne comprenait pas encore toutes les difficultés, il fallait
mettre en usage toutes les mesures de rigueur les plus
excessives. Par là, il croyait pouvoir réprimer les carlistes,
les accabler, et étouffer, dans son principe, ce qu'il appelait
une conspiration mal organisée. Mais l'événement fit voir
combien il s'était trompé ; car toutes ses rigueurs, toutes ses vexations, toutes ses cruautés, ne servirent qu'à
exciter de plus en plus le zèle des fidèles carlistes qui le
vainquirent en plusieurs rencontres, lui firent éprouver des
pertes considérables qui forcèrent encore le gouvernement
de Christine à rappeler ce second général, et à le traiter
de la même manière qu'il avait traité le premier.

Un troisième général fut nommé à sa place ; il jouissait
de toute la confiance de son parti, il fut donc chargé de

disputer la victoire à Zumalacarrégui. C'était Quésada ; cet homme s'était déjà rendu célèbre par les cruautés qu'il avait exercées dans la Vieille-Castille contre les partisans de D. Carlos, qu'il avait trouvés sans défense et sans armes. C'était un titre plus que suffisant à la reconnaissance de Christine, aussi, fut-il chargé de cette mission importante. On avait d'autant plus de raison de compter sur Quésada, que ce général ayant commandé en chef dans la Navarre pendant les guerres de la Constitution, devait avoir une parfaite connaissance du pays, de l'armée de Zumalacarrégui ; et on espérait que connaissant aussi la plupart des officiers de cette armée, il en pourrait attirer un bon nombre dans son parti. En outre, il était accompagné d'un des frères de Zumalacarrégui, et il se flattait de pouvoir, par son entremise, ébranler même la ferme résolution de son frère.

Mais le gouvernement, Quésada, le frère de Zumalacarrégui et tous les révolutionnaires virent bientôt qu'ils s'étaient trompés dans leur attente ; pas un des officiers, pas un, même des soldats, ne déserta la cause qu'il avait embrassée. Tous restèrent invincibles à la ruse des perfides insinuations, comme ils l'avaient été à la force des armes. Le général de l'armée carliste qui ne connaissait que trop bien quelles étaient les intentions de son frère et celles du gouvernement, ne se laissa pas surprendre par leurs raisonnemens captieux ; la guerre recommença avec le même acharnement, et les carlistes combattirent avec le même enthousiasme, tandis que les troupes de Quésada essuyaient encore des défaites plus terribles que les précédentes, et s'abandonnaient au découragement et au désespoir.

Pour se venger de ses défaites, Quésada suivit l'affreuse

conduite de ses prédécesseurs, qui était aussi celle qu'il avait suivie lui-même dans la Vieille-Castille peu de temps auparavant. Il répandit partout la terreur, il inventa des supplices, il fit souffrir les tortures les plus cruelles aux malheureux habitans qui refusaient de se soumettre et d'embrasser son parti; mais toutes ses cruautés ne servirent qu'à le rendre odieux, et les fidèles serviteurs de Charles V n'en furent que plus attachés à sa cause. De sorte que Quésada vaincu par les armes des carlistes vit de nouveau sa barbarie vaincue par la patience à toute épreuve et la résignation des fidèles Navarrais.

Cependant Quésada qui ne pouvait supporter sans honte l'idée d'avoir été vaincu par ce petit nombre d'hommes qu'il avait cru pouvoir écraser ou du moins dissiper à son approche, voulut tenter encore une fois le sort des combats. Il réunit toutes ses forces, il fait des dispositions terribles, il n'épargne aucun des moyens qui peuvent lui procurer la victoire. Il marche sur l'ennemi, le rencontre, l'attaque. On combat de part et d'autre avec une égale valeur; mais les troupes de Zumalacarrégui, toujours remplies de l'enthousiasme et de la confiance que procure une bonne cause, culbutent l'armée de Quésada qui fait de vains efforts pour rallier les siens, et, après un carnage affreux, se voit forcé de quitter le champ de bataille, pour échapper à une mort certaine et pour aller cacher la honte de sa défaite.

Pendant ce premier période de la guerre de Navarre, le roi D. Carlos était encore en Portugal. C'est là qu'il reçut la nouvelle de la mort du roi Ferdinand, son frère. Après avoir payé à sa mémoire un juste tribut de larmes, il s'occupa du soin de veiller à la conservation de ses droits. Le premier

acte de sa royauté, fut de faire aussitôt de sages règlemens qui avaient pour but d'assurer à Christine un rang
convenable à celui qu'elle avait occupé précédemment, et
ensuite de régler les différens emplois et les différentes
charges du gouvernement. Le premier décret publié à Villa-
Réal, en Portugal, le 24 janvier 1834, portait article
premier : « Dans le cas où Christine tomberait entre les
» mains de mes fidèles serviteurs, ils devront la traiter avec
» le plus grand respect. » Le Roi n'a jamais cessé un seul
instant dans tout le cours de la guerre, de faire la même
recommandation à ses généraux. Car lors même que le despotisme illustré de Zea-Bermudez ordonnait à Rodil de faire
fusiller *al mal aconsejado principe* (le prince mal conseillé),
aussitôt qu'il parviendrait à s'en emparer ; lorsque, plus tard,
le traité de la quadruple alliance était signé par le doucereux
Martinez de la Rosa, et que les ordres de sang et d'extermination furent suspendus par le cabinet de Christine, on
vit encore, par ordre des Calatrava et des Mendizabal,
plusieurs milliers de victimes mourir dans l'exil, dans les
prisons ou sur l'échafaud, pour avoir voulu rester fidèles
à leurs principes, à leurs croyances religieuses et politiques ; on vit la mesure de la philanthropie de ces prétendus
régénérateurs qui se donnaient pour les apôtres des libertés
du peuple, et ne rougissaient pas de publier que tout ce
qu'ils faisaient était pour son bonheur.

Pendant ce temps là, quelles étaient les actions et les
paroles de Charles V ?... Pendant que les prisonniers de
guerre étaient assassinés par centaines dans les prisons de
Barcelone et de Valence, sans que les autorités de Christine
eussent ni le courage, ni même la volonté d'empêcher de

pareilles atrocités; lorsque cette nouvelle violation du droit des gens parvint au quartier royal de D. Carlos, le Roi, dans une proclamation qu'il fit à ses soldats, s'exprima en ces termes : « *Ce sont des actions dignes des révolutionnaires, ce sont des exemples que l'on doit toujours blâmer, mais jamais imiter !* » A ces paroles dignes d'un roi chrétien, ceux qui se disent libéraux répondaient en massacrant le brave J. O'Donnell dans son cachot, et en promenant sa tête sur une pique par les rues de Barcelone; en fusillant à Jaca le brigadier-général Torrès et ses malheureux compagnons, violant ainsi le traité de Lord Eliot. Voilà des faits que personne n'ignore, et que les partisans de Christine ne pourront ni cacher ni faire oublier par quelque moyen que ce soit ! Ce ne sont certainement pas les pages de M. Thiers, faisant l'apologie de Marat et de Robespierre, qui pourront jamais faire changer la place que ces deux hommes sanguinaires occupent dans l'esprit de tous les peuples.

D. Carlos de Bourbon, en Portugal aussi bien qu'à Londres, à Oñate comme à Bourges, a toujours été invariable dans ses principes, impassible dans l'adversité et les dangers, et aussi résigné dans l'infortune qu'il a été inaltérable dans la prospérité. Il n'a jamais parlé de la veuve et des enfans de son auguste frère, qu'avec la modération et les égards d'un monarque; bien souvent, il s'est écrié avec un sentiment de peine : *Je plains Christine !* Elles sont sans nombre, toutes les recommandations faites par le Roi à ses généraux, sur la manière de traiter les personnes royales, dans le cas où les chances de la guerre les auraient fait tomber dans leurs mains.

Lorsqu'en 1837, le général Zaratiégui parvint avec sa division jusqu'aux portes de la capitale, il lui fut adressé du quartier général d'Exulbe, l'ordre royal que nous copions textuellement, et qui fut dicté par le ministre de la guerre de S. M. L'original de ce dépôt sacré existe encore, et un fidèle royaliste qui le tient en son pouvoir, a offert publiquement de le montrer aux personnes qui oseraient douter de son authenticité.

Voici les propres termes des ordres du Roi : « S. M. veut
» aussi que je vous recommande très particulièrement,
» quoiqu'elle soit persuadée que, même sans cette recom-
» mandation, vous tiendriez la conduite qu'on doit attendre
» de votre zèle et de votre éducation distinguée ; que, dans
» le cas où, par un heureux hasard, la reine deviendrait
» votre prisonnière, vous auriez à la traiter avec le respect
» le plus scrupuleux, et comme la veuve de son auguste
» frère, que sa Majesté a aimé avec la plus vive tendresse.
» Le Roi vous fait la même recommandation à l'égard des
» augustes filles de son frère, que vous devez considérer
» comme des infantes d'Espagne et comme ses nièces. Vous
» aurez à observer les mêmes considérations à l'égard de
» S. A. S. l'infant D. Francisco, et de tous les autres
» membres de la famille royale. Dans le cas où ces augustes
» personnes se livreraient à vous, en vous demandant votre
» protection, vous leur dispenserez l'aide et le secours qui
» sont compatibles avec les circonstances, ainsi que l'es-
» corte nécessaire, si elles demandaient à être conduites
» devant S. M., et vous confieriez le commandement de
» l'escorte à un officier général digne de toute votre
» confiance, en le rendant *responsable non-seulement de*

» *la sûreté des augustes personnes pendant le trajet , mais*
» *du respect et de l'affabilité avec laquelle elles devront*
» *être traitées,* toujours dans le cas que vous ne puissiez
» pas venir vous-même. Si quelque membre de la famille
» royale vous demandait une escorte pour être conduit à
» un autre point qui ne soit pas celui occupé par Sa
» Majesté, vous vous refuserez à l'accorder d'une manière
» formelle, mais respectueuse, jusqu'à la décision de S. M. »
—Toutes ces instructions sont signées : M. MANUEL Mᵃ DE
MEDINA VERDES Y CABANAS. Tous les généraux et plusieurs
chefs subalternes connaissaient les intentions du monarque,
et le respect, avec lequel chacun d'eux considérait ces ordres
augustes, était la meilleure garantie qu'ils seraient ponctuellement exécutés. Eh bien ! c'est ce prince infortuné,
que nous voyons protéger ses ennemis et leur pardonner
noblement et généreusement , lorsqu'à la tête de son armée
il avait toutes les probabilités de la victoire, que l'on
voudrait !!... je n'achève pas ! N'anticipons pas sur les
événemens. Retournons en Portugal, au moment où
Charles V vient de porter ses sages et justes décrets. Aussitôt après la publication de ces décrets, une foule d'officiers
de l'armée d'Espagne se hâtèrent de quitter leurs drapeaux ,
et de se rendre auprès du Roi pour l'aider à rentrer en
Espagne.

Le gouvernement de Madrid informé des intentions du
Roi, et voulant s'opposer promptement à toute tentative
hostile de sa part, envoya aussitôt Rodil à la tête de cent
mille hommes, avec ordre de fusiller *al mal aconsejado*
principe , s'il le pouvait surprendre. Toute la famille royale
devait avoir le même sort ; mais malgré tous les efforts et

toutes les précautions de Rodil et de ses agens, cet ordre cruel ne put avoir son exécution. Toutes les tentatives et toutes les ruses des révolutionnaires n'ayant pu réussir, et la cause de ces derniers se trouvant en grand danger d'être perdue pour jamais, ils formèrent une alliance avec l'Angleterre, la France et le Portugal. Rien ne pouvait être plus contraire aux intérêts du Roi que cette quadruple alliance qui renversait tous ses projets, et le laissait sans aucun autre appui que celui de ses fidèles serviteurs. Par suite de cette même alliance, le seul ami qui lui restât encore, D. Miguel fut chassé du Portugal, et Charles V privé de tout secours, se trouva forcé de se sauver avec sa famille sur un bâtiment anglais, pour échapper à la perfide cruauté de ses ennemis.

La capitulation de D. Miguel et la défaite de son armée, ayant délivré la frontière de Portugal de toute inquiétude, les troupes que l'on y avait envoyées furent rappelées, et Rodil leur général fut chargé de les conduire en Castille pour les réunir à celles de Quésada afin de relever leur courage ; car elles étaient tombées dans le plus profond découragement depuis les sanglantes défaites qu'elles avaient essuyées, et Quésada leur général n'avait recueilli pour prix de ses injustices, de sa cruauté et de sa barbarie, que le plus insultant mépris.

Toutes les circonstances les plus critiques et les plus imprévues semblaient en ce moment concourir à la perte de la cause du Roi. Quel espoir pouvait-il encore rester à cette petite armée de Navarre, épuisée par tant de sanglans combats, où chaque victoire n'avait pas laissé que de lui coûter bien des hommes, eu égard à son petit nombre ; pressée de toutes parts par une armée trois fois plus nombreuse que celles qu'elle avait eues à combattre auparavant, manquant, la plupart du temps, de munitions, d'habits ou de vivres ; forcée de camper dans le creux des rochers pour ne pas se laisser envelopper par l'immense multitude d'ennemis qui cherchaient à l'étreindre. Qu'allaient donc devenir ces braves soldats de Zumalacarrégui ? Fuir ? non ! jamais ils n'ont tremblé à la vue du fer homicide des révolutionnaires. Ne voyez-vous pas que cette poignée de braves porte elle seule le glaive vengeur des crimes de l'Espagne ! Ils sont les défenseurs de la légitimité, ils sont les soutiens du trône de S.t-Ferdinand, il semble qu'au dessus de leurs têtes est écrite cette terrible sentence : *Laissez passer la justice de Dieu !...* et à leur aspect, les bataillons formidables que l'on avait armés contre eux tremblent et déposent leurs armes, pendant que les vaillans défenseurs de la légitimité, fiers des victoires qu'ils ont remportées contre les généraux révolutionnaires, pleins de confiance dans la sainteté de leur cause, forment une digue puissante que le torrent de la révolution ne saurait surmonter.

Pendant que toutes ces choses se passaient en Espagne, le Roi qui de son côté savait apprécier le courage et le zèle de ses fidèles sujets, songeait aux moyens d'aller les secourir en personne ; car il pensait, avec raison, que sa présence ne manquerait pas de doubler leur courage et de terrifier l'ennemi. Les premiers projets de Sa Majesté n'ayant pas obtenu le succès qu'on en devait attendre, Charles V pensa aux moyens de faire réussir une seconde entreprise bien plus difficile que la première ; il résolut

d'aller lui-même prendre le commandement de ses troupes.
Il lui fallait pour cela traverser l'Angleterre et la France,
deux pays qui étaient aussi ennemis de sa royauté qu'ils
sont peu d'accord entre eux. Il pensait avec juste raison
qu'il lui était plus glorieux de mourir à la tête de sa vaillante armée, que de succomber aux lâches intrigues de
ses ennemis. Plein de cette généreuse résolution, il quitte
l'Angleterre, traverse la France, se présente lui-même
dans les différentes préfectures qu'il traversait, pour y
faire viser ses passe-ports, et accompagné seulement du
baron de Los Vallès, il arrive en Navarre où il surprend
la junte et son valeureux défenseur Zumalacarrégui,
encore tout occupé des moyens de s'opposer aux troupes
nombreuses de Rodil.

C'était au mois de juillet 1834, personne ne s'attendait à cette arrivée imprévue. Le Roi examina tout par
lui-même avant de se découvrir aux siens; mais dès qu'il
eut manifesté sa présence, on vit comme une étincelle
d'électricité frapper tout-à-coup et les habitans et l'armée.
La joie et l'espérance brillaient sur tous les visages; on
ne pensait plus au danger; on ne connut plus d'autre
besoin que celui de sauver le Roi, de le faire triompher
et de le porter sur le trône. La bonté naturelle du
monarque bien aimé faisait un contraste frappant avec
cette ardeur bouillante de l'armée qui lui était dévouée,
et qui attendait avec impatience l'occasion de signaler
son courage en présence et sous les yeux du prince. On
vit en ce moment toutes les classes des citoyens rivaliser
de zèle et d'efforts pour subvenir aux frais de la guerre.
L'ouvrier laborieux venait déposer aux pieds de Sa Majesté,

le produit de son travail ; le propriétaire, le fruit de son revenu ; les riches apportaient des dons considérables. Les mères excitaient leurs fils à aller grossir l'armée du Roi, et les enfans couraient avec enthousiasme se mêler aux vaillans défenseurs de leur souverain légitime. Tous les habitans se pressaient en foule sur la route où devait passer le Roi, tous le saluaient par de vives acclamations ; on se prosternait sur son passage, on le couvrait de bénédictions, on allait se jeter aux pieds de son cheval, au risque même de se faire écraser, au point que le Roi se trouva plusieurs fois obligé de s'arrêter pour éviter des accidens. Tant de marques d'amour et de vénération étaient pour Charles V un heureux présage ; avec quel zèle il allait se déclarer lui-même le défenseur de ses peuples ; avec quelle ardeur il allait les conduire au combat ! Combien peu de résistance pouvaient faire encore ses nombreux ennemis, devant une force aussi puissante que celle d'un peuple plein d'amour et de zèle pour son Roi, et d'un Roi plein de zèle et d'amour pour son peuple ! Zumalacarrégui ne fut pas le dernier à venir présenter ses hommages à son souverain ; il en reçut les témoignages les plus flatteurs d'estime et de reconnaissance, il conféra longuement avec le Roi, sur tout ce qui s'était passé, et sur l'état présent des affaires ; il lui donna des détails très circonstanciés sur son armée et sur celle des ennemis ; sur ses intentions et sur celles qu'il supposait à Rodil, d'après les divers mouvemens qu'il lui avait vu exécuter. Après avoir reçu les témoignages flatteurs de la plus vive reconnaissance que méritaient sa belle conduite et son dévouement, il quitta le prince avec regret, pour se rendre au poste où son devoir l'appelait. Il alla reporter lui-même à ses soldats les témoignages de remerciment et de bienveillance qu'il avait recueillis de la bouche de son souverain, et prépara son armée à de nouvelles entreprises plus dignes encore d'attirer les regards de l'Europe dont toute l'attention était déjà fixée sur ce petit nombre de défenseurs de la légitimité.

Rodil n'avait pas voulu d'abord ajouter foi aux bruits qui s'étaient répandus de l'arrivée du Roi en Espagne. Il ne tarda pas à reconnaître la vérité, et son exaspération fut à son comble, lorsqu'il apprit que, malgré toutes les mesures qu'il avait prises, ce prince avait éludé ses embûches, avait trompé ses espions, avait, en un mot, déjoué tous les projets de la sagesse humaine. Aussitôt ce général met en mouvement ses nombreux bataillons, il marche à la rencontre du Roi, à quelque prix que ce soit, il veut satisfaire sa haine et sa vengeance, il brûle du désir d'exécuter les ordres sanglans qu'il a reçus, et de tremper ses mains criminelles dans le sang de sa royale victime.

Mais il est une providence qui se joue des desseins des hommes, et qui conduit à son gré le cours des événemens. Celui qui a dit aux flots de la mer : Vous n'irez pas plus loin, avait aussi décidé dans sa suprême sagesse que le monarque persécuté par ses propres sujets ne devait pas tomber entre les mains de ses ennemis, et qu'il vivrait pour donner à la terre l'exemple noble et touchant, mais rare, d'un roi malheureux, vertueux et résigné, d'un roi grand dans l'adversité comme dans la prospérité, plus digne d'admiration dans la captivité qu'au milieu de l'éclat éblouissant d'une cour magnifique.

L'exaspération de Rodil était à son comble ; il voulait se signaler par quelque coup d'éclat, ruiner le parti de Charles, mais tous ses efforts étaient inutiles ; il n'éprouvait que des défaites. Pour s'en venger, il tourna sa fureur contre les habitans : la terreur et la désolation étaient répandues sur son passage ; les exécutions sans nombre, les extorsions, les rapines, les incendies, les incarcérations, les tourmens, les maux de toute espèce étaient les seules actions par lesquelles ses troupes se signalaient. Il serait trop pénible de retracer sous les yeux du lecteur les scènes d'horreur et de carnage chaque jour renouvelées par ces hommes féroces, qui ne connaissaient plus de bornes à leur aveugle fureur. Bientôt ils ne trouvèrent plus sur leur passage que des lieux déserts ; hommes, femmes, enfans, vieillards, tous fuyaient à leur approche, tous redoutaient jusqu'au contact de ces barbares qui n'avaient pas eu honte de se souiller du sang de de leurs concitoyens, de leurs amis, de leurs parens, de leurs frères, et ce sont ces hommes infâmes, qui, soulevant le voile de la honte et de l'ignominie qui les couvre, osent encore s'appeler les défenseurs de la liberté !

Cependant le prudent Zumalacarrégui prenait de sages dispositions pour attirer toute l'attention de Rodil sur le lieu où était S. M., parce qu'il espérait profiter de l'enthousiasme dont ses troupes étaient animées, pour tomber sur les derrières de son armée et la défaire entièrement. Il ne négligeait aucune occasion d'affaiblir l'armée ennemie et d'augmenter la sienne ; il profitait de ses marches et contre-marches sans nombre, pour harceler tantôt les avant-postes et tantôt l'arrière-garde. Il mettait à profit toutes les fausses mesures, toutes les imprudences de Rodil, et lui enlevait des compagnies entières sans qu'il lui en coutât un seul homme. Son but principal était de déjouer tous les projets de son ennemi, de l'affaiblir, de le fatiguer, de le décourager, et enfin de discréditer le général, parce qu'il pensait qu'une fois qu'il aurait cessé d'inspirer de la confiance à ses soldats, ceux-ci refuseraient de marcher sous ses ordres. Par ce moyen Zumalacarréguy gagnait du temps, et le temps était pour lui bien précieux, puisqu'il devait servir à détromper cette multitude qui s'était laissé entraîner par l'appât d'un bonheur imaginaire, que ceux qui la commandaient étaient incapables de lui procurer.

Il est impossible de décrire tous les plans variés, toutes les mesures étudiées, toutes les ruses qu'employèrent pour surprendre le Roi, par le moyen de leurs nombreuses divisions, Rodil, Espartero, Jaurégui, Oraa, et tant d'autres zélés révolutionnaires dont les tentatives vinrent échouer contre la sage prudence du brave Zumalacarréguy. Combien de stratagèmes n'employèrent-ils pas? Combien de fois ne publièrent-ils pas que le Roi ne sortirait jamais des immenses forêts dans lesquelles il avait trouvé un asile contre la persécution la plus acharnée! Mais ils ne savaient pas, ces hommes féroces, qui n'ont jamais éprouvé le doux sentiment de l'affection, ce que peuvent la fidélité et l'amour, joints au zèle et à la bravoure. Les soldats de Charles étaient tout feu pour mépriser les dangers et voler à la victoire; ils étaient animés des nobles sentimens qu'inspirent la religion et le devoir; et de plus ils étaient assurés de la protection des habitans de toutes les classes et de tous les partis, parce que partout ils avaient respecté le droit de propriété et la faiblesse de ceux qu'ils avaient trouvés inoffensifs. C'est pour cela qu'ils étaient invincibles et qu'ils étaient un sujet d'admiration et d'étonnement pour leurs ennemis eux-mêmes. D'ailleurs, quoiqu'ils fussent en petit nombre, leur activité, leur vélocité faisait face à tous les dangers : on les rencontrait partout, on ne pouvait jamais découvrir le lieu où ils étaient ; et partout où l'on tentait de détruire, de perdre, on les trouvait prêts à repousser les aggresseurs.

Voilà pourquoi quatre ou cinq divisions nombreuses ne purent jamais atteindre le Roi qui n'était gardé que par cent hommes de ses plus zélés serviteurs ; et quoiqu'on eût mis tout en œuvre pour le surprendre, il échappa toujours aux piéges qu'on lui avait tendus. Cependant les ennemis ayant appris que le Roi s'était trouvé seulement à deux lieues de distance de leur quartier-général, furent si contrariés de n'en avoir pas été avertis, qu'ils redoublèrent d'activité pour se saisir de sa personne. Le Roi qui était informé de tous leurs mouvemens, ne vit pas sans quelque crainte le danger auquel il allait être exposé, et pour s'y soustraire, il se hâta de faire des marches et des contre-marches afin de déjouer toutes leurs mesures. Ces marches étaient très pénibles pour S. M., et duraient quelquefois douze, quatorze et quinze heures.

C'est dans ces circonstances si difficiles, que Charles V, passant à Guernica, ancienne ville de Biscaye, confirma les *Fueros* et les *privilèges* dont cette cité avait toujours joui sous les rois, ses prédécesseurs. Mais depuis la trahison de Maroto, les habitans ont en vain réclamé le maintien et la confirmation de ces privilèges ; ni le gouvernement de Christine, ni celui d'Espartero n'ont voulu les reconnaître.

Zumalacarrégui, voyant l'armée ennemie épuisée par tant

de marches et contre-marches, profita de son affaiblissement pour l'attaquer; il obtint sur elle de grands avantages; et la victoire de Viana, qu'il remporta en Navarre sur la division de Carandolet, déconcerta tellement les ennemis, qu'ils n'osèrent de long-temps rien entreprendre ni contre le Roi, ni contre Zumalacarrégui.

Sur ces entrefaites, S. M. fut vivement affligée de la perte qu'elle fit de son auguste épouse Dona-Maria-Françoise de Bragance et de Bourbon, morte à Worsport, en Angleterre. Cette perte douloureuse qui venait affliger le cœur du Roi dans des circonstances si critiques, fut profondément sentie. Charles s'empressa de rendre les derniers devoirs à la reine; il la pleura sincèrement, et regretta vivement que cette nouvelle affliction vint encore augmenter les peines cruelles dont son ame royale était déchirée; car les ennemis ayant reçu de nouveaux renforts, recommencèrent encore une terrible persécution, plus atroce que les précédentes. Ils mettaient le feu aux maisons dans lesquelles le Roi avait logé; et les propriétaires de ces maisons étaient incarcérés. Les maires, les curés des villes et des villages par où le Roi avait passé, étaient fusillés, s'ils ne donnaient pas à l'armée révolutionnaire, avis des mouvemens de S. M. On brûlait les villes et les villages dont les habitans avaient manifesté quelques signes de joie ou de respect au moment du passage du Roi. La haine et la fureur des ennemis contre les partisans de ce prince, montèrent à un tel excès, qu'ils allèrent jusqu'à fusiller les médecins, les chirurgiens et les pharmaciens qui soignaient les soldats de son armée; les parens mêmes des malades étaient fusillés avec eux sur le champ, dès qu'on les surprenait à leur administrer quelques secours. Il est impossible de décrire combien ces mesures violentes navraient le cœur sensible de l'excellent Roi dont l'embarras croissait de plus en plus ; car il ne voulait pas user de représailles contre ses sujets égarés, et il savait combien sa présence compromettait ses sujets fidèles. Pour obvier à tant de maux, il se retira dans des lieux presqu'inaccessibles, où il lui fallut souffrir toutes sortes de misères, jusqu'à ce qu'il eût formé un corps assez considérable pour faire lui-même face à ses ennemis, et s'opposer à leurs brigandages. En attendant, il souffrit avec une constance admirable le froid, la chaleur, la faim, la soif, et ce qui est encore plus cruel que tous ces maux physiques, la douleur de voir ses fidèles soldats mourir dans les tourmens, après avoir exposé mille fois leur vie pour sa conservation. Avec quel zèle ce bon prince volait lui-même au secours des blessés, les consolait, pansait leurs plaies, et faisait renaître dans leur cœur les doux sentimens de l'espérance dans un avenir plus heureux ! Ceux qui avaient le malheur de succomber, bénissaient encore leur prince avant de fermer les yeux à la lumière, et leur dernier soupir était encore pour leur monarque si digne de leur amour.

Charles ayant réussi à se former un corps de troupes assez nombreux pour pouvoir prendre à son tour l'offensive, se sépara de Zumalacarrégui, et leurs mouvemens combinés les mirent en état d'attaquer tour-à-tour toutes les divisions de l'armée ennemie. Espartero commandait alors en Biscaye ; attaqué plusieurs fois par les troupes royalistes, il avait toujours été défait ; mais il n'avait jamais éprouvé une déroute aussi complète que celle que le Roi lui fit éprouver le 12 octobre 1834, à Plencia. Le prince commandait en personne ;

et il eut la consolation de voir combien sa présence avait d'influence sur l'esprit des combattans. Espartero se trouvant renfermé à Plencia, avait appelé à son secours deux divisions de Navarre et de Guipuzcoa. Lorsque ces deux divisions aperçurent le Roi, chacune d'elles croyant qu'elle allait être attaquée par S. M., n'osât soutenir sa présence, et toutes deux se hâtèrent de prendre la fuite. L'une se sauva à Arpeitia, et l'autre à Aramagona. Cette défection spontanée des deux divisions fut d'autant plus favorable au Roi, qu'il n'était alors accompagné que de deux cents hommes seulement. Cet heureux événement fut suivi, peu de jours après, d'un autre plus heureux encore, car Zumalacarrégui remporta la victoire la plus signalée de toutes celles qu'il avait jusque là obtenues contre un corps d'armée aussi considérable. On combattit pendant deux jours entiers ; et pendant ces deux jours, qui étaient le 27 et le 28 octobre, la petite armée des carlistes soutint par sa seule valeur les efforts de plus de cent mille combattans qui furent forcés de prendre la fuite après avoir perdu leurs principaux chefs, plusieurs milliers d'hommes et une partie de leurs bagages. Honteux de s'être laissé battre par une poignée d'hommes, ces vastes débris de l'armée révolutionnaire se rallièrent et vinrent de nouveau présenter la bataille à Zumalacarrégui, le 4 novembre. Ils voulaient, disaient-ils, effacer la honte de leur défaite par un combat décisif, dans lequel, à les en croire, ils allaient écraser ce petit nombre de braves qui les avaient si fort maltraités quelques jours auparavant. Mais ils eurent la douleur d'éprouver encore cette fois, que le général qui commandait les carlistes était invincible. En vain, ils s'obstinèrent à combattre ce jour-là et les jours suivans, ils furent toujours repoussés avec une perte immense, tant à Ormaiztegui qu'à Arquisas et différens autres endroits. Toutes ces défaites avaient jeté l'effroi et la consternation parmi les ennemis; ils s'en prenaient à leurs chefs, qu'ils accusaient de trahison; les chefs rejetaient la faute sur les soldats qu'ils maltraitaient, de sorte que le désordre et la confusion régnaient dans le camp de Rodil.

Zumalacarrégui qui savait mettre à profit toutes les circonstances, se hâta, pendant ces momens de trouble, de lever de nouveaux bataillons, et de les armer avec les armes qu'il avait prises aux ennemis. Il reçut aussi avec joie bon nombre de transfuges qui, voyant que Dieu bénissait d'une manière bien visible, les armes de Charles, se repentaient sincèrement de s'être laissé tromper, et demandaient à réparer leurs torts, en combattant pour la cause sainte qu'un funeste aveuglement les avait portés à persécuter.

Pendant que l'armée royaliste s'augmentait et prenait de jour en jour une attitude plus imposante, celle des ennemis au contraire, s'affaiblissait; elle avait perdu toute confiance dans son général. Rodil était universellement haï, détesté de tous les siens. Le prestige qui avait fasciné les yeux de la multitude était détruit; il fallait le rétablir par quelque moyen efficace. Or de quels moyens pouvait se servir ce monstre de cruauté, si ce n'est de ceux qu'il avait déjà employés par le passé, c'est-à-dire, la persécution, les vexations, les meurtres, l'incendie..., armes bien dignes d'un homme tel que Rodil. Dans ce but, toutes les persécutions recommencèrent; on commença par égorger tous les blessés qui se trouvaient dans les hôpitaux; on força des vierges timides à sortir de leurs couvens: on les maltraita ainsi que

les moines, auxquels on avait déclaré une guerre à outrance.
Des habitans inoffensifs, des femmes, des prêtres furent
entassés dans les sombres cachots. La plupart d'entre eux
périrent, soit par les horreurs d'une cruelle captivité, soit
par les mains de leurs persécuteurs. Telles furent les dernières et horribles victoires de ce monstre d'iniquité dont
l'affreux souvenir sera à jamais en horreur dans tous les lieux
qu'il a inondés de ses crimes, et qu'il a couverts de cendres.
Les fidèles sujets de Charles V, loin de se laisser ébranler
par les menaces et les plus horribles persécutions, n'en
devenaient que plus constans dans la foi, et plus ardens à
combattre pour le succès de la cause sainte qu'ils avaient
embrassée. Aussi la victoire était-elle toujours de leur côté.
A la fin, le gouvernement de Madrid lassé de toutes les
pertes que lui faisait éprouver Rodil, le rappela, et mit en sa
place l'ancien chef des révolutionnaires, le redoutable Mina,
l'ennemi juré de la royauté, le rebelle contre lequel le feu
roi Ferdinand s'était vu forcé d'implorer le secours de la
France, pour échapper à une mort certaine. Mais le gouver-
ment de Madrid était honteux d'avoir essuyé tant de
défaites ; il ne savait plus quels moyens employer pour réussir, et quoiqu'il connût parfaitement le opinions républicaines de Mina, il ne fit pas difficulté de le prier de venir de
Londres où il s'était réfugié, et de lui confier le commandement général de l'armée. Ce fait seul, qu'aucun historien ne
pourra jamais révoquer en doute, n'est-il pas suffisant pour
démontrer clairement quelles étaient les intentions du cabinet de Madrid ? Ne prouve-t-il pas suffisamment que ce
n'était pas seulement contre D. Carlos que l'on com-
battait, mais bien contre la royauté tout entière. On ne

voulait pas plus soutenir Christine que le Roi ; mais il fallait un prétexte pour ne pas donner l'éveil aux cours étrangères ; et ensuite, on viendrait facilement à bout d'une pauvre femme. Les événemens n'ont que trop prouvé la réalité de ce que nous avançons ici, et plaise à Dieu, protecteur de l'Espagne, que de nouveaux événemens, plus fâcheux que les premiers, ne le prouvent pas encore d'une manière plus sensible et plus décisive ! Quel aveuglement de la part de Christine ! pourvu qu'elle arrive au but qu'elle se propose, peu lui importe de quels moyens elle doit se servir. Mina est un révolutionnaire, Mina est un traître, un régicide ! il est déclaré généralissime de l'armée ; on met à sa disposition toutes les ressources dont on peut disposer ; on lui laisse, à lui seul, le choix des moyens ; sa volonté doit lui servir de guide, pourvu qu'il perde D. Carlos et détruise son armée, c'est tout ce qu'on désire de lui !

On doit penser quelle fut la joie de Mina en se voyant contre son attente, replacé à la tête d'une puissante armée, en état désormais de faire la guerre à la monarchie qu'il avait tant en horreur, et plein d'espérance de pouvoir enfin réaliser les beaux projets de république qu'il avait tentés inutilement autrefois. Il s'empressa de répondre au vœu du gouvernement qui l'avait appelé, et pour lui inspirer plus de confiance, il ne manqua pas de vanter la facilité avec laquelle il soulèverait en sa faveur toute la Navarre, dans laquelle il avait joui, par le passé, d'une si grande influence. Il se flattait de posséder encore l'amour et le respect de ces peuples loyaux, et par conséquent, de terminer bientôt une entreprise contre laquelle avaient échoué tous ses prédécesseurs. Le gouvernement ajouta foi à toutes ses promesses ;

mais l'effet ne tarda pas à démontrer combien on s'était trompé. Mina avait été réellement aimé et respecté en Navarre, mais c'était lorsqu'il avait combattu en faveur des principes qu'en ce moment il cherchait à détruire. Aussi ne rencontra-t-il partout que la haine la plus déclarée, car les peuples aiment naturellement l'ordre, la paix, la justice et leurs rois, mais ils détestent les tyrans, les révolutionnaires et les traîtres, qui ne cessent de les tromper en leur promettant des libertés, et dont le seul but est de les asservir.

Mina fut bientôt désabusé lui-même. Pas un de ces hommes qui, pendant la guerre contre Napoléon, l'avaient porté jusqu'aux cieux, ne daignait même le saluer, aujourd'hui qu'il venait combattre contre leur Roi légitime. Toutes ses protestations d'amitié, toutes ses promesses de liberté et de bonheur furent vaines ; il ne put trouver un seul homme qui se décidât à embrasser son parti. Furieux de n'avoir à commander que les restes de l'armée de Rodil, il ouvrit la campagne par des édits sanglans. Il menaçait de mort, ou pour le moins d'emprisonnement, tous les pacifiques habitans de cette contrée qui aideraient, en quelque manière que ce fut, D. Carlos et son armée. Les prêtres et les parens des carlistes étaient menacés d'être fusillés, s'ils entretenaient quelque correspondance avec eux. En nn mot, il copia ponctuellement les édits que Napoléon avait fait publier contre lui lorsqu'il faisait la guerre en faveur de Ferdinand VII. Malgré toutes ces dispositions sanguinaires, il ne fut pas plus heureux que ses prédécesseurs. Il fut battu en trois rencontres différentes : à Ciga, à Elizondo et à Lecaroz. C'est à l'issue de ce dernier combat que, plein de dépit de s'être couvert de honte, il déchaîna sa fureur contre le pays et contre ses habitans. Il fit fusiller le curé et le maire, décima les bourgeois, et brûla la plupart des villages. A son retour de cette sanglante expédition, il fut attaqué à Vélate où il fit de vains efforts pour réparer sa honte ; son armée fut encore une fois mise en déroute ; il fut lui-même blessé et forcé de se retirer à Pampelune pour y faire panser sa blessure. Désespérant enfin de terminer cette guerre qu'il s'était vanté de pousser avec tant d'activité et de finir si heureusement, il se démit du commandement.

Autant la conduite barbare des ennemis envers les prisonniers et envers les habitans qu'ils savaient attachés au Roi, leur aliénait tous les cœurs, et grossissait le nombre de leurs adversaires, autant celle de Charles lui attirait de nouveaux partisans. Ce prince ne laissait échapper aucune occasion de manifester sa bonté, sa clémence et sa bienfaisance envers les malheureux prisonniers. A chaque bataille que perdaient les ennemis, leur fureur devenait plus cruelle ; et le gain de la victoire fournissait au Roi une nouvelle occasion de se montrer clément et généreux. Il n'est donc plus étonnant que, pour soutenir un tel prince, les soldats fissent des prodiges de valeur, ni qu'une armée aussi nombreuse que celle des révolutionnaires, commandée par des chefs barbares, ne se soit laissé vaincre tant de fois par cette poignée d'hommes dévoués.

Après chaque bataille, Zumalacarrégui avait insisté pour l'échange des prisonniers ; mais on n'avait jamais répondu à ses offres, que par un insultant mépris et par de cruelles exécutions. Quand le Roi parut à la tête de l'armée, il recommanda encore à Zumalacarrégui de proposer de nouveau aux ennemis, l'échange des prisonniers ; mais la réponse fut la même, et les exécutions encore plus sanglantes. Le général carliste se trouva donc dans l'affreuse nécessité d'user de représailles, et quoiqu'il y mit tous les ménagemens possibles, on ne manqua pas de profiter de cette terrible circonstance, pour déverser sur Charles V et ses généraux tout le blâme des plus noires atrocités. La calomnie s'empressa de grossir le nombre des exécutions, et pourtant ce n'était que pour empêcher à l'avenir l'abondante effusion du sang des siens, et pour intimider ses cruels ennemis, que le Roi s'était vu obligé de conseiller ces déplorables, mais trop justes mesures. Elles eurent tout l'effet qu'il pouvait en attendre; car les ennemis ayant perdu un nombre de prisonniers beaucoup plus considérable que celui des carlistes, représentèrent à leur gouvernement combien il était fàcheux de perdre tant d'hommes qui allaient être massacrés par représailles, si l'on ne s'empressait de rendre les prisonniers faits sur l'armée du Roi; ils allèrent même jusqu'à refuser de combattre, si l'on n'obtempérait pas à leur demande.

Le gouvernement qui jusqu'alors avait ordonné de massacrer tous les prisonniers, se trouva dans un étrange embarras : il eut honte de sa barbare conduite; mais n'osant pas se hasarder à faire lui-même une demande à laquelle il s'était refusé tant de fois par l'entremise de ses généraux, il pria l'Angleterre de vouloir bien interposer sa médiation pour terminer cette affaire. Le gouvernement anglais, commerçant par nature, et toujours prêt à se mêler des affaires de ses voisins lorsqu'il croit y trouver son intérêt, ne fut pas fâché de cette circonstance qui le mettait à même de s'immiscer dans les affaires d'Espagne. Dans l'espoir que cette première *relation commerciale* ne serait que le prélude d'autres *relations* plus importantes, il se hâta d'envoyer lord Elliot avec injonction de faire entre les deux armées, un traité par lequel il serait statué que les deux armées *feraient quartier* pendant le combat, et qu'après chaque bataille, l'échange des prisonniers aurait lieu.

Charles applaudit à cette sage mesure, et s'empressa de donner au traité un commencement d'exécution, en remettant aux ennemis, en présence d'Elliot, tous les prisonniers qu'il avait faits avant la conclusion même du traité.

La retraite de Mina avait jeté le découragement dans son armée. Le gouvernement de Madrid voyait chaque jour son influence s'éteindre et sa puissance diminuer. Il lui était indispensable de prendre des mesures énergiques pour reconquérir l'opinion publique qu'il perdait chaque jour de plus en plus. Le ministre de la guerre, Valdès, prit lui-même le commandement de l'armée ; il obtint du gouvernement une autorité sans bornes. Il en usa aussitôt, et s'occupa des préparatifs immenses et extraordinaires pour la nouvelle campagne qu'il allait entreprendre. Il fit fabriquer un grand nombre de fusées à la congrève et diverses pièces d'artifice qui devaient semer la mort d'une manière effrayante dans l'armée des carlistes. Une artillerie formidable, une nombreuse cavalerie, d'immenses provisions de guerre et de bouche, et 20,000 fantassins composèrent cette redoutable division, avec laquelle Valdès se vantait d'écraser à la première rencontre Zumalacarrégui et toute son armée. Mais combien les coups de la fortune sont bizarres ! ou plutôt, que les voies de la providence sont incompréhensibles ! Valdès s'avance majestueusement à la tête de sa puissante armée ; ses troupes fraîches brûlent du désir de signaler leur ardeur, elles ont entre les mains des armes terribles pour foudroyer leurs ennemis, elles comptent sur une victoire certaine. Le fidèle défenseur de Charles, Zumalacarrégui, n'a avec lui que quatre bataillons composés d'hommes fatigués de vaincre, exposés à des privations continuelles; mais plein de confiance dans la justice de sa cause, il invoque le Dieu des combats qui tient dans ses mains la victoire et qui est le soutien du juste et de l'opprimé; il rencontre cette armée rédoutable, il l'attaque avec une intrépidité rare, sa présence a jeté l'épouvante dans les rangs ennemis, il porte partout la terreur, ses regards étincelans étonnent ceux qui osent résister à ses coups. En vain le général Valdès arrive avec sa cavalerie toute fraîche pour tomber sur les carlistes épuisés, Zumalacarrégui l'a prévenu, la surprise de cette nouvelle attaque met ses soldats en furie. On ne voit plus que carnage; le sang enivre le soldat; enfin les bataillons de cavalerie enfoncés demandent quartier. Aussitôt l'invincible général apaise les siens, retient leur ardeur, calme leurs courages émus, et imitant la noble clémence de son Roi, il joint au plaisir de vaincre, celui de pardonner. Valdès honteux de sa défaite prit la fuite, laissant au pouvoir de son vainqueur presque tout son bagage et un grand nombre de prisonniers. Mais cette victoire ne devait être que le prélude d'une multitude d'autres victoires remportées par Zumalacarrégui pendant les trois mois qui suivirent. Nous pouvons signaler entr'autres, celle de Guernica, où la division d'Iriarte fut entièrement défaite; celle d'Andoain et d'Echalar, de Noain et de Cizar, dont les détails seraient beaucoup trop longs; enfin celle de Vélate, dans laquelle Jauregui et Oraa furent mis en déroute. Mais la principale et la plus importante de toutes ces victoires, fut sans contredit celle de *Descarga,* où Espartero, à la tête de dix-huit bataillons, fut forcé de prendre la fuite devant 1,500 carlistes seulement, au pouvoir desquels il laissa 1,200 prisonniers avec une grande quantité d'armes et de munitions. Cette victoire eût pour le Roi des résultats fort avantageux. Les garnisons de Villafranca, de Vergara, d'Eibar, de Durango, d'Ochandiano, d'Elizondo et de plusieurs autres places se rendirent au vainqueur qui n'éprouva que fort peu de résistance devant chacune de ces places. En marchant ainsi de conquête en conquête, Zumalacarrégui rétablit les affaires de son souverain, il épuisa les ennemis qui perdirent dans cette campagne dix mille hommes de leurs meilleures troupes et deux cent cinquante généraux ou officiers, cinq mille fusils, seize pièces d'artillerie, beaucoup de munitions et une grande quantité de chevaux. Enfin par ces nombreuses victoires, la Navarre et les provinces basques restaient entièrement délivrées de la présence des ennemis, et tous ces avantages presqu'incroyables, si l'on considère le petit nombre d'hommes qu'avait avec lui le chef de l'armée carliste, furent remportés dans l'espace de trois mois. Le Roi libre possesseur de plusieurs provinces commençait enfin à faire goûter à ses peuples malheureux les douceurs de sa bénigne influence ; sa domination s'étendait de jour en jour ; il allait bientôt pénétrer jusque dans sa capitale, où il se promettait déjà de rétablir l'ordre et la paix qui en étaient bannis depuis si long-temps ; tout ce qui l'entourait respirait la joie la plus pure et concevait les plus douces espérances dans l'avenir heureux et prochain que leur préparait la tendresse du monarque bien aimé. Les ennemis de la légitimité frémissaient de rage en voyant qu'ils avaient en vain consumé tant d'efforts, répandu tant de sang, commis tant de crimes! Le gouvernement de Madrid incertain sur son sort, redoutant les tristes conséquences de ses fautes, ne voyait devant lui qu'une avenir sombre et peu rassurant. Déjà, il faisait des tentatives auprès de toutes les puissances pour obtenir de prompts secours, afin de repousser le roi légitime qui, dans quelques jours, allait établir une balance dans le royaume, et rendre à chacun selon ses œuvres. Le souvenir du passé inspirait de violentes frayeurs pour l'avenir. Mais le plus grand nombre confiant dans la clémence sans bornes du Roi, dans cette clémence dont ils avaient éprouvé tant de fois les effets, attendaient avec impatience son exaltation pour obtenir le pardon de leurs fautes. Ces dispositions étaient positivement ce qui éveillait les craintes des chefs du parti révolutionnaire; ils sentaient qu'ils avaient peu à compter sur l'appui d'hommes qui n'attendaient qu'une circonstance favorable pour se déclarer en faveur du Roi. L'Espagne touchait enfin au terme de tous ses maux. Mais l'éclat de tant de triomphes fut terni par le revers le plus cruel qui put arriver alors. La mort du héros qui conduisait les phalanges carlistes à la victoire, fut une de ces catastrophes que la sagesse humaine ne saurait prévoir, et qui en ce moment vint tout-à-coup changer la face des affaires.

L'ardeur des soldats se ralentit, le venin fatal des dissensions commença à circuler dans l'armée; l'ambition voulut y faire entendre ses prétentions, on brigua les charges, les honneurs, les commandements. Chacun voulait cueillir les lauriers préparés par le héros, hériter de ses glorieux trophées, partager sa gloire. La route était tracée, il ne semblait pas difficile de marcher dans les sentiers qu'avait ouverts l'immortel défenseur de Charles V.

Le Roi eut besoin de toute sa fermeté pour concilier en cet instant tous les petits intérêts, toutes les susceptibilités, et pour calmer ces premiers mouvemens de jalousie qui, plus tard, furent si funestes à sa cause.

Le général D. Vincent Moreno prit le commandement des troupes royales que la mort de Zumalacarrégui avait laissées sans chef. Il leva aussitôt le siège de Bilbao, pour s'occuper du soin d'augmenter son armée. La liberté dont les provinces commençaient à jouir, était encore protégée par une armée imposante qui garantissait les droits de chacun ; un grand nombre de volontaires s'enrôlèrent et furent armés avec les fusils que Zumalacarrégui avait pris aux ennemis. Ces enrôlemens devenaient d'autant plus fréquens, que les parens des volontaires n'avaient plus à craindre les tortures que l'on avait fait souffrir tant de fois aux familles des soldats de Charles. Ces renforts considérables furent encore augmentés par l'enrôlement volontaire d'une multitude de prisonniers et de transfuges qui désertèrent la cause de Christine pour embrasser celle du Roi. Toutes ces choses étaient donc dans le meilleur état possible du côté des carlistes : on s'attendait de jour en jour à quelque grand événement qui allait sans doute terminer cette guerre longue et sanglante dont les ennemis paraissaient fatigués, et qu'il leur était désormais impossible de soutenir plus longtemps. Mais leurs chefs, loin de se laisser abattre par tant de revers, conçurent de nouvelles espérances, parce qu'ils crurent que la mort de Zumalacarrégui avait détruit cet enthousiasme précurseur de la victoire, avec lequel les soldats de Charles marchaient si gaiement au combat. Ils rassemblent les débris de leurs divisions vaincues, ils disposent tout pour une attaque, et viennent présenter la bataille à Mendigorria. Dans ce combat ils remportèrent quelques avantages, mais les pertes considérables qu'ils firent, furent loin d'être compensées par ce peu d'avantages. Cependant ils voulurent encore tenter un dernier effort, et pour réussir, ils concentrèrent toutes leurs forces sur un seul point. Ils rappelèrent toutes les troupes qu'ils avaient en Catalogne, et laissèrent presque sans garnison cette province, qui déjà était toute dévouée en faveur du Roi. D. Vincent Moreno donna aussitôt au général Zuergue l'ordre d'aller prendre possession de cette province, au nom du Roi. Zuergue partit sur le champ avec une petite division. A son approche, tous les Catalans allèrent au devant de lui, le saluèrent comme un libérateur, et se levant en masse, ils formèrent un corps de seize mille hommes, dont le général forma quatre divisions auxquelles il confia le soin de veiller à la sûreté et à la conservation de cette province. Cette perte découragea tellement les ennemis, que loin de pouvoir rien entreprendre, ils se crurent perdus sans ressource, si le gouvernement ne leur envoyait de prompts secours. Christine dans cette fâcheuse circonstance, eut recours à ses fidèles alliés. La France lui envoya la légion étrangère d'Alger, l'Angleterre, une légion de douze mille hommes, et le Portugal, une troisième légion beaucoup plus nombreuse encore. Cependant, les partisans de Charles ne craignirent plus de se déclarer ouvertement ; autrefois, ils l'auraient fait sans autre résultat que celui de s'exposer à de cruelles persécutions ; aujourd'hui, au contraire, ils plaçaient avec raison leur confiance dans cette armée victorieuse qui tous les jours faisait de nouveaux progrès, obtenait de nouveaux succès, et allait se trouver incessamment aux portes de Madrid. Mais la rage des ennemis qu'enflammaient de plus en plus et la conscience de leur faiblesse et la honte de tant de revers, s'appésantit sur les malheureux habitans des villes qu'ils tenaient encore en leur pouvoir. Nous voudrions pouvoir tirer un voile sur les scènes de désolation qui affligèrent alors Barcelone, Torrès, Madrid, et tant d'autres villes dont le seul crime était de se montrer dévouées à leur roi légitime. Nous voudrions pouvoir passer sous silence des faits publics dont le récit fait trembler la plume, et remplit de consternation le cœur le plus dur. Ces horribles scènes de carnage ne prouvent-elles pas, jusqu'à l'évidence, que les révolutionnaires font la guerre à la religion et au trône, dans le seul but de faire pénétrer leur système d'indépendance dans tous les gouvernemens religieux et politiques de l'Europe.

Que signifient les assassinats commis à Barcelone, à Sarragosse et sur d'autres points de l'Espagne, à Madrid même, sous les yeux du gouvernement que l'on appelait légitime, et en présence des représentans de la nation, sur la personne d'une multitude de prêtres vertueux sacrifiés en 1834? Que signifie l'expulsion des religieux de leurs cloîtres, la persécution qu'ils ont soufferte, et la mendicité à laquelle on les a réduits? Que signifie l'occupation de tous les biens de l'Eglise, y compris ceux des religieuses, et l'obligation imposée à ces épouses vertueuses de Jésus-Christ, ou de quitter leurs cloîtres, ou de périr de misère, dans la plus affligeante tribulation? Que signifie l'incendie, la ruine entière des couvens de toutes les classes; et le prétexte de la nécessité de ces mesures, en préférant l'embellissement des rues et des places, des bourgs et des cités à l'existence des maisons religieuses et même à leur souvenir? Tous ces faits auraient-ils pour but de

consolider le gouvernement de celle qu'ils proclamaient Reine?
Les soupçons d'opinion contraire ont été des causes suffisantes de prison, d'exil et de sentences de mort pour un grand
nombre d'ecclésiastiques des deux clergés, et pour les fidèles
catholiques qui défendaient la cause juste et légitime.

Les pères, les mères, les épouses et les fils, en général, tous
les parens des défenseurs de la légitimité ont souffert la mort,
le bannissement et le séquestre de leurs biens; ceux mêmes
qui sur la bonne foi des rappels, indults ou capitulations se
sont présentés ou se sont trouvés au pouvoir des révolutionnaires, ont été victimes de leur férocité : mais ces prêtres,
ces religieuses et ces Espagnols pacifiques qui ont été assassinés ; ces établissemens de religion, les religieuses dans leurs
cloîtres, quelle part ont-elles prise dans la guerre de la légitimité? Aucune. Donc la cause des crimes atroces est bien
connue : c'est de planter le drapeau de l'impiété et de l'a-
narchie.

Des faits plus abominables encore ont eu lieu. Qui croira
que l'on a vu en Espagne les événements qui s'y sont passés!
Les cataractes du ciel s'ouvrent, et le monde s'inonde d'un
déluge d'horreurs. Déjà en 1821 on avait vu à Cadix, un
apostat publiant des dissertations contre les principaux dogmes
de notre sainte religion, dissertations savamment réfutées par
S. E. Mgr. Cienfuegos, alors évêque de ce diocèse. Déjà on
laissait circuler, avec autorisation, les doctrines perverses des
sectaires ; on laissait prêcher un chef militaire contre la vir-
ginité de la mère de Dieu, faisant enlever des rues et des places
publiques, les croix et les images qui témoignaient de la vraie
religion catholique uniquement professée en Espagne. Déjà
on était saisi d'horreur à la vue des plus abominables sacri-

léges commis par les impies qui poussèrent l'extravagance jusqu'à faire une procession avec le livre de la Constitution, à l'occasion d'une sécheresse, et à demander à genoux, devant cette pierre, les secours dont on avait généralement besoin. La contagion, heureusement ne s'est pas étendue; et Dieu a manifesté sa puissance pour faire trembler les impies, afin qu'ils cessassent de se glorifier dans le mal et dans leurs iniquités. Cependant, le prince des ténèbres étend son influence, il jette le masque qui cachait sa perfidie, et les plus effroyables excès se commettent. O Cieux! frémissez! Les images de Jésus-Christ, de la Vierge et des Saints sont fusillées dans les temples où elles sont placées; ici, on les traîne par les rues avec des cris de joie; là, on les place *de garde* et comme en *sentinelle*; ensuite on les précipite dans les flammes, après les avoir fait servir d'objet aux railleries et aux sarcasmes. Les vases sacrés sont destinés, non seulement à des usages profanes, mais encore à d'immondes services. On entre avec bruit dans les temples où le Dieu du ciel se plaît à se cacher sous des voiles mystiques pour subvenir à tous les besoins des hommes. On jette au loin la forme sacrée; les émissaires du gouvernement qui s'appelle légitime, enlèvent la custode; et ce qui est plus encore, *je tremble en rapportant de tels forfaits*, ces mêmes formes sacrées, *mystérieux accidens* sous lesquels se voile notre adorable Sauveur et et Rédempteur, le Roi du ciel et de la terre, ces hosties saintes sont foulées aux pieds, sont insultées par d'infâmes discours, sont vendues publiquement, sont frites avec des œufs et crachées aussitôt après avoir été goûtées, en signe du plus profond mépris pour la Majesté suprême. Toute l'Espagne a été témoin de cet horrible spectacle; mais aucun châtiment n'a été prononcé contre les coupables. Quoique l'on fut dans des instans réellement malheureux, d'aussi horribles sacrilèges devaient-ils rester impunis ?

Les révolutionnaires ne connaissaient que trop bien le caractère religieux du légitime roi D. Carlos V, et ils étaient bien convaincus que sous son gouvernement monarchique, on s'empresserait de donner satisfaction à Dieu et à tout l'univers catholique. Il leur devenait donc nécessaire de se servir de toutes les ruses que pouvait inventer leur méchanceté dépravée, pour empêcher le triomphe de la cause légitime d'Espagne, ou au moins, pour faire disparaître son véritable représentant.

Pendant que d'horribles cruautés se commettaient dans cette partie de l'Espagne soumise encore au pouvoir des révolutionnaires, les carlistes remportèrent la célèbre victoire d'Arrigarraga contre Espartero dont l'armée fut taillée en pièces. Il perdit en cette seule affaire plus de deux mille hommes ; il reçut lui-même deux blessures, et peu s'en fallut qu'il ne tombât au pouvoir de ses vainqueurs. A la suite de cette victoire, Gomez commença sa célèbre et malheureuse expédition. Il s'avança jusqu'aux portes de Madrid, et quoiqu'il n'eut avec lui qu'une poignée d'hommes dévoués, il remporta de fréquens avantages sur les ennemis, déjoua tous leurs projets, leva d'énormes impôts, et se serait infailliblement emparé de la capitale s'il eût pu être secondé dans sa vaste et téméraire entreprise. Mais investi de toutes parts par ses nombreux ennemis, il fut réduit à souffrir les plus cruelles persécutions. Les assassinats sans nombre commis en cette occasion par les révolutionnaires, sont trop connus pour que nous en tracions de nouveau l'affligeant tableau.

Le Roi touché des malheurs de ce général , réunit tous les chefs de l'armée de Durango , et après avoir entendu l'avis de chacun d'eux , résolut d'attaquer vigoureusement la ville de Bilbao. S. M. pensait que cette action aurait pour résultat, ou la prise de cette ville ou la cessation des persécutions faites à Gomez. La reddition de cette ville était considérée par les deux partis comme la chose la plus importante ; car elle devait ouvrir aux carlistes une libre entrée dans l'intérieur de l'Espagne ; c'est aussi pour cela que les deux partis combattirent avec tant d'acharnement et de vigueur. Si la première attaque fut vive , la résistance de la part des assiégés le fut aussi , en sorte qu'il fallut retourner plusieurs fois à l'assaut sans pouvoir réussir à prendre la ville. Les carlistes fatigués des nombreuses tentatives qu'ils avaient faites sans succès , se retirèrent, et, depuis ce moment, le siège traîna en longueur. Les ennemis ne manquèrent pas de profiter des lenteurs de l'armée de Charles V , pour ravitailler la place et y faire entrer des renforts considérables. C'est ainsi qu'ils sauvèrent cette ville , qui ne pouvait plus tenir que fort peu de temps contre les assiégeans , et qui aurait infailliblement été forcée de se rendre , si elle eut été pressée avec plus d'activité. Mais les nombreux secours qu'on venait d'introduire dans Bilbao , firent perdre aux carlistes tout espoir de pouvoir s'en emparer , et le siège de cette place fut levé après une mûre délibération. Les conséquences de cette retraite furent fatales aux carlistes. L'armée ainsi que les habitans ne purent voir sans être frappés d'une vive consternation ces deux événemens qui par malheur donnèrent lieu à tant de versions différentes. On fit mille conjectures , on alla même jusqu'à attribuer à une trahison ou à quelqu'autre cause étrangère, ce qui en effet ne provenait réellement que de la difficulté des circonstances et de l'impérieuse nécessité. Ces idées bizarres circulèrent rapidement dans tous les esprits où elles engendrèrent la méfiance et une source intarissable de discordes. La prudence et la sagesse de D. Carlos furent employées à étouffer dès le principe ce germe de tous les maux qui vinrent bientôt affliger les bons royalistes ; mais il était difficile de le déraciner ; l'esprit humain naturellement porté à la défiance saisit avidement l'occasion de voir partout des trompeurs, des traîtres ; et une fois qu'il a basé son opinion, quoique sur des raisons tout à fait invraisemblables et dépourvues de fondement, il est presque impossible de le désabuser. Cette malheureuse défiance mutuelle que conçurent alors les chefs principaux de l'armée carliste, jointe à la jalousie si naturelle aux Espagnols, fut dès lors fatale aux armes de Charles V, et paralysa pour ainsi dire tous ses efforts et ses succès.

Cependant le Roi, pour concilier tous les petits intérêts, pour calmer toutes les susceptibilités, prit des mesures extrêmement sages, et qui furent universellement approuvées. Il nomma l'infant D. Sébastien, général en chef de l'armée. Le jeune prince répondit parfaitement à l'attente que l'on avait conçue de lui. Il rétablit la discipline parmi les troupes, fit de nouveaux règlemens, prit de nouvelles dispositions, et eut le rare mérite d'inspirer la plus grande confiance à ses soldats. Sous son commandement, on vit renaître plus que jamais, la joie et l'enthousiasme.

Les ennemis, de leur côté, fiers des avantages qu'ils avaient obtenus à Bilbao, et pleins du souvenir de la malheureuse expédition de Gomez, se jetèrent sur le pays occupé par le Roi. Leur plan d'attaque avait été long-temps étudié et concerté entre les principaux chefs, et avec le gouvernement. Ils débouchèrent par trois endroits différens. Ewans, général en chef de la légion anglaise, attaqua les lignes de D. Sébastien avec vingt-deux mille hommes ; le général Sarsfield, à la tête de douze mille hommes, se porta du côté de Pampelune, et attaqua l'armée de Navarre. Enfin Espartero s'avança sur Durango et Elorio, avec vingt mille hommes. L'infant D. Sébastien reçut de pied ferme l'attaque de Sarsfield ; il attendit que ses troupes eussent jeté leur premier feu. Cette première ardeur épuisée, il fit une manœuvre si bien combinée et si habilement exécutée, qu'il mit en déroute la division de Sarsfield ; et par un mouvement de conversion parfaitement dirigé, il tomba sur Ewans, et tailla son armée en pièces, aux environs d'Oriamundi. De là, il se dirigea sur Durango, où Espartero ne jugea pas à propos de l'attendre, et courut en toute hâte se réfugier dans les murs de Bilbao. Cette éclatante victoire compensa bien les petits revers que l'armée du Roi avait éprouvés à Bilbao.

La malheureuse expédition de Gomez avait placé le général Cabréra dans une affreuse situation ; il avait été obligé d'abandonner le fort de Cantaviéja, pour éviter d'être écrasé par les masses des révolutionnaires, qui déjà avaient dissipé la faible armée qu'il avait en Aragon. Il avait recueilli les débris de cette poignée d'hommes, et avait formé le généreux projet d'aller se présenter au Roi. Dans sa route, il fut attaqué par une division forte de douze mille hommes, il ne put résister au nombre ; sa défaite fut complète, et il fut lui-même blessé deux fois pendant le combat. Cabréra quitta les bords de l'Ebre où il avait reçu ce malheureux échec, et aussitôt qu'il eut recouvré la santé, il se hâta d'aller en Aragon, pour y faire jouer tous les ressorts de son immense génie, afin de recouvrer ce qu'il avait perdu, et de se mettre en état de reprendre l'offensive. Il réussit à rassembler une nouvelle armée qu'il sut animer de son zèle, et à laquelle il inspira sa valeur. Accompagné de ces nouvelles recrues, il s'empara de Cantavièja, qu'il avait été forcé d'abandonner quelque temps auparavant; cette conquête lui fit un grand nombre de partisans, ses forces s'augmentèrent considérablement, et lorsqu'il se vit à la tête d'une armée capable de faire face à l'ennemi, il conçut de vastes projets qu'il ne tarda pas à mettre à exécution. Il commença à établir de sages règlemens, à remettre la discipline en vigueur; et dès le commencement du printemps de l'année suivante, il se distingua par plusieurs victoires signalées qui rendirent son nom redoutable aux ennemis, et le mirent à même de contre-balancer à lui seul, dans la suite, toutes les forces réunies du royaume.

Malgré tant de victoires si importantes, et qui devaient donner aux ennemis une idée de ce que peut faire l'enthousiasme lorsqu'il est soutenu par le sentiment de la justice, l'armée royale n'osait pourtant pas se risquer de nouveau à entreprendre le siége des villes fortifiées. Les deux fatales expériences que l'on avait faites sous les murs de Bilbao, prouvaient clairement qu'il serait téméraire d'entreprendre une troisième fois un siége qui pouvait traîner en longueur, et que, par cette perte de temps, on épuiserait les forces et le courage de l'armée, que l'on s'exposerait à recevoir un nouvel échec, dont les fâcheuses conséquences pourraient devenir extrèmement fatales à la cause du Roi. Il était plus sage d'attendre du temps, que le mécontentement général qui régnait dans l'intérieur de ces villes éclatât, puisque plusieurs personnes bien instruites annonçaient que l'état de violence dans lequel se trouvaient les habitans, leur faisait détester le joug de fer qui pesait sur eux ; mais aussi, elles annonçaient que les ennemis, de leur côté, ne négligeaient rien pour conserver ces places que la force seule pouvait retenir en leur pouvoir. Le Roi ne jugea donc pas à propos d'aller épuiser ses forces sous les murailles d'une place ; et par une diversion tout-à-fait heureuse, il partit lui-même à la tête d'une armée victorieuse et remplie d'enthousiasme. Il sortit d'Estella, le 15 mai, accompagné de son neveu D. Sébastien, de l'élite des généraux et des officiers d'état-major qui conduisaient seize bataillons et mille cavaliers. La joie la plus pure brillait sur tous les visages ; ces troupes invincibles sentaient toute la supériorité de leur force, parce qu'elles allaient combattre sous les yeux de leur Roi. On eut dit qu'elles marchaient à un triomphe Et en effet, ce triomphe était certain, et il eût été complet, si le malheureux esprit de discorde et de défiance, qui s'était manifesté après la levée du siége de Bilbao, n'eût reparu pour venir troubler des opérations sagement combinées, et dissiper l'espoir d'une victoire complète et décisive. Mais tel est le funeste effet de la discorde, qu'une fois qu'elle a germé dans le cœur des hommes, elle y produit toutes les fâcheuses conséquences qu'elle entraîne ordinairement après elle, et il est impossible de la déraciner.

Le 24 mai, après neuf jours de marche, la glorieuse expédition arriva à Huesca. Les ennemis, toujours attentifs aux mouvemens du Roi, le suivirent de près. Dès qu'ils le virent

arrivé en cet endroit, ils crurent qu'en tombant sur Huesca,
par un coup hardi, ils seraient assurés de jeter le trouble et
la confusion dans l'armée, de la faire prisonnière, et de
s'emparer de D. Carlos. Dans cette intention, à une
heure après midi, ils se précipitèrent sur la ville, qu'ils
croyaient pouvoir prendre par surprise, parce qu'ils suppo-
saient que tous les soldats étaient retirés dans leurs logemens.
Mais, par un heureux hasard, les quatre bataillons navarrais, sous les ordres du général Sanz, et la légion étrangère,
n'ayant pu trouver où se loger, étaient demeurés sur la place
publique, où ils avaient déposé leurs armes en faisceaux.
Dès qu'ils entendirent le premier bruit de l'attaque, ils
saisirent leurs armes avec précipitation, répondirent aux
assaillans, et soutinrent pendant plus de trois quarts d'heure
le choc épouvantable de ces furieux. Cette résistance opiniâtre
donna à l'armée de Charles le temps de se rallier et de fondre
à son tour sur les ennemis qu'elle mit bientôt en déroute.
Elle en fit un grand carnage : les deux généraux ennemis,
Iribarren et Diégo furent blessés ; le premier mourut sur le
champ de bataille, et le second mourut le lendemain des
suites de ses blessures.

Aussitôt après avoir remporté cette victoire, l'armée
décampa et fut dirigée sur Barbastro, où elle gagna encore
une bataille célèbre, dans laquelle les ennemis comptaient
vingt-deux mille fantassins, deux mille chevaux et dix-huit
pièces de canon. Le général Conrad, commandant la légion
étrangère, fut blessé dans ce combat, et mourut le lendemain. Après ce nouveau triomphe, les braves carlistes poursuivirent leur marche en Catalogne ; mais la traversée fut
rude et désastreuse ; aux chaleurs brûlantes de la saison et du

climat, venaient encore se joindre les souffrances pénibles
de la fatigue et les horreurs de la faim. Le désespoir se serait
emparé d'une toute autre armée que de celle de Charles;
mais les soldats qui voyaient leur Roi lui-même partager leurs
fatigues et leurs souffrances, auraient eu honte de proférer
aucune plainte; et en effet, on vit ce bon monarque, au
milieu de la désolation générale, encourager lui-même ses
soldats, et par ses paroles et par son exemple. Un jour entre
autres que Sa Majesté avait voyagé toute la journée sans rien
prendre, elle ne voulut pas accepter les vivres qu'on lui
offrait, avant que l'armée n'eût reçu ses rations, quelque
faibles qu'elles fussent alors; et sur le soir, le Roi se contenta
comme le dernier des soldats, d'un peu de pain noir et de
quelques verres d'eau. Ce fut pendant ce pénible trajet, que
les ennemis vinrent présenter de nouveau le combat à
l'armée royale qui était accablée par les souffrances et
par les privations de tout genre. La bataille fut livrée dans
les plaines de Guisona; les carlistes, malgré leur extrême
faiblesse, combattirent en héros; mais ils ne purent remporter
la victoire, à cause de l'épuisement de leurs forces et de la
longue durée du combat. Cependant, mettant en défaut la
vigilance et l'espoir des ennemis, ils réussirent à passer
l'Ebre, le 29 juin, et à opérer leur jonction avec l'armée de
Cabréra. Ce général, aidé seulement d'un bataillon et d'un
escadron navarrais, avait vaincu le général Borso de Carmi-
nata qui s'était emparé du passage de l'Ebre, et attendait
de pied ferme l'arrivée du Roi, de l'autre côté du fleuve.
Cette victoire étonnante rendit libre le passage, et Charles
put se rendre en Catalogne, sans autre obstacle. Dès qu'il y
fut arrivé, il appliqua ses soins à régler plusieurs affaires

importantes concernant cette province ; et ces règlemens produisirent des résultats fort avantageux.

L'armée royale, qui se croyait en parfaite sécurité dans la Catalogne, ne se tenant pas assez sur ses gardes, essuya un petit échec à Chiva, où elle se reposait en attendant des munitions. Le Roi, pour prévenir désormais ces coups de main qui, dans l'intérieur de la péninsule, pouvaient être extrêmement funestes à son armée, la fit retirer dans les environs de Cantaviéja, pour y attendre que les munitions et les canons fussent arrivés ou fabriqués.

La nouvelle du passage de l'Ebre par D. Carlos et son armée, avait inspiré une si grande frayeur au gouvernement de Madrid, qu'il se hâta d'envoyer Espartero avec mission de poursuivre le Roi à outrance. Dans le même temps, le général carliste Uranga, ayant été nommé général en chef des armées de Navarre et des provinces basques, signala sa valeur par plusieurs victoires, à la suite desquelles il envoya dans l'intérieur une nouvelle expédition, sous les ordres des généraux Zaratiégui et Elio. Cette division passa l'Ebre, rencontra la légion portugaise, la tailla en pièces, s'empara de la forteresse de Ségovie, traversa toute la Castille, et vint camper sous les murs de Madrid. Le gouvernement, épouvanté en même temps qu'étonné d'une si rare audace, rappela aussitôt Espartero qui déjà était sur le point d'arriver à Cantaviéja. Le Roi, profitant de cette heureuse circonstance, descendit des sommets de Cantaviéja, rencontra la division du général Buerens, à Villar de los Navarros, il l'attaqua, la vainquit et la tailla en pièces. Trois mille prisonniers, une grande quantité de munitions furent le fruit de cette victoire. Espartero, à la nouvelle de cette défaite, partit de Madrid pour aller à la rencontre du Roi, qui continua sa route victorieuse par l'Aragon et la Castille, et vint camper à quatre lieues de Madrid, après s'être réuni à Cabréra, qui commandait alors un corps de sept mille hommes. L'armée royale était campée à Arganda, Espartero arrivait à marches forcées pour protéger la capitale. Charles, en attendant l'arrivée des ennemis, tint conseil avec ses généraux, et résolut de placer son armée près de Madrid, dans un endroit fort avantageux. Lorsque les troupes eurent pris leurs positions, le Roi leur accorda quelques jours pour se reposer des fatigues des jours précédens, et employa lui-même ce temps à organiser de nouveaux bataillons de volontaires et de transfuges qui arrivaient de toutes parts. Par ce moyen, l'armée se trouva considérablement augmentée. Dès que tout fut prêt pour la grande entreprise qu'il avait projetée, D. Carlos fit un mouvement stratégique, dans l'intention de se placer à côté de Castille-la-Vieille, où il serait appuyé par l'armée de Zaratiégui, qui était aussi beaucoup plus considérable qu'auparavant; mais le jour même que l'armée royale devait traverser Alcala, elle trouva cette ville occupée par Espartero, qui, à la tête de vingt-huit bataillons, se hâta de marcher à la rencontre du Roi, et l'empêcha de réunir ses forces à celles de Zaratiégui. Là commencent les succès d'Espartero et les revers affreux de l'armée royale. L'exécution du hardi projet conçu par Sa Majesté ayant échoué, on fut forcé de quitter les environs de Madrid. Cette retraite funeste fut comme le signal de tous les malheurs qui devaient arriver dans la suite. L'enthousiasme et le courage des soldats s'affaiblirent, les craintes augmentèrent, la méfiance et les soupçons se réveillèrent, les haines mutuelles

éclatèrent, et l'ennemi tira de cette espèce de désorganisation, des avantages qu'il n'aurait jamais osé pouvoir espérer.

La retraite continua jusqu'à Aranda de Duero, où l'armée de Zaratiégui vint se réunir à celle du Roi, mais il était
trop tard ; l'enthousiasme était tout à fait éteint. Le pays se
trouvant trop peu étendu pour nourrir une aussi grande
quantité d'hommes, on se vit bientôt exposé à souffrir les
horreurs de la famine. Ce nouveau fléau joint aux fatigues
d'une marche forcée, jetèrent la démoralisation dans cette
armée autrefois si bien disciplinée et si remplie de cette
noble ardeur qui franchit sans peine tous les obstacles. Le
mécontentement et les défiances se manifestèrent hautement:
on accusa les individus des malheurs que la seule force des
évènemens avaient attirés sur l'armée ; on s'abandonna sans
retenue aux propos injurieux, aux manifestations de haine
et d'envie. L'insubordination était arrivée à un tel excès,
que pour éviter de plus grands malheurs, il fallut prononcer
la retraite générale; car toutes les dissensions survenues dans
l'armée la mettaient hors d'état de pouvoir résister aux
efforts des ennemis, et encore moins de pouvoir rien entreprendre. Telle fut le déplorable résultat de cette brillante
campagne si sagement combinée, si savamment conduite et
si héroïquement exécutée. Et pourtant, D. Carlos n'avait-il
pas pour lui toutes les chances de succès ? N'avait-on pas vu
quelques jours auparavant ses intrépides défenseurs marcher
de conquêtes en conquêtes à la vue d'une armée beaucoup
plus forte, et des gardes nationaux de toute l'Espagne ? Deux
cents soldats seulement avaient enlevé la citadelle de Ségovie
défendue par une garnison de six cents hommes et par une
redoutable artillerie. Rien n'était capable d'arrêter ces braves

soutiens de la légitimité. La mésintelligence seule des chefs vint paralyser leurs succès, rendre vains leurs efforts et abattre leur courage. Et cependant, ce sont ces hommes que l'on s'est plu à calomnier en les présentant aux yeux de l'univers, comme des barbares incapables de subordination, méconnaissant souvent la voix de leurs chefs, avides de sang, se répandant comme un torrent dévastateur dans les campagnes, pour y porter le ravage et la désolation. Il est vrai que des hordes de brigands désolèrent alors l'Espagne ; mais ces bandes désastreuses sortaient le plus souvent des armées républicaines, qui, privées de tout, manquant à la fois de pain et d'habillemens, massacraient ou abandonnaient leurs chefs, et se retiraient dans les montagnes d'où elles descendaient ensuite pour désoler les villages. Nous en citerons un seul exemple rapporté au *Moniteur* du 2 septembre 1837.

« Les fureurs du parti révolutionnaire ne connaissent plus de bornes et paraissent se développer d'après un plan préparé de longue main. Il est évident que tous les assassins dont se souille *l'armée espagnole*, ont pour objet d'effrayer les populations et d'éloigner la partie saine des habitans des prochaines élections. Ce qu'il faut remarquer dans ces insurrections militaires qui se succèdent en Espagne depuis deux mois, c'est un ensemble qui ne peut appartenir qu'à un système de désorganisation imaginé par les clubs révolutionnaires. En effet, c'est aux cris constans de *Falta de sueldo* et de *Mueran los traidores, La solde manque, Meurent les traîtres !* que les malheureux instrumens de ces instigations commettent les plus lâches assassinats.

» Ainsi, au commencement du mois dernier, ont éclaté les mouvemens de Kernani, de Bilbao, de Castro-Urdiales et de plusieurs autres points de l'Espagne : ainsi s'est accompli le 15 de ce mois, à Miranda de Ebro, le meurtre du général Escalera. Deux jours après, pareilles scènes d'horreur éclataient à Vittoria : le gouverneur de la ville se réfugiait chez Martin Zurbano, qui était dans le complot, et on l'y massacrait, ainsi que son chef d'état-major, un membre de la députation provinciale, le rédacteur du *Bulletin de l'Alava*, en tout treize personnes. A la suite de cette insurrection, dans laquelle deux compagnies du régiment d'Almanza ont joué le principal rôle, les révoltés, maîtres de la ville, ont établi une junte qui a choisi un nommé Echaluce pour gouverneur de Vittoria.

« Outre cet épouvantable événement, dont le bruit courait d'ailleurs depuis quelques jours, nous avons encore à rendre compte à nos lecteurs d'un fait du même genre qui a eu lieu samedi dernier à Pampelune ; en voici le récit qui nous a été transmis par un témoin oculaire.

« Pampelune, 26 août (5 heures du soir.) — Ce matin, entre neuf et dix heures, le premier et le deuxième bataillon des tirailleurs d'Isabelle II et un escadron formant environ sept à huit cents hommes, ont quitté leurs cantonnemens de Zizur-Mayor et de Zizur-Minor sous les ordres du colonel don Léon Iriarte, et se sont présentés dans le plus grand ordre à une des portes de Pampelune. Ils en ont forcé et arrêté la garde, et se sont établis militairement dans l'intérieur de la ville après avoir pris possession de tous les postes. Les autorités se sont réunies de suite à l'Hôtel-de-Ville et ont fait appeler le colonel Iriarte, les officiers supérieurs des tirailleurs et les chefs des corps de la garnison, pour leur demander des explications sur ce qui venait de se passer. Le

colonel Iriarte, ainsi que les deux chefs de bataillon des tirailleurs, leur ont répondu qu'ils n'étaient nullement responsables des faits. « Ce matin, ont-ils dit, les sous-offi-
» ciers nous ont signifié, à la prise d'armes, ainsi qu'aux
» autres officiers du corps, que nous étions en état d'arres-
» tation, mais qu'ils nous rendraient le commandement à
» condition que nous les conduirions à Pampelune pour leur
» faire payer leur arriéré de solde. Dans cet état de choses,
» et pour éviter de plus grands désordres nous avons repris
» le commandement et conduit les bataillons à Pampelune.
» Maintenant, si vous avez besoin d'autres explications,
» adressez-vous au corps des sous-officiers, il vous en sera
» donné de plus détaillées. »

» On fit aussitôt appeler les sous-officiers, qui se sont présentés en masse devant les autorités, avec une arrogance inconcevable. Interrogés, ils répondirent unanimement que ce mouvement était causé par leur état de détresse, et que si sur trois mois de solde qui leur étaient dûs, on leur en payait un seul, ils se faisaient fort de maintenir la tranquillité : les autorités adhérèrent à cette proposition; mais le but des meneurs n'étant pas rempli, les sous-officiers rentrèrent quelques instans après, et vinrent signifier que n'ayant aucune confiance dans les autorités de Pampelune, ils voulaient les démettre de leurs fonctions et en nommer d'autres de leur choix. A cet effet, ils remirent tous les pouvoirs dans les mains du colonel d'artillerie Lapirgna. Pendant ces pourparlers qui avaient lieu à l'Hôtel-de-Ville, des patrouilles de tirailleurs choisis allaient arrêter à leurs logemens plusieurs notabilités de la ville, et entre autres, le général Sarsfield. Peu d'instans après, le nouveau gouverneur ayant pris sur lui de répondre aux demandes des révoltés, obtint d'eux la mise en liberté des individus qui venaient d'être arrêtés ; au moment où ils rentraient chez eux, plusieurs furent assassinés, entre autres le général Sarsfield, au milieu de la place *di Castillo*, et le colonel Mendizivil chez lui.

» Dans l'intervalle de cette scène horrible, une nouvelle députation des sous-officiers des tirailleurs se présentait encore devant les autorités qui étaient restées à l'Hôtel-de-Ville, et venait leur annoncer qu'ils exigeaient d'autres conditions que le paiement de leur solde, et qu'ils avaient chargé une commission de rédiger les bases d'un nouveau système de gouvernement; mais le désordre étant devenu général, une partie des autorités craignant d'éprouver le sort des malheureuses victimes des révolutionnaires, prirent la fuite et laissèrent le champ libre aux révoltés.

» Voilà où en sont les choses en ce moment : la ville est au pouvoir des sous-officiers ; douze personnes ont été massacrées, et la ville est la proie des tirailleurs d'Isabelle II.

» Après avoir lu un tel fait, qu'on se rappelle les courses des émissaires des clubs de Madrid qui ont été signalés à plusieurs reprises dans le courant du mois dernier ; qu'on se souvienne du voyage de cet Aviraneta sur la côte de Cantabrie, de son passage en Catalogne par la France, et de son retour à Madrid, où il a cherché, pour la forme seulement, à se disculper de sa participation indirecte à l'insurrection d'Hernani. Depuis lors, le bruit a couru que ce personnage avait pour mission d'aller instruire les meneurs de l'armée de la conduite qu'ils avaient à tenir, pour assurer au parti exalté la majorité dans les élections.

» D'aussi affreux moyens mis en œuvre, ne sont-ils pas bien dignes des misérables qui avaient déjà fait assassiner les généraux Cantérac, Bassa, Quésada, et tant d'autres infortunés qui avaient eu le malheur de leur déplaire en voulant les faire rentrer dans le devoir.

» En ce moment, la désertion fait de grands vides dans la garnison de Pampelune, et dans les corps cantonnés autour de cette ville : les soldats qui abandonnent ainsi leurs drapeaux se dirigent vers le Carrascal, pays montagneux situé au sud-ouest de Pampelune, et qui est l'ancien théâtre des exploits du célèbre Mina pendant la guerre de l'indépendance. Arrivés là, ils s'organisent en bandes indépendantes qui ne reconnaissent ni l'autorité de la reine, ni celle de D. Carlos, et qui pillent indifféremment tout ce qui leur tombe sous la main. »

Voilà la cause véritable de toutes les déprédations, de tous les massacres, de tous les brigandages commis pendant toute la durée de cette guerre fatale ; car dès le commencement, il y a eu des déserteurs qui ont profité de la désorganisation de l'Espagne, pour commettre impunément toutes sortes de crimes. Mais les ennemis du Roi n'ont jamais manqué d'imputer toutes ces atrocités aux carlistes, et chaque fois qu'il est arrivé aux généraux de Christine de rencontrer une troupe de quinze ou vingt de ces brigands auxquels ils tuaient un ou deux hommes, vite, on écrivait un rapport détaillé et amplifié dans lequel on ne craignait pas de se vanter qu'on avait attaqué un des généraux de Charles V, qu'on lui avait tué un nombre considérable d'hommes, qu'on en avait blessé un plus grand nombre encore. De là, tant de vanteries, tant de beaux exploits qui ont donné lieu à tant de fables, et qui ont excité l'hilarité de tant de graves législateurs ; car le noble lord Mahon, après avoir protesté hautement contre l'intervention de l'Angleterre dans les affaires de la Péninsule, s'écrie : « Cette Espagne pour laquelle on s'impose tant de dépenses, ne fut, à aucune autre époque de son histoire, plongée dans une plus déplorable situation. Ecoutez ! il faut bien, puisqu'on a refusé de me répondre, que je réitère une question que, dans une autre circonstance, j'avais posée à lord Palmerston, mais je voudrais une réponse catégorique : sommes-nous, oui ou non, en guerre avec l'Espagne ? Serai-je cette fois plus heureux ? Je voudrais l'espérer ; mais le système politique suivi par lord Palmerston a placé le pays dans une si funeste position qu'il est difficile de préciser si nous sommes en paix ou en guerre avec l'Espagne ; ou plutôt c'est la paix sans repos et la guerre sans honneur. Sans doute, les traités signés au nom du pays doivent être honorablement exécutés ; mais l'Angleterre n'avait pas le droit d'intervenir aussi largement qu'elle l'a fait.

« Dans l'état de dégradation actuel du peuple espagnol, la question de la succession à la couronne n'est d'aucune importance sur l'équilibre des puissances européennes. Il eût cent fois mieux valu laisser la nation espagnole régler elle-même cette question toute intérieure, et s'abstenir de lui fournir des hommes et de l'argent. Mais lord Palmerston était loin de penser ainsi : non content des dispositions du quadruple traité, il a fait annexer à ce document des articles additionnels, et il est intervenu de la manière la moins excusable dans les affaires d'Espagne. La révocation, par ses soins, de l'acte d'enrôlement à l'étranger, a été le signal de ralliement de dix mille Anglais sous les drapeaux de la reine d'Espagne ; malheureuses recrues, qui ont été, depuis leur engagement, en proie à toutes les privations les plus affreuses, en attendant le jour probablement prochain de leur complète destruction (*) ! Est-il besoin de faire remarquer à la chambre combien la politique précédemment suivie par l'Angleterre, différait de ce système, si fécond en désastreuses conséquences ? Servit-il jamais une cause étrangère en vendant des munitions de guerre qui ne lui valaient ni remercîmens ni argent ? Le noble lord n'a pourtant pas craint de passer de tels marchés, dont une des conditions, tacite, il est vrai, mais possible, était le risque de faire naître une guerre générale !

(*) Cette prédiction de lord Mahon ne tarda pas à se vérifier. Les Anglais, qui d'abord avaient forcé les carlistes à lever le siège de Bilbao, et qui avaient été surnommés les sauveurs de Bilbao, virent bientôt combien il est désavantageux d'épouser la querelle d'un parti quelconque pendant les guerres civiles : ils apprirent à leurs dépens combien est puissant l'esprit national, lorsqu'il veut défendre ses droits légitimes et ceux de son souverain. Un combat à outrance eut lieu sur les hauteurs d'Oriamundi, en voici les détails : « La légion auxiliaire sous les ordres du général Evans, après avoir remporté quelques avantages dans la journée du 15 mars, avait cru pouvoir tenter de s'emparer d'Hernani. Le 16, dans la matinée, l'armée Anglo-Christine avait été disposée de la manière suivante : Le centre, composé en grande partie des régimens anglais, stationnait sur les hauteurs d'Oriamundi ; la gauche s'appuyait sur Astigarraga. La droite avait pris position de l'autre côté d'Hernani. L'attaque fut ouverte vers midi par les carlistes, qui fondirent avec impétuosité sur les deux ailes. Dès le premier moment, l'avantage leur resta contre l'aile gauche, composée de deux régimens anglais et de deux régimens espagnols. Le général Evans, apprenant que ces régimens étaient culbutés, s'était empressé de détacher du centre les chapelgorris, le régiment de la princesse et quel-

» Déjà ces marchés désavantageux ont coûté à l'Angleterre plus d'un demi-million sterling, et le seul équivalent qu'elle a retiré pour tant de dépenses, a été la satisfaction de lire deux fois par semaine au moins dans la *Gazette de Madrid*, ce bulletin : « *Tous les carlistes ont été exterminés ; il n'y a plus de factieux !* » Un de mes amis s'est donné la peine de faire un curieux calcul : il a supputé le nombre des carlistes tués en différentes rencontres, et le chiffre s'élève à trois cent trente-neuf mille cent vingt-neuf. L'armée carliste se composant à peine de trente mille hommes, chaque soldat aurait donc été tué huit ou neuf fois. »

Voilà à quelles plaisanteries donnaient lieu les bulletins de

---

ques bataillons anglais, qui parvinrent bientôt à rétablir la balance sur ce point. Mais l'attaque impétueuse dirigée contre la gauche, n'avait été qu'un stratagème calculé pour engager Evans à dégarnir le centre. Les carlistes ayant vu le succès de cette manœuvre, ne s'obstinèrent pas à défendre le terrain contre les renforts qui étaient portés sur la gauche. En un moment toutes leurs masses concentrées s'ébranlèrent avec impétuosité, et elles culbutèrent les Anglo-Christinos faisant, à la baïonnette, de larges trouées dans leurs rangs. Les compagnies du centre, écrasées et débordées par l'ennemi, lâchèrent pied : ce fut le signal du *sauve qui peut !* la déroute fut générale. Si les canonniers anglais faisant bonne contenance, n'avaient en ce moment protégé la retraite qui se faisait dans un grand désordre, l'armée aurait pu être anéantie. La perte fut considérable. Il ne fut fait aucun quartier, et on évalua à quinze cents hommes le nombre des Anglo-Christinos tués dans ce combat. Plusieurs officiers généraux furent tués ou blessés, entre autres, le général Chichester et le colonel de Lacy. L'infant D. Sébastien, arrivé le matin sur le théâtre du combat, et le général Villaréal, arrivé pendant l'affaire, ont puissamment contribué au succès de la bataille.

» Le député aux cortès Lujana a été témoin de toute l'affaire. Il ne l'armée révolutionnaire, dont les généraux se vantaient tous en partant, d'écraser le parti de Charles V.

On a fait encore quelques calculs qui ne paraissent pas moins ridicules. On a compté le nombre de canons pris en différentes fois, et on a trouvé que D. Carlos avait dû en perdre soixante mille pièces.

Mais nous allons passer de nouveau en revue les faits les plus importans, et nous verrons les différentes discussions que l'intervention a fait naître dans le sein des assemblées législatives des deux grandes puissances alliées ; car on ne peut nier que sans le secours puissant de cette intervention, les troupes de Christine n'eussent été mises en déroute et tout-à-fait anéanties par les braves défenseurs de Charles V.

<hr>

ménage pas le général Sarsfield, dont il censure amèrement la conduite, et il exprime tout le mécontentement que doit inspirer l'inaction du général Espartero, tenu en échec par quelques bataillons. »

Cette déroute de l'armée Anglo-Christine ne tarda pas à porter ses fruits. Ils furent déplorables pour le gouvernement de Madrid, les soldats perdirent toute la confiance qu'ils avaient eue jusqu'alors dans leurs chefs, ils blâmèrent hautement l'impéritie du général Sarsfield et la lâche inaction d'Espartero qui fut regardé comme un traître. La nouvelle de la défaite d'Evans produisit une terreur panique à la bourse de Londres. Les christinos démoralisés quittèrent en grande partie leurs drapeaux pour aller piller les campagnes ; quelques-uns passèrent dans les rangs des carlistes. Les Anglais, lassés de toutes les privations qu'ils avaient souffertes, désertèrent en foule, et quelques centaines seulement purent reporter en Angleterre les haillons dont ils étaient couverts, et qui n'indiquaient que trop bien la profonde misère à laquelle ils avaient été réduits pendant leur séjour en Espagne.

Lord Mahon n'avait donc pas tort de demander au ministre Palmerston

Tout le monde sait qu'au siége de Bilbao, ce furent les Anglais qui remportèrent la victoire, et que le fameux comte de Luchana ne se présenta que pour en recueillir les fruits.

Les gardes nationaux eux-mêmes ne convinrent-il pas que sans le secours d'Evans et de ses fiers anglais, ils auraient tous péri et que Bilbao aurait été pris. Aussi le gouvernement mit-il dans la distribution des récompenses, une distinction qui n'est pas sans intérêt. Celles que l'on donna aux auxiliaires furent adressées aux *sauveurs* de Bilbao ; celles des Espagnols, au contraire, furent adressées aux *défenseurs* de Bilbao.

Mais qui pourrait donc produire les preuves des heureux résultats qu'elle a produits, cette intervention qui fut si

---

pourquoi il avait permis que dix milliers d'individus allâssent se faire égorger en Espagne ? Ne vit-on pas un législateur français en dire autant à la tribune ? Ne se rappelle-t-on pas encore la mort du brave colonel Conrad, commandant la légion étrangère d'Alger, qui préféra s'exposer à une mort certaine, plutôt que de reculer devant le danger.

Mais le zèle et le courage du brave Conrad méritèrent les applaudissemens de toute la France ; il laissa en mourant une veuve désolée à laquelle il écrivait le jour même de sa mort : « Jamais je n'ai couru autant de » dangers ; il me tarde de voir cette querelle sanglante terminée ; alors » j'irai prendre les eaux dont j'ai absolument besoin pour rétablir ma » santé délabrée par tant de fatigues et de privations. » Il laissa aussi deux fils. M. le duc d'Orléans, touché de l'infortune de ces deux orphelins, que la mort du brave colonel laissait sans aucune ressource, se déclara leur protecteur, et voulut lui-même prendre soin de leur assurer un avenir heureux en les plaçant dans une école militaire, où il prit l'engagement de subvenir lui-même à tous leurs besoins.

La veuve du colonel Conrad reçut aussi de la part du Roi des consolations et des secours.

fatale à Charles V, qui entrava tous ses projets, qui tant de fois détruisit toutes ses ressources, et tant de fois les vit renaître ? Eh bien, elle ne servit qu'à entretenir plus longtemps la guerre civile dans une nation jalouse de défendre ses droits. Car, qu'on se donne la peine de jeter un coup-d'œil sur le passé, et l'on conviendra que D. Carlos a été trahi, mais qu'il n'a pas été vaincu. Et en réfléchissant tant soit peu, on verra que ce prince a été proclamé par la volonté du peuple ; autrement, comment aurait-il pu soutenir pendant tant d'années le choc impétueux de toutes les forces réunies des Christinos, des républicains, des exaltés et des légions étrangères ?

D'un côté, une nombreuse armée couvre l'Espagne de ses troupes aguerries, bien équipées, bien armées, commandées par des généraux qui brûlent du désir de combattre pour proclamer la liberté et l'indépendance, non parce que c'est le vœu du gouvernement, mais parce qu'un sentiment plus fort, celui de l'intérêt, de l'ambition, enflamme leur ardeur.

De l'autre, c'est un roi proscrit qui s'avance avec majesté sur sa terre natale. Forcé de cacher son nom, pour éviter de tomber sous les coups du poignard assassin qui le poursuit jusque dans l'ombre ; la majesté de ses traits le révèle à quelques sujets fidèles. L'enthousiasme s'enflamme : le Navarrais l'annonce au Basque, le Basque à l'Aragonais, et bientôt une masse d'hommes se soulève, fait éclater sa joie, cette joie pure des enfans qui ont retrouvé leur père, et tous d'une commune voix, le proclament héritier du trône des Bourbons, lui confient le droit de défendre leurs priviléges, l'invitent à les conduire au combat, lorsqu'un héros, l'invin-

cible, l'immortel Zumalacarrégui sort des rangs, et s'écrie :
« Braves Navarrais, et vous, Basques généreux, n'exposez
pas votre Roi à la fureur et à la rage des rebelles, placez-le
au milieu de vous, faites-lui un rempart de vos corps ; je
vais moi-même me mettre à votre tête, je conduirai vos pas
dans les sentiers de la gloire. C'est à Madrid, que nous
devons porter notre Roi, c'est sur le trône de Saint-Ferdinand, que nous devons le placer. »

Il dit, et tous ces généreux guerriers volent à la victoire
ou à la mort. La vertu seule fait les héros!... Cette poignée
d'hommes animés d'un saint zèle, brave les fatigues, les
souffrances, la misère et les dangers de toute espèce, pour
faire triompher la cause de la légitimité. Ils trouvent bientôt des imitateurs, leur nombre s'accroît à mesure qu'ils
s'avancent ; leur sang répandu semble féconder la terre qui
les produit, et engendrer de nouveaux guerriers. Leur dévouement trouve du retentissement jusque dans les tribunes des
législateurs de toutes les nations. Les orateurs flétrissent la
conduite des gouvernemens qui n'ont pas craint, en se
mêlant à cette lutte, de la rendre plus terrible et plus sanglante encore.

A l'occasion de la discussion de l'adresse, M. le marquis
de Dreux-Brézé commence par relater le traité de la quadruple alliance signé à Londres le 22 avril 1834, traité par
lequel le duc de Bragance au nom de Dona-Maria II s'oblige
à mettre en action tous les moyens qui sont en son pouvoir
pour chasser l'infant D. Carlos des domaines portugais.

La reine d'Espagne, priée et invitée par le duc de Bragance, ayant en outre de très justes et très graves reproches
contre l'infant D. Miguel, pour le soutien qu'il a prêté à

l'infant D. Carlos d'Espagne, s'engage à faire entrer sur le territoire portugais, le nombre de troupes espagnoles suffisant et nécessaire pour coopérer avec S. M. I., à la sortie de D. Carlos d'Espagne et de D. Miguel du Portugal.

S. M. la reine de la Grande-Bretagne s'engage à coopérer, en employant une force navale, pour seconder les opérations et déterminations d'après le présent traité.

Dans le cas où la coopération de la France sera jugée nécessaire par les hautes parties contractantes, S. M. le roi des Français s'engage à faire tout ce que lui et ses très augustes alliés détermineront d'un commun accord....

Après avoir démontré clairement, que dans ce traité, l'Angleterre n'avait consulté que ses seuls intérêts, sans s'occuper de ceux de ses alliés, le noble marquis s'écrie : « .... Les gouvernemens de France et d'Espagne se trouvent aujourd'hui dans des situations entièrement différentes : tandis qu'on parle en France de rétablir l'ordre moral, tandis qu'on cherche à réhabiliter les principes qui font la stabilité, la sûreté des états, on tend une main amie en Espagne, aux ravisseurs des biens de l'Église, aux hommes qui sympathisent, par leurs actes et par leurs doctrines, avec ceux que l'on combat en France et qu'on livre à votre justice.

» Qu'est-ce qu'un traité, je vous le demande, qui oblige à être révolutionnaire au-delà des Pyrénées, tandis que chez soi, on combat la révolution à outrance ? Qu'est-ce qu'un traité qui nous fait intervenir en Espagne en faveur des principes que l'on poursuit et que l'on condamne en France.

» La France qui naguère ne donnait sa sympathie qu'aux plus nobles causes, se trouve aujourd'hui associée aux manifestations sanguinaires qu'un des capitaines de l'innocente Isabelle substitue aux chances des champs de bataille. C'est à des étrangers qu'elle confie le soin de soutenir la gloire de ses armes ; ce sont des hordes étrangères, qui sont chargées d'imposer aux Espagnols une royauté nouvelle ; ce sont des étrangers qui s'interposent entre l'Espagne et le vaillant prince qui est appelé à régner sur elle par les droits de sa naissance.

» Je pourrais ici, messieurs, établir un parallèle qui ne serait pas sans intérêt entre Charles V, son courage, sa persévérance, son noble dévouement pour sauver son pays, soutenir les droits légitimes de sa couronne, et la coupable ambition d'une femme qui abuse des derniers momens d'un roi moribond, pour dépouiller de ses droits l'héritier véritable, qui précipite la patrie qui l'a adoptée, dans l'abîme des révolutions.

» Eh ! messieurs, je n'aurais qu'à vous citer le décret de Mina, qui porte :

DÉCRET DE MINA.

« En vertu de l'autorisation que j'ai reçue de S. M. la Reine :

» 1° Je déclare en état de siége, tout le district de la capitainerie-générale de la principauté de Catalogne ;

« 2° En conséquence, l'autorité militaire absorbe et concentre toute l'administration du district ;

» 3° Cependant, les autorités actuellement établies continueront à expédier les affaires de leur ressort, sauf le cas de

nouvelles dispositions générales qui seront soumises à mon approbation ;

» 4° Je me réserve, tant que durera l'état de siége, de modifier les présentes dispositions, à l'égard des personnes et des choses, dans le but d'accélérer l'expédition des affaires ;

« 5° Il est accordé un délai de quinze jours, à dater de la publication des présentes, pour permettre aux factieux de déposer les armes, et de reconnaître le gouvernement de S. M. la reine ;

» 6° Ce délai expiré, tout rebelle pris les armes à la main subira les peines établies par la loi ;

» 7° Seront passés par les armes, tous ceux qui prêteront secours aux factieux, de quelque manière que ce soit, avec armes, munitions, vivres, etc. Seront passibles de la même peine, ceux qui seraient trouvés porteurs desdits objets, ceux qui provoqueraient les citoyens à la rébellion, où égareraient, par quelque menée que ce soit, l'opinion des populations ;

» 8° Sera également passé par les armes, quiconque aura correspondu directement avec les factieux, ou leur aura transmis des correspondances ;

» 9° Seront passibles de la même peine, tout bailli, alcade, curé ou chef de famille, habitant les hôtelleries ou maisons isolées, dans lesquelles se seraient réfugiés les factieux, à moins qu'ils ne puissent prouver qu'ils ont cédé à des forces supérieures, ou qu'ils ont, avec toute la célérité convenable, prévenu les commandans des troupes de S. M., ou des forces les plus rapprochées des lieux envahis par les rebelles ;

» Les pères, les tuteurs, les maires et les chefs de famille

de ces lieux, seront responsables, tant dans leurs personnes que dans leurs biens, des maux infligés par les rebelles aux loyaux citoyens. Les personnes seront confinées sur d'autres points, et les biens serviront à indemniser les patriotes qui auront souffert;

» 11° Pour arriver au paiement de cette indemnité, le mode de poursuite sera simple et sommaire, les ayant droits présenteront une requête au bailli ou alcade compétent; celui-ci apposera, ainsi que le syndic, son visa au bas de la requête, et sur la production de cette pièce, le commandant d'armes le plus voisin, ou l'alcade-major, donnera à l'ayant droit, la saisine des biens meubles ou immeubles des criminels;

» 12° Dans le cas où la mise en possession de ces biens ne suffirait pas pour indemniser les réclamans, il sera imposé une contribution forcée proportionnelle sur tous les individus *notoirement hostiles au gouvernement de S. M. la Reine,* jusqu'à concurrence des sommes dues pour indemnité; ce seront les municipalités qui, dans ce cas, dresseront les listes des contribuables. Je déciderai moi-même en dernier ressort.

» 13° Toutes les autorités de la Catalogne, veilleront, chacune en ce qui la concerne, à l'exécution du *bando* ou décret actuel. Toute contravention appellerait sur elles une rigoureuse responsabilité.

» 14° Sera le présent décret publié et mis en circulation avec toutes les formalités d'usage.

» Donné à Barcelone le 29 octobre 1835.

» Le capitaine-général, *Francisco* ESPOZ Y MINA. »

L'orateur continue : « Les courts développemens dans lesquels je suis entré suffisent, je crois, pour vous démontrer que notre politique est non seulement inconséquente, mais encore que par le fait elle se trouve complice de lâches férocités....

» Une intervention sourde, ténébreuse, est humiliante pour notre pays, et dans l'état de choses actuel, le seul caractère qui lui reste est celui d'un engagement de famille dans lequel les vrais intérêts de l'Espagne et de la France sont laissés de côté....

» L'Angleterre, par une coopération fort économique favorise ses relations; et nous, par une coopération fort dispendieuse, nous les favorisons encore en détruisant les nôtres....

» Ce n'est pas tout. Les désordres de l'Espagne que nous avons en quelque sorte autorisés par une alliance impuissante pour le bien, ont porté une grande atteinte à un grand nombre de fortunes particulières, puisque les capitaux français engagés dans les fonds publics de l'Espagne, ont éprouvé des réductions auxquelles, sans malveillance, on peut donner le titre de banqueroute.... »

Après que M. le duc de Noailles eut prouvé jusqu'à l'évidence, que le trône d'Espagne appartient réellement à D. Carlos, qu'il est de l'intérêt de la France de soutenir les droits de ce prince, M. de Dreux-Brézé reprend : « Si les sympathies de M. le ministre sont en faveur d'Isabelle, celles de mon noble ami et les miennes, sont pour D. Carlos. A cet égard, M. le ministre ne nous a rien appris. Ce qu'il n'a pas dit, c'est que si D. Carlos arrivait à Madrid, le gouvernement français aurait, je crois, bientôt abandonné la cause de l'usurpateur. Quant à moi, je ne nierai pas mes affections. Oui, j'aime D. Carlos; je l'avoue, j'aime ce noble prince qui seul, sans ressources, pour obéir à ce qu'il croit son devoir, après avoir mis sa famille en sûreté en Angleterre, déjoue la police de M. le ministre de l'intérieur, arrive en Espagne au milieu de populations fidèles, qui sont prêtes à se rallier autour de lui. Quand même un tel homme n'aurait pas, dans mon opinion, le droit pour lui, j'avoue que je ferais des vœux secrets pour son triomphe, alors même, je le répète, que je ne serais pas profondément convaincu de la justice de sa cause. »

Tous les décrets sanguinaires de l'autorité, tous les efforts des auxiliaires ne firent qu'augmenter le trouble et la confusion qui régnaient déjà en Espagne. Les troubles de Barcelone en sont une preuve convaincante.

La nuit du 4 au 5 janvier a été signalée par d'horribles excès. Une sourde fermentation régnait depuis quelques jours dans la ville de Barcelone, elle avait pris un nouveau degré d'intensité, depuis la fausse nouvelle que les prisonniers retenus à San-Lorenzo del Pitheus par les carlistes, avaient été fusillés. Les autorités, cependant, ne s'inquiétaient que faiblement de ces dispositions populaires. Seulement, les régimens qui devaient quitter la ville le 4, avaient reçu contre-ordre dans la matinée. Toutes les troupes étaient consignées dans leurs casernes : on apprit, dans la journée, que quelques chefs carlistes s'étaient évadés de prison; le peuple murmurait hautement. Une décision du conseil de guerre qui s'était tenu dans la journée, vint mettre le comble à l'exaspération. Ce conseil s'était contenté de condamner à quelques années de déportation, des carlistes convaincus d'avoir commis des actes de barbarie. A peine la sentence est-elle connue, que des bandes armées, qui sans doute avaient le mot d'ordre depuis peu de jours, se mettent à parcourir les divers quartiers de la ville, criant : *Mort aux carlistes !* Ces hommes appartenaient presque tous au 12e bataillon de la garde nationale. Il était quatre heures, lorsque ces groupes armés et mobiles commencèrent leurs excursions dans les rues. La nuit arriva bientôt ; les rassemblemens devenaient de plus en plus menaçans. Bientôt la générale est battue ; les troupes se rassemblent à la hâte, et se portent sur le point où les groupes étaient plus nombreux. En ce moment, le peuple assiégeait l'hôtel de la capitainerie-générale, et il demandait à grands cris, que l'on fusillât tous les prisonniers carlistes.

Le général Alvarès, espérant calmer cette population en furie, avait promis l'exécution pour le lendemain : nouvelles clameurs. A l'instant même ! crie-t-on de tous côtés. Le général refuse. Aussitôt un cri de guerre s'échappe du sein de cette masse d'hommes armés : *A saltar la ciudadela !* (Donnons l'assaut à la citadelle !) On apporte des échelles que l'on dispose dans les fossés : l'avant-poste est enlevé, et le peuple, dans son impétuosité, prend d'assaut la citadelle. Les vainqueurs, exaltés par ce triomphe, se ruent vers les appartemens du gouverneur Pedro de Pastors, qui apprenant sa défaite en même temps que la bataille, remet les clefs du cachot.

Le premier prisonnier qui tomba sous le fer de ces forcenés, est O'Donnell, pris à l'affaire d'Olot. Son cadavre est lancé du haut des remparts, à la multitude, qui se jette, avec des hurlemens de rage et de joie, sur cette proie sanglante. Une corde est attachée aux pieds de la victime, et après avoir traîné ce cadavre dans toutes les rues, après avoir assouvi, à la lueur des torches, leur soif de vengeance, ces cannibales brûlèrent ces restes mutilés sur la Rambla.

Pendant cette dégoûtante orgie, d'épouvantables scènes de désolation et de massacre se passaient dans la prison, où quelques bandits, aussi farouches que déterminés, fusillaient de malheureux prisonniers sans défense. Aux cris de détresse des victimes, aux vociférations des assassins, se mêlaient des hurlemens de joie du peuple au dehors, qui répondait par un *hurra* à chaque nouveau coup de feu. Le pont-levis avait été abaissé ; le peuple, maître absolu de la citadelle, y poursuivait avec acharnement cette œuvre de mort et de vengeance. Après avoir massacré tous les prisonniers, on s'élance dans les salles, où des malades, sur leur lit de douleur, reçoivent la mort. On ignore encore le véritable nom des victimes. Le massacre avait commencé vers huit heures du soir ; à minuit, il durait encore. La garde nationale, impassible, stationnait tranquillement l'arme au bras, sans faire la moindre démonstration pour arrêter le torrent populaire. La ville a été illuminée toute la nuit.... L'obscurité de la soirée a été fatale aux assassins eux-mêmes qui se sont fusillés, croyant tirer sur des carlistes. Le lendemain, la garde nationale se battait contre la garnison, une vive fusillade faisait écho aux cris de *la Constitution ou la mort !*

De tels exemples prouvent suffisamment que ce n'était point contre D. Carlos que l'on se battait, mais bien contre le principe de la monarchie que l'on voulait anéantir dans sa personne, espérant pouvoir ensuite venir facilement à bout d'une faible femme....

C'est toujours sur les carlistes, que l'on a cherché à faire retomber le poids des malheurs qui ont affligé l'Espagne. Aussitôt qu'on eût connaissance à Saragosse, des événemens de Barcelone, on craignait la répétition des mêmes excès dans cette ville. Mais les autorités pour tranquilliser les esprits inquiets, formèrent à la hâte un conseil de guerre composé de divers militaires. Ce conseil condamna sur le champ au supplice du *garotte* (étranglé par un collier de fer) le lieutenant-colonel Cortès et le capitaine de cavalerie Rios, tous deux carlistes; ces deux officiers furent immédiatement exécutés. Une sentence de mort fut également portée contre MM. Parcial, prêtre de Catalayud; Ena, commandant des volontaires royalistes de Catalayud; Bayle, lieutenant des volontaires de la ville, et Francisco Andres, jardinier à Saint-Augustin.

Lorsqu'on voulait faire de pareilles exécutions pour calmer ou pour divertir le peuple, on ne manquait pas de publier bien haut, que cent ou deux cents prisonniers christinos avaient été mis à mort par les carlistes; mais bientôt après, cette assertion se trouvait démentie; telle est celle-ci du 26 janvier à Barcelone :

Le bruit qui avait couru sur l'exécution de trente-trois prisonniers christinos dans le fort de la Virgen de Lhort, est maintenant démenti. Deux cents prisonniers sont encore sains et saufs dans la citadelle, cinq seulement qui s'étaient mutinés, ont été fusillés.

Le 7 février de la même année, le gouvernement de Madrid voyant que le décret sanguinaire qu'il avait porté contre les partisans de la légitimité, n'avait pas empêché la population de se porter en masse dans les rangs de l'armée carliste, tenta de corrompre, par l'appât du gain, les braves citoyens qui avaient suivi le parti de leur Roi. A cet effet, il adressa la proclamation suivante aux provinces basques :

« Deux ans se sont écoulés depuis que, séduits par une poignée d'individus étrangers à votre province, vous avez levé l'étendard de la révolte contre une Reine qui n'avait jamais songé à abolir vos antiques et vénérables institutions, ni à renverser les autels devant lesquels s'inclinaient vos pères.

» Depuis deux ans, le sang de vos braves rougit vainement la terre : la fermeté de votre caractère, les avantages topographiques de votre province n'ont rien pu ajouter au domaine de votre chef. L'histoire se refusera à croire que, dans un pays qui *ne cessa d'être l'asile de la liberté*, l'absolutisme et l'inquisition aient pu être invoqués au dix-neuvième siècle. Basques, il est temps de faire cesser vos illusions! Cruellement trompés par les véritables auteurs de vos désastres, vous vous bercez de l'absurde espoir d'être secourus par un prince du Nord, séparé de vous par cinq cents lieues, et qui ne peut rien faire pour vous sans l'agrément des cabinets de Paris et de Londres. Pour vous plus d'espoir : une armée de cent mille hommes, appuyée par la France, l'Angleterre et le Portugal, occupera bientôt votre territoire; mais avant que cette occupation soit accomplie, votre Reine, pour vous prouver toute sa sollicitude dans ce moment terrible, veut être votre mère : écoutez sa voix. Quiconque, abjurant ses erreurs, voudra quitter la bannière de l'usurpateur, pourra se retirer en France : il sera amnistié de fait, et il recevra de l'autorité espagnole, à Bayonne, quatre réaux par jour, s'il est soldat, ou plus s'il est officier, et s'il amène avec lui un cheval et des bagages de guerre.

Ecoutez des conseils dictés par votre intérêt et par celui de vos familles ; assurez du pain à vos femmes et à vos enfans, et répondez, en fuyant l'oppression, à l'appel de la bienveillance royale. Voici les allocations qui seront accordées à tous ceux qui profiteront du bénéfice de cet appel. Un soldat, quatre réaux par jour ; sergent ou caporal, cinq réaux ; officiers, capitaine compris, huit réaux ; aux commandans principaux et chefs, selon le grade ; aux pères aux mères ou fils du soldat, six réaux, comprenant les quatre alloués au soldat personnellement ; tous les jeunes gens qui, pour ne pas servir sous D. Carlos, amèneraient leurs pères et leurs mères, recevront six réaux par deux ou trois personnes : il sera alloué pour fusil avec baïonnette, soixante réaux ; par giberne vingt réaux ; par sabre, épée et cheval, quatre cents réaux. »

En faisant cette proclamation, le gouvernement de Madrid espérait que les soldats de Charles V, épuisés de fatigues, accablés par les souffrances et la misère allaient s'empresser de déserter pour profiter de l'indemnité pécuniaire qu'on leur offrait. Mais il en arriva tout autrement ; les soldats de Charles se montrèrent les fidèles et dignes défenseurs de la noble cause qu'ils avaient épousée ; il foulèrent aux pieds cette injurieuse proclamation, avec un mépris mêlé d'indignation, et jurèrent tous d'une voix, de laver dans le sang de l'ennemi l'affront injuste que l'on avait fait à leur fierté et à leur honneur, en les croyant capables de trahir leur Roi pour de l'argent ! Noble désintéressement du soldat, pourquoi trouve-t-on des chefs qui n'ont pas honte de te mépriser !

En France, on a généralement accusé D. Carlos d'être

un tyran , un homme féroce, etc. ; on a vomi contre cet illustre prince les plus noires calomnies ; mais c'est parce que l'on prend parti dans la querelle de la succession au trône d'Espagne, sans s'inquiéter de connaître la vérité , sans se donner la peine de rechercher de quel côté est le bon droit , qui a raison ou qui a tort ! Il suffirait, je pense, de se dire une bonne fois : avant que de prononcer et d'asseoir mon opinion, je vais faire un court examen des raisons que l'on apporte en faveur de chacune des deux causes , et alors, je ne serai plus exposé à commettre une coupable calomnie.

A celui qui aurait assez de justice et d'équité pour parler ainsi , nous dirions : Lisez les discours des hommes honorables et vrais qui n'ont pas craint de proclamer du haut de la tribune publique le bon droit de D. Carlos , et de prouver que les atrocités qu'on imputait à ce prince ne devaient leur origine qu'aux révolutionnaires et au gouvernement de Madrid. Ecoutez plutôt le marquis de Londonderry faisant entendre sa voix au milieu de la chambre des Lords , dans la séance du 12 février :

» . . . . . . Qu'il me soit permis d'abord de me plaindre des refus que le noble vicomte Melbourne a presque constamment opposés à mes demandes de communication des pièces relatives aux affaires de la Péninsule , et de l'indifférence avec laquelle il a accueilli toutes les interpellations que j'ai cru de mon devoir de lui adresser à ce sujet. Quoi qu'il en soit, vos Seigneuries n'ont pas oublié que , vers la fin de la précédente session , le noble vicomte, lorsqu'il fut question de la convention de lord Elliot , déclara qu'il n'était pas douteux que cette convention dût assurer la vie sauve à tous les Anglais engagés dans la lutte. Les événemens ont prouvé sur ce point l'ignorance du chef de l'administration. En vérité, notre gouvernement montre sur tout ce qui se passe dans la Péninsule, une indifférence vraiment inexplicable, surtout quand on songe à l'importance de cette question pour la Grande-Bretagne.

» Nos ministres ne se sont pas fait faute de récriminations violentes contre D. Carlos, à l'occasion de la publication de son fameux décret ; mais c'est maintemant un fait bien connu, que ce prince n'a eu recours à cette mesure énergique, qu'après y avoir été poussé par les cruautés des généraux christinos, et que ce n'était qu'une affaire de représailles.

» J'arrive au passage du discours du trône relatif à l'Espagne ; on nous a déclaré que notre cabinet espérait que le gouvernement espagnol, grâce à sa prudence, à sa fermeté et à son énergie, parviendrait bientôt à rétablir la paix dans la Péninsule. Je pense qu'il est du devoir des ministres de faire connaître à la chambre les motifs sur lesquels se fonde une pareille espérance.

» Depuis huit mois nous avons vu se succéder en Espagne au moins cinq ou six premiers ministres, dont le dernier, M. Mendizabal a été, je crois, réfugié dans ce pays, et a étudié les questions financières dans les coulises de notre bourse : voyons ce qu'a fait cet homme d'état, qu'on prônait comme le sauveur de l'Espagne ! Il a commencé par ordonner la levée de cent mille hommes ; et sur ce nombre, un dixième seulement a répondu à l'appel. Quant à ses mesures financières, on ne peut rien en dire, attendu qu'il s'est borné jusqu'ici à déclarer qu'il avait conçu à ce sujet un plan merveilleux, qu'il n'a pas encore jugé à propos de dilvulguer. Il a dissous les Cortès un mois à peine après leur avoir demandé un vote de confiance. Il a vu son armée sortir de Vittoria pour faire une pointe dans les montagnes , et forcée de battre ignominieusement en retraite. Je le demande encore une fois , en présence d'un tel état de choses , sur quels motifs nos ministres ont-ils pu s'appuyer pour exprimer dans le discours du trône l'espoir prochain du triomphe du gouvernement de la Reine ?

» . . . . . . Le noble vicomte (Palmerston) déclara qu'il considérait le triomphe de D. Carlos comme impossible ; que l'on comptait à peine dix à douze mille insurgés confinés dans une ou deux provinces éloignées de l'Espagne : que partout ailleurs , l'autorité de la Reine était paisiblement reconnue , et qu'enfin la régence n'avait à lutter que contre des insurrections locales particlles. Qu'en pense aujourd'hui le noble secrétaire ? N'y a-t-il qu'une ou deux provinces qui se soient déclarées pour D. Carlos ? Son armée se borne-t-elle toujours à dix ou douze mille hommes ? Je puis l'assurer, moi, qu'il peut y ajouter, sans crainte de se tromper , quatre-vingt à quatre vingt dix mille hommes de plus. J'avoue que dans tout ce qui s'est passé, je cherche vainement la preuve de cette prudence, de cette vigueur et de cette fermeté dont nos ministres ont fait honneur au gouvernement de la Reine.

» Mais si nos ministres en ont beaucoup trop dit sur l'Espagne, en revanche ils se sont renfermés , au sujet de la Belgique , dans un mutisme complet. . . . Mais pour en revenir au passage du discours du trône relatif à l'Espagne , je soutiens que nous associer à l'espoir qu'il exprime , serait nous rendre la risée de l'Europe entière.

» . . . . Quel effet ne peut manquer de produire chez nos grands alliés, chez ceux qui nous ont aidés à sortir victorieux de la longue lutte que nous avons eu à soutenir pendant vingt-cinq ans, le passage du discours de S. M. dans lequel on exalte la fermeté, la prudence et l'énergie du gouvernement espagnol ?

» Parlerai-je maintenant des atrocités qui déshonorent cette guerre, et qui ont soulevé le dégoût et l'horreur de l'Europe civilisée ? La rougeur me monte au front, quand je pense que des auxiliaires anglais prennent leur part de cette réprobation universelle, et que bien plus, on s'arrange de manière à ce que la honte des défaites, des meurtres, des pillages, enfin de tout ce qui se commet de déshonorant dans cette guerre, retombe sur eux, et que tout l'honneur revienne aux Espagnols.

» Le secrétaire au département des affaires étrangères a parlé dernièrement, dans l'autre chambre, des mesures prises par lui, à l'effet d'assurer la mise en liberté des prisonniers, et il a cité à ce propos sa réponse à la lettre de Mgr l'évêque de Léon. Je demande au premier ministre qu'il veuille bien déposer sur le bureau de la chambre une copie de cette correspondance du noble vicomte avec Mgr l'évêque de Léon. Si le noble duc (de Wellington), dont la réputation de loyauté est si bien établie, avait conservé la direction des affaires étrangères, je suis certain que ces atrocités n'eussent pas été commises. En vain prétendrait-on que l'exemple de ces horribles boucheries d'hommes n'a pas été contagieux ; je ne cesserai jamais de déplorer que mes concitoyens aient été excités et encouragés par le ministère actuel à quitter leur pays pour s'associer à une aussi déplorable lutte. Ecoutez ! Je veux prouver à mon pays, que le gouvernement actuel, au lieu de faire courageusement et loyalement la guerre, a imprimé à cette lutte un caractère qui déshonore le nom Anglais aux yeux de l'Europe et à nos propres yeux. N'avons-nous pas vu, en effet, après que D. Carlos venait d'épargner la vie d'un grand nombre de nos compatriotes appartenant à la légion anglaise, les soldats du colonel Evans rentrer ivres à Vittoria, et massacrer plus de cent cinquante Espagnols? Il est vrai que les officiers se sont interposés pour empêcher cette boucherie, mais leur voix a été méconnue. Que penser, après un pareil fait, de la discipline de la légion auxiliaire ?

» S'il y a eu énergie et fermeté, c'est à mon avis, du côté de D. Carlos, et non de celui du gouvernement de la Reine. Puisque le gouvernement paraît décidé à persister dans son déplorable système vis-à-vis de l'Espagne, je crois de mon devoir de protester hautement contre le passage du discours de S. M. relatif aux affaires de la Péninsule..... Je persiste dès ce moment à soutenir que ce paragraphe est un des plus fatals qui aient jamais été insérés dans un pareil document. »

Sa Sainteté, le pape Grégoire XVI, dans son consistoire secret du premier février, après avoir exposé les efforts qu'il a faits pour rétablir la paix et la tranquillité en Espagne, déplore les maux que la révolution y a causés.

Voici son allocution :

VÉNÉRABLES FRÈRES,

« Déjà commence la sixième année depuis que, sans le mériter, nous avons été placé par un dessein impénétrable

de Dieu, sur ce siège du bienheureux Pierre. Plût à Dieu
que ces vœux que vous allez nous offrir suivant l'usage,
et avec votre bienveillance naturelle, à l'anniversaire de
notre exaltation, nous puissions les recevoir avec une joie
qui répondît à l'expression de vos sentimens envers nous !
Mais combien la condition des temps est malheureuse et
contraire à nos souhaits ! Car les maux qui avaient envahi
l'Eglise au commencement même de notre pontificat, non
seulement ne sont nullement diminués, mais sont augmentés
de jour en jour, au point que, même au milieu des félicita-
tions et des vœux, nous ne saurions comprimer la douleur
qui nous accable.

» Vous savez, pour omettre le reste, dans quel état
étaient les affaires de l'Eglise dans le royaume de Portugal,
lorsque deux fois nous nous sommes plaints amèrement au
milieu de vous, des injures faites à l'Eglise, et des attentats
commis contre sa puissance sacrée et contre sa liberté. Chose
déplorable, et tout-à-fait indigne d'une nation qui se glorifiait
d'obéir à des rois honorés du titre de Très Fidèle ! Après
nos instances et nos monitions réitérées, après tant de preuves que nous avons données d'une longue patience, on ne
s'est point désisté des entreprises honteuses contre l'Eglise
et ses droits respectables, et on n'a point réparé le mal fait
au monde catholique par de pervers exemples ; bien plus,
on est allé jusqu'à ce point d'opiniâtreté, que le schisme
funeste formé par les soins des ennemis de la religion et de
l'Eglise est encore audacieusement protégé, en mettant par
la violence, à la tête des églises, des hommes complices de
ces iniquités, dont l'un a porté sa criminelle hardiesse,
jusqu'à cet excès, que feignant une puissance qu'il n'avait en

aucune manière, il ait interdit aux fidèles, sous peine d'anathème, la communion avec le siège apostolique. Vous comprenez combien cela aggrave la douleur dont nous sommes pénétré, et nous confirme dans le dessein pris il y a long-temps, de remédier, autant qu'il est en nous, à tant de maux, selon le devoir de notre charge apostolique, et selon la puissance que nous avons reçue d'en haut.

» Mais ce n'est point là que se bornent nos sujets de douleur. Vous-mêmes, vénérables frères, qui êtes appelés à partager nos soins, vous concevez très-bien que, tandis que nous déplorons amèrement ces malheurs, il s'élève une nouvelle et triste cause de larmes. Car qui peut ignorer quelles calamités ont produites dans l'Eglise de Jésus-Christ, les troubles qui ébranlent si misérablement le trône d'Espagne, jusqu'ici si distingué par sa religion et par son respect pour le Saint-Siège ? Une dispute s'y étant élevée touchant les droits au trône, nous nous proposâmes, suivant l'usage fixé par nos prédécesseurs, de tenir une conduite qui ne nuisît en rien aux droits de chacun. Mais pressé en même temps du désir de la paix, et voulant pourvoir aux besoins des fidèles de ce vaste royaume, en faisant connaître notre plan à ceux qu'il concernait, nous manifestames aussi notre intention de concilier les choses de manière que les rapports mutuels d'affaires restassent, de part et d'autre, sur le pied qu'ils étaient auparavant.

» Comme cependant on n'y consentit qu'à des conditions tout-à-fait opposées à notre dessein, tout juste qu'il était, nous avons pris soin que notre vénérable frère Louis, archevêque de Nicée, qui avait succédé à notre cher fils François, cardinal-évêque de d'Iesi, sur le point de partir pour son diocèse, fut admis comme nonce envoyé par nous et par le siège apostolique, pour vaquer aux affaires spirituelles, sans entrer en rien dans la politique. Mais nos intentions rencontrèrent des obstacles dans des conditions différentes en apparence des premières, mais assez semblables au fond, et qui tendaient à détourner de la ligne que nous nous étions prescrite. Il en résulta que la présence de celui que nous avions envoyé pour nous représenter devenait tout-à-fait inutile en Espagne, et même elle pouvait par la suite tourner à l'humiliation du Saint-Siège, et au détriment de la Religion.

» Car les affaires de l'Eglise tombant en confusion, on commença à décréter des mesures qui violaient ses droits, pillaient ses biens, tourmentaient ses ministres, et témoignaient le mépris de l'autorité du siège aspotolique. Telles sont les lois qui ôtèrent en grande partie aux évêques, la censure des livres, et qui permirent d'appeler de leur sentence à un tribunal laïque; telle fut la commission formée pour proposer une réforme générale des affaires ecclésiastiques; telle, la loi qui défendit d'abord l'admission des novices dans les couvens des réguliers, supprima ensuite beaucoup de monastères, mit leurs biens à la disposition du trésor, et, suivant les circonstances, prétendit soustraire les religieux à la juridiction de leurs supérieurs, ou les réduire à l'état séculier. Ajoutez à cela l'éloignement des pasteurs de leurs diocèses, l'expulsion des curés, une oppression violente de tout le clergé, le mépris de tous les droits de l'immunité ecclésiastique, et la défense même faite aux évêques de conférer librement à l'avenir les ordres sacrés.

» Cependant ces entreprises si funestes, et qu'on ne saurait assez blâmer, se faisaient audacieusement sous les yeux de l'archevêque de Nicée, sans qu'il lui fût permis de défendre la cause de l'Eglise et du Saint-Siège, par des représentations légitimes. De là naissait une grande offense pour les gens de bien, qui, du silence du nonce, pouvaient conclure ou la connivence, ou au moins la tolérance du siège apostolique.

» Aussi, comme il répugnait à la sainteté de notre ministère de supporter plus long-temps cette humiliation de l'autorité ecclésiastique, nous avons cru devoir ordonner au même vénérable frère de sortir d'Espagne, ce qui a été fait il y a quelques mois. En même temps, remplissant notre devoir suivant la gravité de la circonstance, nous n'avons point hésité à adresser d'itératives réclamations contre les injures faites à l'Eglise et à la chaire de Pierre, et à nous plaindre à ceux de qui on pouvait attendre la réparation du mal.

» Néanmoins, nous le disons avec douleur et malgré nous, les cris et les plaintes de la voix apostolique n'ont rien obtenu. C'est pourquoi nous avons saisi l'occasion de votre réunion de ce jour, et nous avons cru devoir vous faire part de tout ce qui s'est passé, afin que chacun voie bien que nous réprouvons souverainement et que nous regardons comme entièrement nuls et sans effet les décrets ci-dessus rendus avec tant de mépris de la puissance ecclésiastique et du Saint-Siège, et avec un si grand dommage pour la Religion. Nous vous exhortons donc, dans la commémoration solennelle de ce jour, où la Vierge mère de Dieu entra dans le temple pour présenter au Père céleste son fils unique, l'ange du Testament, le Roi pacifique attendu si long-temps sur la terre, nous vous exhortons tous, qui partagez ici notre douleur, à vous approcher en supplians, de cette Vierge sainte, et à implorer avec nous, par des prières communes, son secours dans l'affliction de l'Eglise, afin que par celle à laquelle il appartient de détruire toutes les hérésies, les discordes s'apaisent, les troubles cessent, le repos et la tranquillité renaissent, et que la fille de Sion quitte son deuil, se dépouille de ses souillures, et prenne des vêtemens de joie. »

Nous nous abstiendrons de commenter le discours du Père des chrétiens; tous les fidèles peuvent juger suffisamment de la douleur de ce vénérable chef de l'Eglise en voyant de quelles terribles persécutions était alors affligée l'Eglise d'Espagne. Un décret de la reine avait supprimé un grand nombre de communautés, un nouveau décret du 29 février 1837 vint ordonner les ventes de tous les édifices devenus vacans par l'expulsion des religieux et des religieuses, de leurs monastères. Les vases sacrés étaient vendus à l'encan, les cloches fondues, les ornemens sacerdotaux traînés ignominieusement dans les rues de la capitale. Un décret avait défendu aux évêques de conférer les ordres sacrés. Au milieu de tant de scandales et d'abominations, le chef de l'Eglise de Jésus-Christ n'avait-il pas de justes raisons d'exprimer hautement sa douleur, et de manifester à tout l'univers chrétien, l'horreur qu'inspiraient à son âme d'aussi affreux désordres, surtout, lorsque les protestans eux-mêmes les réprouvaient et gémissaient de voir que le gouvernement anglais forçait les citoyens de prendre part à cette déplorable lutte? Sir Robert Pell ne fit-il pas entendre publiquement ces paroles : *Je ne suis pas, je n'ai jamais été partisan de D. Carlos (Y am not y never have been a partisan of D. Carlos.),* mais, pour ma part, je déteste de toute mon âme, et je réprouve énergiquement les cruautés qui ont déshonoré l'Espagne dans cette lutte. Tout ce que je désire, c'est que nous ne prenions pas part à cette déplorable lutte, et que nous sortions de la triste position où nous nous trouvons en ce moment. »

Cette déclaration fut accueillie d'un tonnerre d'applaudissemens aux bancs ministériels, ainsi qu'aux bancs de l'opposition.

C'est à cette époque, que le lord Mahon posa ce dilemme si concluant qui aurait dû décider la nation anglaise à laisser D. Carlos défendre librement sa cause, et suivre le cours de ses victoires : « De deux choses l'une, dit-il : Ou la reine a pour elle la majorité de la nation, et alors elle n'a pas besoin de secours étrangers, afin d'étouffer l'insurrection ; ou bien, sa cause n'est pas populaire, et dans ce cas, l'envoi de douze mille auxiliaires anglais n'assurera pas son triomphe et ne servira qu'à soulever contre nous le sentiment de haine et de réprobation qui s'attache généralement en Espagne à toute intervention étrangère. »

Au sujet de l'intervention anglaise, sir Robert Peel ajoutait encore : « Pour ma part, je doute fort du résultat définitif de la guerre que nous aidons en ce moment le gouvernement de la reine à soutenir ; car si ce gouvernement a besoin d'une assistance étrangère pour reprimer une insurrection dans les montagnes, je ne puis pas avoir grande confiance dans sa solidité et dans son triomphe définitif.

» En résumé, je suis convaincu que l'administration actuelle a commis une faute grave en permettant à un corps considérable de soldats anglais, d'aller servir sous les drapeaux d'une puissance étrangère, et surtout en autorisant un mode d'enrôlement semblable à celui qui a été suivi pour la légion auxiliaire envoyée en Espagne ; car quelle que soit l'issue d'une pareille démonstration, elle ne peut être que fâcheuse pour ce pays. En effet, si notre corps d'auxiliaires est défait, il en résultera une tache pour la nation anglaise et pour le caractère national. Si, au contraire, par suite de cet échec, vous augmentez ce corps, et que vous le portiez à vingt mille hommes, par exemple; si, dis-je alors, il réussit à faire pencher la balance en faveur de la reine sur les champs de bataille, et qu'il revienne en Angleterre triomphant et enflé de l'orgueil de la victoire, je ne cache pas que je ne verrais pas sans appréhension les dangers qui pourraient résulter de l'existence au sein de ce pays de deux armées différentes, appartenant toutes deux à la même patrie, mais unis à leurs officiers par des liens différens (1). Lord Palmerston a reproché aux membres de l'opposition, d'avoir attendu jusqu'à ce jour, pour attaquer la politique de l'administration actuelle au sujet de l'Espagne, et en particulier, au sujet de l'ordre du conseil relatif aux enrôlemens étrangers. Le noble vicomte devrait se rappeler que, lorsqu'il fut question pour la première fois de la publication de cet ordre, il se posa non seulement en logicien, mais encore en prophète; or, s'il était possible de combattre sur le champ ses argumens, il fallait bien nécessairement attendre pour juger du mérite de ses prophéties. C'est ce que nous avons fait, et il faut avouer que les événemens ultérieurs ont été bien peu favorables au talent

---

(*) Nous avons déjà vu plus haut quelle fut la triste fin de la légion anglaise ; et comment après avoir lutté long-temps contre la misère et contre la valeur des carlistes, elle fut enfin taillée en pièces, et réduite à quelques fuyards qui eurent peine à se rendre en Angleterre.

divinatoire du noble secrétaire au département des affaires étrangères. Ainsi, que sont devenues ces espérances de voir la guerre civile se terminer en quelques semaines, l'insurrection carliste étouffée dans l'obscure province où elle restait concentrée, D. Carlos abandonné de ses partisans, devenus chaque jour plus rares, et chassé honteusement de l'Espagne; le gouvernement de la reine, libre et triomphant, rétablissant partout la tranquillité et le bonheur, et bien d'autres merveilles encore, que le noble vicomte entrevoyait dans un avenir prochain et prédisait avec une assurance bien propre alors à nous en imposer ?

. » On s'est plaint avec amertume des attaques auxquelles avaient été en butte les auxiliaires anglais, enrôlés sous les drapeaux de la reine..... Nous applaudissons volontiers à leurs triomphes, et nous déplorons sincèrement leurs revers et les privations de toute espèce qu'ils sont obligés d'endurer. Aussi n'est-ce pas à eux que notre blâme s'attache, mais à ceux qui les ont, sans nécessité, engagés dans une pareille lutte, et qui se sont exposés, par là, à compromettre le nom anglais et l'honneur national. »

De bruyans applaudissemens couvrirent en ce moment la voix de l'orateur.

Londonderry, quelques jours après, interpella le ministère pour savoir quelles réclamations avaient été faites en faveur de vingt-sept officiers carlistes Anglais pris à bord de l'Isabella Anna par les christinos; il lui adressa les plus vifs reproches sur sa lenteur, et s'écria :

« Je persiste à dire que dès le moment où il a eu pour la première fois connaissance de la capture des vingt-sept officiers, jusqu'à aujourd'hui, notre gouvernement ne s'est pas occupé de cette affaire avec toute la sollicitude et l'énergie convenables. Ainsi, nous voyons que malgré son intervention, les vingt-sept prisonniers viennent d'être transférés à Porto-Ricco, qui n'est autre chose qu'une espèce de Botany-Bay, où leur sort sera probablement assimilé à celui des galériens à vie. Quoi ! l'Angleterre aide actuellement de son or et de son sang le gouvernement de la reine d'Espagne, elle lui a fait des envois d'armes et de munitions pour la somme énorme de 500,000 livres sterling (12,500,000 francs), et pour prix de tant de sacrifices, notre gouvernement n'a pas même acquis dans les conseils de la reine assez d'influence pour obtenir la mise en liberté de vingt-sept malheureux prisonniers ! Mais je l'ai déjà dit, il ne s'agit pas seulement dans cette affaire de l'honneur de notre gouvernement, mais de l'intérêt de l'humanité. En effet, les carlistes ont maintenant en leur pouvoir trois cents officiers christinos. Pense-t-on que si l'on traite les leurs d'une manière aussi barbare, ils n'useront pas à leur tour de représailles ? Ainsi nous verrons se perpétuer les horreurs qui, jusqu'à ce jour, ont ensanglanté la guerre civile dans la Péninsule. Nous sommes doublement intéressés dans la question, maintenant que nous avons une légion anglaise engagée dans la lutte. Tout ce que je demande, c'est une manifestation d'opinion de la chambre, qui engage notre gouvernement à insister pour que les droits des gens et de l'humanité soient respectés par les parties belligérantes en Espagne. »

Le même jour, sir Robert Peel demande au ministre, s'il s'il est vrai que la mère du général Cabréra ait été fusillée par les officiers-généraux de la reine.

Le vicomte Palmerston répond : « Je n'ai encore reçu à cet égard aucune information officielle, mais je crois que le fait n'est malheureusement que trop vrai. J'ajouterai que je déplore, autant qu'aucun membre de cette chambre, ces infernales atrocités *(diabolical atrocities)*; mais d'un autre côté, il n'est aussi malheureusement que trop vrai, que les femmes de quatre officiers christinos ont été fusillées par les carlistes, en représailles du meurtre de la mère de Cabréra. »

Quelles que soient ici les raisons que donne le ministre pour tâcher de prouver que si les généraux de Christine se sont rendus coupables d'une action indigne de l'humanité, les carlistes les ont encore surpassés en atrocités; il n'en est pas moins vrai, que jamais les carlistes ne se sont montrés féroces comme les révolutionnaires; et malgré toutes les imputations mensongères dont on s'est plu à les accabler, il est exact de dire, que jamais il n'ont commencé à donner l'exemple d'une action barbare. Si quelquefois on les a vus sacrifier quelques prisonniers, refuser de faire quartier à leurs ennemis vaincus, ce n'a été que par représailles, et parce qu'ils se trouvaient forcés d'en agir ainsi, afin que la crainte d'un sort semblable empêchât les révolutionnaires de massacrer sans pitié les prisonniers carlistes. D'ailleurs, qu'on se rappelle le terrible décret de Mina, cet édit sanguinaire qui fait retomber la prétendue faute des pères sur leurs enfans, et celle des enfans sur leurs pères et mères, et qui ne connait d'autre peine plus légère que la mort! Que l'on compare encore le décret par lequel Christine ordonne de fusiller son beau-frère et oncle, partout où l'on pourra l'appréhender, avec les paroles pleines d'indulgence de ce bon prince, et l'on sera forcé de convenir, en dépit de toutes les calomnies que l'on a débitées, que l'on avait été induit en erreur sur le véritable caractère de D. Carlos.

Mais poursuivons le cours de nos preuves historiques, et voyons avec quel feu, quelle énergie, et en même temps, avec quelle douleur, le noble lord Aberdeen déplore les cruautés inouïes exercées par les christinos, cruautés qui souvent ont forcé les carlistes d'user de représailles, afin de faire respecter le droit des gens en leur faveur.

« Il n'est personne, dit-il, qui, à l'aspect des horreurs qui ensanglantent cette déplorable lutte, ne sente son cœur se soulever d'indignation. Mais il ne s'agit pas seulement pour nous, de la cause de l'humanité, il s'agit encore d'empêcher que le caractère anglais et l'honneur de S. M. ne soient compromis. Ecoutez! Mon intention n'est pas de discuter en détail le système de politique et la marche suivie par le ministère actuel dans ses relations avec le gouvernement espagnol, ainsi que la participation qu'il a cru devoir prendre à la guerre civile par delà les Pyrénées. Je proteste également qu'en soulevant cette discussion, je n'obéis à aucun esprit de parti, et je ne viens pas essayer d'appeler un blâme sur les ministres de S. M. Je ne m'intéresse nullement à D. Carlos, et je n'ai aucune sympathie pour sa cause ni pour son parti. (*I have no sympathy with his cause or party.*) Je ne désapprouve pas notre cabinet d'avoir reconnu la légitimité du du gouvernement de la reine, non plus que d'avoir établi des relations amicales avec ce dernier. Je sais que nous sommes liés vis-à-vis ce gouvernement par un traité d'alliance; et bien qu'aujourd'hui encore, comme je l'ai fait dans le principe, je condamne la politique de ce traité, cependant il n'entrera jamais dans ma pensée de prétendre qu'un traité ratifié par le roi, et auquel sa parole royale est engagée, ne doive pas être fidèlement exécuté. Ecoutez!

« Le but de ma motion est uniquement de signaler le déplorable caractère de la guerre dans la Péninsule, attendu que cette question nous intéresse, non seulement comme hommes, mais encore comme Anglais, puisque l'Angleterre participe spécialement et virtuellement à une cause et à une guerre que déshonorent des atrocités inouïes dans l'histoire des nations civilisées. Un fait remarquable, c'est que ce caractère féroce et sanguinaire se manisfesta dès le commencement de la lutte. On n'a pas oublié que le duc de Wellington, fidèle à son caractère et à ses principes d'humanité, fit une tentative pour mettre un terme à ces excès, en établissant un système régulier d'échange de prisonniers. Cette tentative obtint un succès complet ; mais malheureusement les choses ont bien changé depuis. Je demanderai maintenant ce qu'est devenue la convention de lord Elliot? Mon intention n'est pas de fatiguer la chambre par un récit détaillé des atrocités et des excès de tous genres qui ont ensanglanté cette déplorable guerre civile : ces excès n'ont fait que s'accroître, et maintenant le caractère de cette guerre est tel, qu'il ferait honte à des peuplades de sauvages et de cannibales. Je me bornerai à citer un seul fait récent, l'assassinat de la mère de Cabréra.

» Je le répète, l'honneur de l'Angleterre et celui de notre gouvernement, allié au gouvernement de la reine, sont intéressés à ce que l'humanité et l'Europe civilisée cessent d'être affligés par le spectacle journalier d'aussi révoltantes atrocités. J'aime à croire que le ministère actuel a compris les devoirs que lui imposait sa position, et qu'il n'a pas négligé de les remplir. Mais il est bon que la chambre et le pays ne puissent conserver aucun doute à cet égard ; c'est pour cela que je demande le dépôt sur le bureau, d'une copie de la correspondance adressée par notre ministre des affaires étrangères au gouvernement de la reine d'Espagne, à l'effet de mettre un terme au caractère féroce et sanguinaire de la guerre civile dans la Péninsule. »

Le duc de Wellington déclare que loin de contribuer à pacifier l'Espagne, la légion étrangère n'a fait qu'aggraver le mal en provoquant de la part de D. Carlos un édit sévère et en rendant nulle la convention signée par Elliot; que D. Carlos n'est point rigoureusement tenu de comprendre les auxiliaires anglais dans le traité, et que lorsqu'il l'a fait, ça été de sa part une pure concession; que l'intervention du gouvernement anglais ne pourra jamais être efficace, tant qu'il n'aura pas rappelé la légion auxiliaire; que dès l'instant que les soldats réunis sous les ordres du général Ewans auront quitté le théâtre de la lutte, le gouvernement anglais recouvrera toute l'autorité d'une situation neutre et indépendante, et qu'alors seulement, toutes les remontrances qu'il croira devoir faire, pourront produire de bons résultats.

Il est certain que sans cette intervention, la cause de D. Carlos eut triomphé facilement; or, qui donc l'avait réclamée? Les ministres de la reine d'Espagne, eux-mêmes, se déclarèrent formellement contre toute espèce d'intervention, parce qu'ils regardaient comme un déshonneur, d'avoir recours à une puissance étrangère pour établir la souveraineté d'Isabelle; c'était là prouver trop clairement leur faiblesse et leur incapacité. Nous rapporterons textuellement l'article de la Gazette de Madrid, du 22 mars 1836.

« On a beaucoup parlé dans ces derniers jours, de l'intervention étrangère; les ministres de S. M. déclarent qu'ils se regarderaient comme indignes et comme traîtres envers l'intérêt le plus sacré de la patrie, c'est-à-dire l'honneur national, si, après avoir exigé de l'héroïque peuple espagnol de grands sacrifices, et les avoir obtenus, ils avaient seulement l'idée de réclamer l'intervention d'une puissance étrangère.

» Cent mille hommes ont été demandés à cette nation magnanime, et elle les a accordés sans difficultés, et sans retard, ils ont été instruits, équipés et armés avec une célérité sans exemple; ils ont été incorporés à notre brave armée, et ils ont obéi avec enthousiasme. Comment peut-on supposer que des ministres qui ont repoussé l'intervention à une époque moins avantageuse, auront recours à l'appui de l'étranger après avoir provoqué un si grand mouvement national? Cela est impossible : *Ils préféreraient mourir, plutôt que de se souiller par une telle infamie.* Jamais l'intervention n'a été moins nécessaire que dans le moment actuel; car jamais l'armée de S. M. n'a été plus forte, et n'a donné de plus légitimes espérances de succès. »

Après une protestation aussi énergique de la part des ministres de Madrid, n'a-t-on pas lieu de s'étonner de voir les légions étrangères arriver au secours de l'armée de Christine, la tirer de son état de langueur, lui imprimer le mouvement et la traîner, pour ainsi dire, à leur suite comme un convoi indispensable?

Deux jours après cette intervention, un ordre du jour de Cordova annonçait à ses troupes la coopération de l'escadre anglaise contre les carlistes, et ces fiers Espagnols *qui auraient mieux aimé mourir que de...*, ne rougissaient pourtant pas de laisser éclater l'enthousiasme que leur causait cette bonne nouvelle.

Le même jour, pour divertir ou pour calmer le peuple de

Saragosse, on tirait des prisons trois carlistes condamnés la veille à la déportation, et on les faisait mourir afin d'offrir un spectacle agréable à ce peuple féroce.

Quelque temps avant que la légion auxiliaire d'Alger entrât en Espagne, on proclamait hautement que le gouvernement français devait s'interdire toute intervention dans l'état actuel de la guerre civile en Espagne; parce que si une armée française traversait les Pyrénées, il serait à craindre que le vieux levain de haine des Espagnols ne fermentât de nouveau, et que les Espagnols ne regardâssent le prétendant comme le chef de la cause nationale contre les étrangers, et notamment contre les Français. Que s'il y avait en ce moment peu d'enthousiasme dans les rangs des christinos, il était probable que l'arrivée de vingt à trente mille Français serait considérée comme une intrusion de mauvais augure; et que comme cette armée ne serait pas assez forte pour dompter toutes les résistances, elle les provoquerait, et qu'alors une grande partie de la population neutre manifesterait des sentimens hostiles au gouvernement de la reine. On ajoutait : Il est, à notre avis, une autre considération qui ne doit pas être méprisée. Croit-on que la Russie et la Prusse ne profiteraient pas d'une invasion française contre D. Carlos, pour engager des milliers de leurs sujets à entrer au service de ce prince, en sorte que la Péninsule deviendrait le champ de bataille dans la guerre générale des principes? Et peut-être la Belgique serait bientôt un second théâtre pour la même lutte. La guerre civile de Navarre et de Biscaye ne peut être terminée heureusement pour l'Espagne, et sans compromettre la sécurité de l'Europe, que par les efforts du gouvernement de la reine, secondés par le dévouement de la nation. Tout, dans cette guerre, démontre que l'assistance des étrangers ne ferait que peu de bien au gouvernement de la reine. Et, d'un autre côté, nous croyons que des secours donnés sur une plus large échelle, améneraient une confusion générale.

Et pourtant, quelque temps après, la légion étrangère d'Alger, sous les ordres du colonel Conrad, arrivait en Espagne. Et toutes ces forces auxiliaires ont-elles contribué à rétablir le calme dans la Péninsule? Ont-elles empêché les excès? Ont-elles mis fin aux désordres? Non, elles n'ont servi qu'à faire durer plus long-temps la lutte, en soutenant le parti de la reine, et en le mettant à même de pouvoir résister aux efforts du Roi. Mais le principe du gouvernement n'en fut pas pour cela plus solide, et le ministère n'eut pas assez d'influence pour arrêter les désordres ; car M. Isturitz, ex-ministre, invité de nouveau à rentrer au ministère, répondait.... « Ici viennent se joindre des considérations politiques pour me détourner d'entrer dans le cabinet. Je vois avec peine que le ministère ne possède pas les qualités nécessaires à tout gouvernement : pour pouvoir bien gouverner, il faut être juste et fort, et sans la force, il ne saurait y avoir de félicité. Nous avons vu des désordres se reproduire et se propager d'une province à l'autre, et ces actes scandaleux ont joui de l'impunité. La commission se borne à dire, à cet égard, qu'elle déplore de pareils malheurs ; elle passe sous silence tout ce que des faits de cette nature ont de pénible et d'amer. Je ne parlerai pas à la chambre des troubles dont Barcelone et Saragosse ont été le théâtre ; mais je ne puis passer sous silence un acte qui fait frémir non-seulement les Espagnols, mais toutes les nations étrangères. Je parle des atroces cruautés dont la mère de Cabréra a été l'objet. Pourquoi la commission n'a-t-elle pas prononcé à cet égard un seul mot de réprobation et d'indignation ? Qui ne voit en ce moment la mère de Cabréra, et une foule d'autres victimes dont le sang tombe goutte à goutte sur la tête des ministres ? La commission garde un profond silence, elle ne veut pas dire que le ministère a abdiqué le pouvoir par la marche qu'il suit, car non-seulement il reste passif devant les désastres des provinces, mais il laisse agir impunément les gens qui sont placés sous ses ordres dans les provinces. J'approuve les éloges que la commission donne à notre brave armée, mais je voudrais que le gouvernement nous déclarât que nos troupes sont bien traitées, que les généraux ne manquent de rien, et qu'il n'y a point de plaintes. Je n'accuse personne, je demande seulement des explications.....

» .... Le projet d'adresse s'exprime rapidement sur tous les pouvoirs nécessaires pour négocier, je pense qu'il ne doit pas se placer spontanément sur un terrain aussi difficile et aussi dangereux que celui d'une coopération étrangère. »

M. Florez Caldéron ajoutait à l'appui de ce que venait de dire M. Isturitz : « Je ne puis accorder mon appui aux ministres actuels, parce que l'ordre, la liberté et les intérêts matériels n'ont rien gagné depuis qu'ils sont au pouvoir ; il n'existe aucune garantie d'ordre, car il faut venir à Madrid pour sentir l'action du gouvernement. Nous croyons que le meurtre de la mère de Cabréra a eu un caractère légal, jusqu'à un certain point, mais ce n'est point le ministère qui nous l'a dit : il a gardé le silence, et s'est ainsi associé à la faute commise. S'il se fut expliqué, et s'il eut eu de bonnes raisons à donner, la chambre des lords et le gouvernement anglais n'auraient pas aussi vivement attaqué la nation.

» La liberté n'a fait aucun progrès, aucun droit n'est garanti. Quant à la guerre civile, elle est plus terrible que jamais en Navarre ; et si l'on a remporté quelques avantages particuliers, c'est parce que l'on a suivi un plan opposé à celui de M. le président du conseil. »

En effet, le gouvernement de Madrid n'inspirait déjà plus aucune confiance ; il ne pouvait se maintenir qu'à force de persécutions. Tout ce qu'il y avait de gens de bien s'empressait de sortir du royaume, et de se réfugier soit en France, soit en Angleterre. Aussitôt, le gouvernement qui ne voyait que des ennemis dans la personne des émigrés, s'imaginait que tous ils se rendaient au camp de D. Carlos, et s'empressait de les dénoncer à la police des deux grandes puissances pour les faire arrêter. C'est ainsi que M. l'évêque de Léon fut arrêté à Bordeaux le 16 avril. Ces mesures de sévérité qui ne manifestaient que trop clairement la faiblesse du gouvernement de Christine, devinrent très favorables au parti du Roi ; parce que la plupart des émigrés, redoutant la fatale coopération des puissances alliées, se réfugiaient directement au sein des carlistes, pour éviter de perdre la la liberté. Dès lors, la lutte devint encore plus sanglante, tout sentiment d'humanité fut méconnu dans cette guerre sauvage ; le sang coula à grands flots, et les deux partis se massacrèrent d'une manière horrible.

Pendant ce temps-là, un ministre d'Angleterre ne craignait pas de vanter le bienfait de l'intervention ; et comme on lui retraçait sous les yeux le tableau déchirant de tant d'infâmes boucheries, il osa répondre avec un aplomb qu'inspire la plus parfaite tranquillité : « Messieurs, le traité de lord Elliot est toujours en vigueur, le duc de Wellington et ses amis peuvent se féliciter d'avoir , par ce traité , arraché des milliers de victimes à une mort certaine ; mais les pays où ces atrocités se commettent en ce moment , ne sont point compris dans la convention. »

Pendant ce temps-là aussi, la tribune française retentissait des nobles accens de M. le marquis de Dreux-Brézé, au sujet de la demande d'un crédit de 1,200,000 fr. pour remplir les étroites obligations qu'imposaient à la France ses engagemens diplomatiques avec l'Espagne.

Le noble député s'écrie : « Ici encore , je vois une situation forcée , un état qui n'est pas naturel , un conflit entre deux principes qui se trouvent également blessés par la ligne que l'on a suivie.

» Ici encore, je dirai : Choisissez entre l'insurrection et la souveraineté royale, entre la souveraineté du peuple et le droit d'hérédité monarchique.

» Si l'insurrection et la souveraineté du peuple pouvaient résoudre la question dans la Péninsule, pourquoi ce traité de la quadruple alliance qui fait pencher la balance du côté d'un des deux partis ? Pourquoi ces subsides , ces armes , ces munitions ? Pourquoi ces légions étrangères envoyées pour soutenir une cause qui ne trouve qu'un faible appui dans la nation ?

» Si sans ces secours , sans ces légions de mercenaires étrangers , le trône eut été occupé par l'héritier naturel , n'est-il pas permis d'affirmer que tous ces moyens compriment les vœux des Espagnols , et qu'en plongeant leur pays dans une lutte cruelle , on attaque la nationalité de ce peuple , alors qu'on affecte de s'intéresser d'une manière dérisoire, il est vrai, à la nationalité polonaise?

» Et remarquez, messieurs, qu'on s'est si follement engagé dans cette question espagnole, que bientôt au lieu d'un ennemi, la France en aura deux, et que l'Espagne révolutionnaire nous sera aussi hostile que l'Espagne monarchique.....

» L'Espagne offre dans ce moment l'anarchie dans l'ordre politique, la désorganisation dans l'ordre religieux, la banqueroute dans les finances, la guerre civile la plus cruelle, et enfin une politique féroce, pusillanime et ridicule ; féroce, dans la conduite de la guerre civile, pusillanime dans ses rapports avec l'extérieur, ridicule par le mystère dont le chef du cabinet de Madrid enveloppe ses actes.

» Et c'est un tel état de choses que nous protégeons, que nous favorisons ; c'est à cette anarchie redoutable qui est sur le point de prendre place dans les chambres législatives de la Péninsule, que nous nous associons ; cela est-il compatible avec l'honneur et les intérêts de la France.... ?

» Il serait opportun que la France sût si l'alliance dans laquelle on l'a engagée avec tant d'imprudence, doit la condamner à accepter tous les faits révolutionnaires qui peuvent surgir d'un tel état de choses : si, après avoir été l'allié du gouvernement espagnol sous le ministère de M. Zéa, M. Martinez de la Rosa, de M. de Torreno, de M. Mendizabal, elle le sera encore dans une hypothèse qu'il est sage de prévoir, je veux dire dans le cas où un nouveau changement dans l'ordre de succession, où la république enfin viendrait à être proclamée.....

» Quelques hommes politiques, je le sais, ne s'arrêtent point à ces considérations, et professent cette opinion que nous devons à tout prix maintenir notre alliance avec l'Angleterre.

» Que dans l'isolement effrayant où se trouvait la France au milieu de l'Europe, après la révolution de juillet, ceux qui furent chargés de la direction des affaires aient recherché l'alliance anglaise, cela se comprend ; que l'Angleterre l'ait acceptée, cela se conçoit mieux encore, car elle a toujours secondé les événemens qui pouvaient nuire au développement de notre puissance ; mais que, trois ans après, on se soit lié avec la Grande-Bretagne pour soutenir des intérêts révolutionnaires qui favorisent son commerce et ruinent le nôtre ; voilà ce qui ne saurait être justifié.

» Croyez-le bien, messieurs, les liens de ce traité ne dureront qu'autant que le calme de l'Europe ne sera pas troublé, et que l'Angleterre y trouvera des garanties pour le développement de ses vues intéressées. Cette alliance serait bientôt rompue, le jour où le cabinet de Saint-James trouverait ailleurs des avantages que nous ne pourrions plus lui offrir.

» L'Angleterre est notre alliée tant que nous lui sommes utiles, mais vienne le moment où elle sera pressée par ses intérêts et l'opinion, et l'on verra ce que deviendra une alliance dont la première condition est que la France n'obtienne jamais ni agrandissement, ni prospérité durable. D'ailleurs, vous le savez, le traité du 28 avril ne contient aucune disposition explicite qui puisse nous assurer un appui réel qui, dans le cas d'une guerre, soit de nature à nous indemniser des services que nous rendons dans ce moment à la Grande-Bretagne. Aussi je ne crains pas de le dire, dans les termes actuels, ce traité est une véritable déception.

» Les alliances doivent être fondées sur une réciprocité d'avantages, sur des motifs de sûreté, sur le développement d'une pensée dont l'application serait favorable aux deux partis, et quelquefois aussi sur des sympathies nationales. Rien de tout cela n'existe dans notre alliance avec l'Espagne, et, par une circonstance remarquable, les tendances des deux gouvernemens se trouvent diamétralement opposées.

« Ainsi, tandis qu'on essaie chez nous de donner de la consistance à l'ordre politique, qu'on reconnait la nécessité de l'appuyer sur l'ordre moral, que de grandes mesures financières occupent l'intelligence de nos hommes d'état, nous soutenons un gouvernement qui dépasse les horreurs de 93, qui spolie les biens de l'Église, qui, par une banqueroute inévitable, ruinera tous ceux qui ont la folie de s'associer à son crédit.

» C'est un singulier constraste, il faut en convenir, que celui dont nous sommes témoins. A l'intérieur, il faut que nous votions des subsides pour combattre les tendances révolutionnaires, éclairer les complots, déjouer les tentatives anarchiques, tandis qu'à l'extérieur, nous soutenons avec les mêmes subsides tout ce que nous combattons en France. Ainsi, nous avons deux lignes politiques opposées ayant chacune sa dotation et son salaire; nous avons des agens de police à Paris pour déjouer les complots des anarchistes; des agens de police à Perpignan et à Bayonne qui, par le fait, favorisent les anarchistes espagnols. Une telle conduite me paraît inconcevable, aussi je ne saurais m'expliquer ce que ce triple sacrifice impose à notre budget de la guerre par l'armée d'observation, à celui de l'intérieur par les fonds secrets, et à notre commerce par la prohibition de nos marchandises, sacrifice qui n'est pas même profitable à la cause que nous voulons servir, puisque sa situation n'a fait qu'empirer depuis deux années ; rien donc, je le répète, ne justifie dans l'intérêt politique ces rapports et cet appui auxquels nous sommes condamnés par le traité de la quadruple alliance.

» Si notre commerce avec l'Espagne est anéanti, en est-il de même des relations commerciales de l'Angleterre avec la Péninsule ? Tout au contraire, elles s'accroissent tous les jours et se sont augmentées de tout ce que les nôtres ont perdu.

» Les dernières années de la Restauration furent marquées par un mouvement industriel et commercial extraordinaire. C'était alors que furent fondés ces rapports si profitables à la France ; c'est alors que l'Espagne devint l'un des débouchés les plus fructueux des produits des Français. Le traité du 28 avril est venu détruire ces relations si précieuses, et pour vous le démontrer, je m'appuierai sur des documens officiels publiés par le gouvernement, sur les tableaux du commerce. »

Ici, l'orateur démontre que l'année 1834 offre sur celle de 1833, un déficit de plus de onze millions, diminution qui n'a pu que s'accroître en 1835 par l'intensité de la guerre civile et les ordonnances de la nature de celle du 3 juillet et du 26 mars dernier. Après avoir dit que cette perte est exclusivement supportée par nos provinces méridionales, c'est-à-dire par cinq ou six millions d'habitans, il ajoute : « Si l'on considère ces faits d'un point de vue élevé, en les rattachant à une pensée générale, on concevra facilement qu'outre les pertes énormes que je viens de signaler, notre participation au traité du 28 avril nous mène à la destruction des relations inter-nationales si laborieusement fondées, et si difficiles à rétablir une fois qu'elles sont détruites.

» Dans ces circonstances, l'Angleterre s'enrichit de nos dépouilles, à mesure que notre commerce avec l'Espagne décline, le sien s'agrandit, l'activité de ses agens diplomatiques à Madrid et à Lisbonne ne se dément pas un instant, et toute leur politique se résume dans des traités de commerce. Déjà les chambres portugaises s'en occupent, et l'Espagne finira par céder aux sollicitations de l'ambassade anglaise.

» Ainsi, en acceptant ce traité de la quadruple alliance, nous nous sommes imposé la singulière obligation de détruire nos relations commerciales avec la Péninsule pour l'emploi d'une armée d'observation très dispendieuse, et par les mêmes moyens de seconder les opérations mercantiles de la Grande-Bretagne.

» En résumé, nous participons au maintien d'un gouvernement qui méconnait les lois de l'humanité et de la prudence ; nous contrevenons aux règles les plus vulgaires qui doivent dicter les alliances politiques, en acceptant un fardeau qui ne peut nous procurer aucun avantage, ni dans le présent ni dans l'avenir. Nous favorisons des principes qui sont justement répudiés chez nous. Nous sommes l'instrument d'une puissance dont l'histoire n'est qu'une longue suite de marchés, souvent cimentés avec le sang des peuples. Enfin, nous anéantissons notre commerce et nous sacrifions nos intérêts matériels à des engagemens diplomatiques qui profitent uniquement à l'Angleterre, et qui, en réalité, ne sont d'aucune efficacité pour la nation en faveur de laquelle ils semblent avoir été contractés.

» Résolu que je suis à n'accepter aucune complicité dans de tels actes, je vote le rejet du crédit demandé. »

L'orateur avait bien raison de dire que nous ruinions notre commerce ; cela était vrai , du moins pour tout le temps que devait durer la guerre ; car la ligne des Pyrénées était strictement observée , et rien ne pouvait passer au-delà de cette chaine de montagnes , parce que l'armée de D. Carlos s'en serait infailliblement emparé. Quel but se proposaient donc les deux grandes puissances, en établissant cette police rigoureuse ? N'était-ce pas de priver le Roi de toutes les ressources qu'il pouvait tirer de la France ou du Nord , mais qu'il ne pouvait recevoir que de ce côté , puisque la flotille anglaise gardait tous les ports ? Eh bien ! La France y allait de bonne foi , elle observait rigoureusement la lettre du traité ; rien ne passait. Tout ce que l'on tentait de transporter au-delà de la frontière , était aussitôt saisi , et les contrebandiers étaient emprisonnés. Le commerce de la France était donc entièrement nul pour cette vaste partie de l'Espagne occupée par les nombreux détachemens des carlistes. Que faisait l'Angleterre ? Coopérait-elle aux efforts de la France , pour réduire l'armée du Roi ? Car c'était là une sage mesure pour éteindre promptement le feu de la guerre civile , sans effusion de sang. Les troupes de D. Carlos privées de tout moyen de subsistance , d'armes et de munitions , eussent été forcées de lâcher pied et de rentrer dans leurs foyers. Mais non , l'Angleterre qui d'un côté envoyait une légion pour combattre les carlistes, qui fournissait aux troupes de Christine des armes et des munitions de toute espèce , qui mettait à la disposition du gouvernement de Madrid , son artillerie de marine, ses canonniers, ses vaisseaux , fournissait aussi aux troupes de D. Carlos des armes et des munitions en abondance , et par ce moyen , alimentait le feu des discordes civiles. C'est là un fait que nous tenons de source certaine, et que nul ne saurait révoquer en doute ; car D. Carlos réduit à ses seules ressources, et à celles qu'il pouvait rencontrer dans la Navarre, la Catalogne et les pays malheureux qui lui étaient restés fidèles et reconnaissaient sa souveraineté, aurait-il pu jamais armer et équiper un si grand nombre d'hommes, aurait-il pu jamais trouver un nombre aussi considérable de canons, que les généraux de Christine, dans leurs bulletins, se vantent de lui avoir pris ? Qui lui aurait donc fourni cette immense quantité de projectiles dont ses braves soldats à tant de reprises différentes, ont inondé le sol de leur ingrate patrie ? Ce qu'il y a de certain, c'est que les Français faisaient bonne garde, tandis que les Anglais alimentaient leur commerce.

Nous rapportons ici le texte de la loi qui prohibe l'exportation des armes et des munitions de guerre :

Art. 1. La sortie, 1° des munitions de guerre, savoir : des armes de toutes sortes, du plomb, du souffre, de la poudre, du salpètre, des projectiles de guerre, des pierres à feu ; 2° des effets d'habillemens et d'équipemens militaires, ainsi que celle des chevaux, ne pourra avoir lieu par toute la frontière de terre des Pyrénées, non plus que par la partie du littoral qui avoisine l'Espagne, dans le département des Basses-Pyrénées et dans celui des Pyrénées-Orientales, qu'en vertu d'une autorisation du Ministre de l'Intérieur.

Art. 2. Toute circulation, dans le rayon de deux myriamètres de la frontière des Pyrénées, des munitions de guerre telles qu'elles sont spécifiées en l'article précédent, est interdite, à moins qu'elle ne soit autorisée par le Ministre de l'Intérieur.

Lesdites munitions de guerre circulant dans ce rayon sans l'autorisation précitée, seront saisies, en vertu de la loi du 24 mai 1834, sans préjudice, s'il y a lieu, de plus fortes peines.

ART. 3. La circulation des effets d'habillement et d'équipement militaires, ainsi que celle des chevaux, ne pourra avoir lieu dans le même rayon, à moins qu'elle ne soit accompagnée d'un passavant, conformément à la loi du 22 août 1791, et à l'arrêté du 22 thermidor an X, et qu'autant que la circulation de ces objets dans le rayon des douanes n'aura pas pour but leur exportation en Espagne.

ART. 4. Nos ministres etc., etc.

Fait au palais de Neuilly, le 14 juillet 1836.

Avant la promulgation de cette loi, une première loi, en date du 24 mai 1834, et différentes ordonnances rendues en 1835, avaient déjà prohibé la circulation des munitions et des effets d'habillement et d'équipement militaires au-delà de·la frontière; aussi, ces mesures avaient-elles été mises à exécution; car sans compter de nombreuses captures faites par la police française, nous rapporterons seulement que le 24 mai, M. le commissaire central de Bordeaux se rendit au bureau des diligences Laffitte et Caillard, et y saisit une caisse où se trouvaient des épaulettes, des habits et d'autres équipemens militaires portant le chiffre de D. Carlos. Ces effets furent déposés au parquet du procureur du roi.

Pour bien se convaincre de la réalité de ce que nous avons avancé sur les véritables motifs qui ont engagé les Anglais à faire avec nous un traité d'alliance au sujet de cette guerre, il suffit de lire ce passage du discours de M. le duc de Fitz-James.

...... Après une longue énumération des désavantages que l'Angleterre a fait éprouver à la France sous le rapport commercial, le noble duc s'écrie :

» .... A quel point de vue devrai-je me placer pour découvrir les avantages que la France a recueillis jusqu'à ce jour, de son alliance avec l'Angleterre ? Sur quel point du monde avons-nous paru autrement que pour servir les intérêts de notre alliée ? Voyons d'abord la Péninsule.

» Un roi régnait en Portugal ; une idée fixe le dominait. Il voulait affranchir son pays du joug pesant que l'Angleterre lui imposait depuis un siècle. Sans calculer peut-être ses forces ni ses moyens, il avait rêvé la gloire de rendre au Portugal le rang qu'il occupait autrefois parmi les nations de l'Europe ; il voulait qu'il cessât d'être une province anglaise.

» Ce crime le fit traiter de monstre par un ministre anglais. Je n'en suis pas étonné ; mais qu'un ministre français, se faisant l'écho du ministre anglais, ait répété à son tour que D. Miguel était un monstre, j'ai plus de peine à le comprendre. Quoi qu'il en soit, l'Angleterre indignée se mit à souffler sur le Portugal tous les feux de la guerre civile ; elle arma le frère contre le frère ; on battit la caisse à Londres, à Bruxelles, à Paris, nous a-t-on dit ; et bientôt l'on vomit sur ce malheureux pays un ramas impur de gens sans aveu, de vagabonds, de coupe-jarrets, qui prêtant leur aide à la fureur des partis acharnés les uns contre les autres, organisèrent en tous lieux le pillage et l'assassinat, et donnèrent enfin la victoire aux vengeances du gouvernement qui les employait.

» Tels sont les bienfaits que l'Angleterre amie des peuples, a versés sur le Portugal, son ancien allié. Il fallait bien que l'on bût du vin de Porto en Angleterre; il fallait bien que les propriétaires anglais des vignobles de Porto dormissent en pleine sécurité; il fallait bien punir le Roi rebelle qui avait osé rêver l'indépendance de son pays; il fallait bien surtout que le peuple portugais perdit sa nationalité et devint le vassal du peuple anglais.

» Si je demande ce que la France a gagné à ce résultat dont le gouvernement a cru devoir assurer le succès par son intervention, on me répondra sans doute que nous avons eu l'honneur d'élever à Lisbonne un trône constitutionnel.

» Messieurs, je m'abstiens de tous commentaires; mais je crains beaucoup que ce qui se passe dans la Péninsule ne soit pas très encourageant pour les peuples et les rois qui seraient tentés de se donner des institutions constitutionnelles.

» On a donné un autre motif à cette intervention, et je l'ai entendu répéter même en France. On a dit qu'il était juste, qu'il était moral de rendre la couronne à son véritable possesseur, de rétablir ce que l'on a appelé la légitimité de Dona Maria. Le rétablissement de la légitimité! Vous conviendrez, messieurs, que je n'avais pas le droit de m'attendre à cette conséquence de la révolution de juillet. Mais on a peut-être fait mieux en Espagne; on a prêté l'appui de la France à l'acte le plus absolu qui, peut-être, soit jamais émané d'une tête couronnée, à l'acte d'un vieux roi, qui, dominé par une jeune reine ambitieuse, a, de son autorité souveraine, bouleversé les lois de son royaume et changé l'ordre de successibilité au trône; mais l'on n'a pas assez remarqué que les prétendues *cortès* appelées à consolider ce fameux *Estatuto reale,* ont été convoquées, à très peu de chose près, dans les mêmes formes indiquées dans les trop fameuses ordonnances de juillet. Ainsi, la légitimité à Lisbonne, l'absolutisme à Madrid, voilà l'œuvre du gouvernement de juillet! En vérité, messieurs, il se passe de singulières choses dans le monde.

» Si je jette les yeux sur la malheureuse Espagne, n'ai-je donc pas le droit de déplorer le singulier rôle qu'on nous y fait jouer? Le motif de l'Angleterre, pour intervenir dans les affaires d'Espagne, s'explique assez de lui-même : l'Angleterre veut aujourd'hui ce qu'elle a toujours voulu, ce qu'elle voulait au commencement du siècle dernier, lorsqu'elle intervint dans les guerres de la succession, en envoyant une armée soutenir les prétentions de l'archiduc d'Autriche contre Philippe V, appelé par le vœu des Espagnols ; ce qu'elle voulait encore il y a douze ans, lorsqu'elle menaçait la Restauration de toute sa colère, si elle osait entrer en Espagne; elle veut relever les Pyrénées, aplanies par Louis XIV, dominer les conseils d'Espagne, anéantir l'influence que la France exerçait sur eux depuis un siècle, pour y substituer la sienne, enfin introduire librement ses produits sur les marchés espagnols, et en chasser les nôtres, dont les populations avaient contracté l'habitude, qu'elles perdent en ce moment.

» On conçoit très bien que la réalisation de cette pensée, qui depuis si long-temps est celle du gouvernement anglais, ait mérité à lord Palmerston et au ministère wigh la reconnaissance et les actions de grâce du parlement. Que dis-je, le ministère wigh! Vous avez remarqué, sans doute, que, dans sa courte apparition, le ministère tory a suivi exactement dans la question espagnole le système de ses prédécesseurs. Dernièrement encore, vous avez entendu M. Peel, devenu membre de l'opposition, protester au sein du parlement, de son éloignement pour la cause de **D.** Carlos, et de ses sympathies pour le gouvernement Mendizabal. Ah! c'est qu'en Angleterre, il n'y a plus de nuances d'opinions, dès que se présente la question qui domine toutes les autres : wigh, tory, radical, c'est tout un ; tout le monde est d'accord, quand il s'agit de nuire à la France.

» Mais qu'un ministre français ait pu se décider à mettre la main à la construction de cette œuvre anti-française, voilà ce qui dépasse mon intelligence, et ce que l'on ne croira pas un jour. Et cependant, c'est pour arriver à ce résultat, que depuis trois ans, nous tenons notre armée l'arme au bras, en faction au sommet des Pyrénées, que nous faisons souffrir des pertes énormes au commerce de nos provinces pyrénéales, dont vous avez entendu les doléances par l'organe de mes honorables amis Lavielle et Dugabé. Et sous quel prétexte? Pour empêcher l'envoi d'argent à **D.** Carlos, dont les emprunts se négocient publiquement à Londres et peut-être à Paris, et l'arrivage des munitions de guerre à son camp, qui en régorge, et que les Anglais lui vendent comme ils en vendraient aux christinos, comme ils en vendraient à un tiers parti, si demain il venait à descendre sur le champ de bataille.

» M. le président du conseil a répondu à mes honorables amis, que le passage des munitions de guerre se faisait par contrebande, et contre la volonté des Anglais. M. le présdent du conseil a voulu rire; il sait aussi bien que moi comment les choses se passent en Angleterre. Il sait que si le commerce anglais éprouvait la moindre gêne par suite des incidens de la guerre, les plus vives réclamations s'élèveraient au sein du parlement, qui, sur une semblable matière, ne passerait pas à l'ordre du jour. Il sait que si nos navires de Bordeaux et autres provenances portant des marchandises autres que des munitions de guerre, sont arrêtés au port du Passage et dans les autres ports du nord de l'Espagne (on le lui a prouvé et il n'a pas répondu), toute consigne est levée pour les navires anglais qui entrent et trafiquent librement dans tous les ports de la Galice, des Asturies, de la Biscaye.

» Je n'ignore pas enfin que Gibraltar est devenu un vaste entrepôt encombré de marchandises anglaises, qui s'écoulent journellement dans le midi de l'Espagne, tandis qu'au nord, le commerce est interdit à nos provinces du midi, sur mer par la flottille anglaise, et sur terre par les soins officieux de nos braves soldats, à qui du moins on devrait, par pudeur, faire quitter la cocarde française, tant qu'ils seront condamnés au triste métier de douaniers ou de gendarmes anglais.... Quant à la question de politique, on sait comment elle a été présentée. On a flatté nos idées du jour ; on a fait envisager à la France l'avantage qu'il y aurait pour elle à fonder en Espagne des institutions semblables aux siennes ; on a séduit le gouvernement par l'espoir d'établir à Madrid un système conforme à celui qui nous régit, un système *juste-milieu*, et le gouvernement s'est laissé prendre à cette amorce un peu grossière, sans même se donner le temps d'examiner si les premiers élémens d'un système *juste milieu* existaient en Espagne, et s'il pourrait y avoir une règle commune entre un pays où les passions effrénées rugissantes ne demandent qu'à s'élancer les unes contre les autres, et à s'entre-déchirer, et la France, où l'on est blasé sur tout, fatigué de tout, même de la haine et de la colère.

» Qu'en pense aujourd'hui le ministère ? commence-t-il à s'apercevoir qu'en Espagne tout est bleu ou tout est blanc , et qu'une tierce nuance est une chimère. Croit-il beaucoup encore à l'immuable stabilité du trône constitutionnel de *l'innocente Isabelle?* Et si demain son télégraphe, véridique pour la première fois, lui apprenait que la Constitution de 1812 est sortie du sein des cortès? Rien ne serait plus indifférent à l'Angleterre. Elle continuerait à faire son négoce avec le chef de la nouvelle république, quel que fût le nom qu'il portât, comme elle le fait aujourd'hui avec son agent Mendizabal, comme elle le ferait demain avec D. Carlos, si demain il venait à triompher. Mais vous, quelle serait votre attitude vis-à-vis de l'Espagne républicaine? Ne regretteriez-vous pas un peu que tant d'efforts n'aient abouti qu'à élever au delà des monts une république dont le premier soin serait de se mettre en rapport immédiat avec cette autre république que vous poursuivez ici à outrance, que vous avez combattue dans nos rues et sur nos places publiques, que vous croyez tenir aujourd'hui sous les verroux, et qui chaque jour vous révèle son existence par de nouvelles tentatives qui vous font trembler? Alors ne verseriez-vous pas des larmes de sang, en songeant que notre noble et généreuse France serait en droit de vous accuser et de vous dire : Pourquoi m'avez vous faite l'auxiliaire des égorgeurs à la solde de Mina et des assassins de la mère de Cabréra?

» ...... Et pourquoi donc, ici, devant mes collègues, ferais-je un mystère des vœux que je forme pour D. Carlos? Oui, je le déclare hautement, j'aime à voir un prince qui, seul, est venu se jeter dans les bras de son peuple; qui lui a dit : Voilà ma couronne, je la dépose à la garde de vos épées; voilà mes droits, ils sont la garantie des vôtres; je viens vivre avec vous, combattre avec vous, mourir, s'il le faut, avec vous, en défendant les vieilles lois de l'Espagne. Convenons-en , messieurs, il faut que la valeur des idées soit singulièrement altérée au temps où nous vivons, pour qu'une pareille conduite ne soit pas jugée digne des éloges et des applaudissemens universels. Et parce que D. Carlos a eu l'habileté de glisser entre les doigts de la police de M. Thiers, pourquoi me serait-il interdit d'exprimer l'intérêt et l'admiration qu'il m'inspire et que je proclame? »

M. le duc de Noailles prouve à son tour, combien il est pernicieux pour la France de détruire la grande œuvre de Louis XIV, en refusant de mettre en vigueur la pragmatique de Philippe V. Il démontre combien il est à craindre qu'un prince étranger ne monte sur le trône d'Espagne, et ne change tout à fait les dispositions de ce royaume à l'égard de la France.

Nous regrettons que le cercle que nous nous sommes tracé soit trop étroit pour contenir tous les admirables discours de MM. Berrier, de Dreux-Brézé, etc., et aussi ceux de tant de nobles lords qui n'ont pas craint de réprouver publiquement la conduite étrange des ministres d'Angleterre à l'égard de D. Carlos.

Son droit à la couronne, comme nous l'avons déjà prouvé, était incontestable. Sa conduite envers les ennemis était noble et généreuse; car qu'on se rappelle les faits qui se sont passés à Huesca, en Aragon, et l'on verra comme ce prince savait se venger noblement de ses ennemis les plus acharnés.

Ce fut le 24 mai 1837, que l'expédition royale commandée par S. A. R. l'infant D. Sébastien, alors capitaine-général, arriva en vue de Huesca. L'armée se composait alors de seize bataillons et de douze escadrons, en tout, quatorze mille hommes. Elle entra dans la ville sans tirer un seul coup de fusil. Les christinos et les urbanos en apprenant son arrivée, l'avaient abandonnée, ne laissant à l'hôpital que les hommes incapables de supporter la marche.

La vengeance de S. M. Charles V contre l'évêque de Huesca doit être rapportée ici, pour confondre l'injustice de ceux qui n'ont pas craint de le surnommer le *sanguinaire*. Cet évêque se trouvait à la chambre des cortès ; il fut un de ceux qui votèrent la mort du Roi et la confiscation de ses biens. Lorsque l'armée carliste arriva, soit indisposition, soit manque de temps, ou bien soit confiance dans la générosité du monarque, il ne prit point la fuite. Il envoya sa voiture au roi qui le remercia et ne l'accepta point. Il fit aussi demander à S. M. l'honneur de lui baiser la main. Charles fit répondre à l'évêque qu'il n'avait rien à craindre, et ordonna de mettre une garde à sa porte. Est-ce ainsi que les rois sanguinaires se vengent (*) ?

(*) Un français témoin de ce fait, nous a donné aussi les détails de cette glorieuse journée qui fit tant d'honneur aux armes de Charles V, et dans laquelle plusieurs Français se distinguèrent, et notamment deux officiers natifs d'Orléans.

La cause de la légitimité espagnole, cette cause qui a vu renaître et la valeur des trois cents Spartiates, et le courage des héros les plus renommés, et qui pourtant est venue se heurter contre les machinations infernales d'une trahison, intéresse sans doute encore assez dans son malheur les amis de la légitimité, pour qu'ils lisent avec plaisir un de ses plus beaux faits d'armes. Voici les détails :

« Dès que nous fûmes arrivés sur la place, on distribua les billets de logement, et, sans trop m'inquiéter du mien, je m'empressai de rejoindre mon frère Alexis, alors commandant en chef de la légion étrangère au service de Charles V, pour aller avec lui saluer l'hôte qui l'avait déjà logé lors de l'expédition de l'infortuné général Guergué (une des victimes du

Que l'on compare avec la conduite noble et débonnaire de ce sage monarque, celle de ses ennemis, qui le 14 septembre de la même année, brûlaient tout un village, parce qu'un grand nombre de jeunes gens de ce village portaient les armes en faveur de Charles V. Ce prince, dans toute sa conduite, s'est montré juste et généreux, clément, affable. Les révolutionnaires au contraire, n'ont laissé partout sur leur passage, que des marques de cruauté, des traces de barbarie et de vandalisme. On frémira d'horreur, si l'on songe aux persécutions sans nombre qu'ils ont exercées contre les fidèles

Judas Maroto). Sa joie fut grande, en voyant mon frère qu'une fausse nouvelle avait dit mort, mais l'appétit avec lequel nous fîmes honneur à son dîner, dut lui prouver du moins que notre estomac avait encore toutes ses forces vitales. Mon frère nous dit que probablement le jour ne se passerait pas sans que nous eussions à en venir aux mains avec l'ennemi; car, ajouta-t-il, Irribaren vient d'envoyer l'ordre à la ville de préparer vingt mille rations pour le soir même. Il paraît, lui répondis-je, qu'Irribaren, en faisant la commande, ne croyait pas travailler pour nous.

» Au même instant on bat la générale dans toutes les rues; plusieurs coups de fusil et un coup de canon nous annoncent trop clairement que l'ennemi est aux portes de la ville, et qu'il faut au moins renoncer au dessert de notre excellent dîner. Nous prenons subitement congé de notre hôte, qui resta tout tremblant sur sa chaise sans pouvoir articuler une seule parole. Mon frère se rendit à son poste, et moi à la tête de ma compagnie sur la place qui nous avait été désignée en cas d'alerte. A peine la légion était-elle formée, que le commandement de *Légion en avant !* se fit entendre. Les christinos étaient à deux cents pas des portes. Nous marchâmes sans tirer un seul coup de fusil sur leurs guérillas qui en voyant notre décision, se replièrent sur leurs masses. Nous doublames le pas et nous occupames le terrain qu'une minute avant ils occupaient eux-mêmes. Pressés de trop près, ils furent obligés d'en venir aux mains.

» Il était environ trois heures quand la bataille commença : elle dura partisans de D. Carlos. Le sanglant décret de Mina n'atteste que trop la vérité de ce que nous disons ici. Et cet autre décret qui condamne à mort le Roi légitime? Et cette cruelle exécution exercée contre l'innocente mère de Cabréra, et cette destruction abominable des édifices sacrés! La vente de neuf cent trente-sept couvens, la dispersion des moines et des religieuses, la fonte ou la vente des cloches, les biens des églises distraits, saisis, dilapidés. Les biens des ecclésiastiques confisqués au profit du gouvernement de Madrid. Les ornemens des temples et les vases sacrés, dérobés, vendus à

---

jusqu'à la nuit close. Ce fut un jour de gloire pour l'armée carliste du nord. Quatre de ses bataillons et quelques escadrons poursuivirent jusqu'au déclin du jour, la baïonnette dans les reins, seize bataillons, seize escadrons ennemis (environ vingt mille hommes). Les christinos avaient aussi quatorze pièces d'artillerie, armes que nous n'avions pas dans l'expédition. S. A. R. l'infant D. Sébastien donna dans cette action plusieurs preuves de bravoure, en se montrant partout où le danger était le plus imminent.

» Dans une halte que nous fîmes pour attendre la cavalerie, le vicomte Georges de Vélard (d'Orléans), lieutenant, commandant la sixième compagnie de la légion, vint nous donner encore une preuve de son sang-froid ordinaire. Il reçut une balle à la joue ; s'adressant à un sous-lieutenant appelé Masson, qui avait l'habitude de mâcher du tabac, il lui dit en portant sa main à la joue : Masson, voulez-vous une chique? — Donnez-m'en une. — Tenez, prenez-la. « Masson, s'apercevant de la plaisanterie, lui répondit aussitôt : merci, lieutenant, elles sont trop dures et peuvent vous briser les dents. » Vélard ne voulut jamais abandonner le champ de bataille, malgré les conseils de ses amis et les ordres de mon frère. Quelques instans après, dans une charge à la baïonnette que fit la légion de Charles V, il reçut une autre balle qui lui brisa l'épaule. « Pour cette fois, dit-il, j'en ai assez ; » et il se retira.

» De Boubée (d'Orléans), lieutenant dans la même légion, reçut une

vil prix ! Les tableaux précieux, les monumens des arts en-
levés à la nation, et devenus l'objet d'un coupable trafic, tout
cela dérive-t-il d'une volonté souveraine solidement affermie,
juste, libérale, honnête?....

Mais tous ces sacriléges, toutes ces abominations religieuses
et politiques eussent été bientôt réparées, si le Roi légitime,
le descendant du grand Henri de France, et qui comme lui
cherchait à conquérir par la valeur de ses armes, ce trône qui
lui appartenait par le droit de naissance, n'eut pas été la victime des infâmes complots, des cabales criminelles que l'on
ne cessait de tramer dans le sein de son armée.

Le gouvernement de Madrid voyant qu'il était impossible
de lutter plus long-temps, et que tous ses efforts allaient
venir échouer contre la constance et l'ardeur invincible des
braves carlistes, suscita dans leur sein le plus redoutable des

---

balle qui lui traversa le bras droit. Quelque temps après, en Catalogne où
il était resté comme blessé, il reçut à bout portant, en montant le premier à l'assaut de Ripoll, une décharge qui lui fracassa la tête. Boulan de
Brig (de Paris), sous-lieutenant, paya aussi de sa personne. Le plus bel
éloge que l'on puisse accorder à ce jeune homme, c'est de répéter les
propres paroles de ses camarades : *Il est mort un brave*, disaient-ils.
Schimulder (Hollandais) sous-lieutenant, fut grièvement blessé. Nous
fûmes obligés de le laisser à l'hôpital. Depuis, j'ai su qu'il était mort par
suite de ses blessures. Il servait comme sergent dans la légion de Christine
lorsqu'il passa aux carlistes. Sa belle conduite dans plusieurs actions lui
valut le grade de sous-lieutenant. Hubert Raigniez, (Français), sous-lieutenant, eut également le bras droit traversé par une balle. Je devais aussi
payer mon tribut dans cette chaude affaire; je reçus une balle dans la
poitrine. De Penhoüet (vendéen), se distingua plusieurs fois par son sang-
froid et sa bravoure; et les deux frères des Echerolles (d'Agen), cadets,

fléaux, la cruelle envie qui arme souvent le frère contre le frère, et qui ne connaissant point les liens sacrés du devoir, détruit les fondemens des édifices les plus solides, en disloquant les bases sur lesquelles ils sont appuyés.

Après la malheureuse retraite de l'armée royaliste devant Madrid, il fallut, comme nous l'avons déjà dit, prononcer la retraite générale de l'armée. Deux partis puissans divisaient les carlistes. L'un était celui des exaltés qui voulaient porter D. Carlos sur le trône d'Espagne, avec toutes les anciennes coutumes auxquelles la rigueur des temps exigeait pourtant qu'on apportât quelques modifications. L'autre, au contraire, était celui des modérés, qui voulaient voir le roi Charles V régner d'une manière absolue, il est vrai, mais

---

obtinrent par leur conduite, sur le champ de bataille, le grade de sous-lieutenant (a).

» Dans cette bataille, si glorieuse pour les armées de Charles V, la cavalerie carliste, moins nombreuse que la cavalerie ennemie, donna des preuves de sa supériorité. Elle fit plusieurs charges qui la couvrirent de gloire. Un escadron alavais, fort de soixante chevaux, chargea un escadron de cuirassiers qui le dépassait du double en nombre. Je vis ce combat, qui ne dura pas deux minutes; mais dans cet espace de temps, quarante cuirassiers furent tués, sans que notre cavalerie souffrît la perte d'un seul homme. Les cuirassiers, épouvantés, se retirèrent au galop. Nos braves lanciers, mettant pied à terre, enlevèrent les cuirasses, les

(a) L'un, M. Alexandre des Echerolles, est mort à Balbastro, à la suite d'une blessure reçue au champ d'honneur. C'était un jeune homme de la plus brillante espérance, auquel le *Mémorial Agenais* du 22 juin 1837, a payé un juste tribut d'admiration et de regrets. — L'autre, M. Modeste des Echerolles, chevalier de Saint-Ferdinand, a combattu pour la légitimité, jusqu'au moment où Charles V, vaincu par la trahison et non par les armes de ses ennemis, a été forcé de quitter l'Espagne. Fidèle à la noble cause qui avait reçu ses sermens, il a partagé le sort de cette foule de braves qui ont préféré l'exil et l'infortune à la félonie et au parjure. Il goûte aujourd'hui les douceurs du repos, dans le sein de sa famille.

cependant avec quelques modifications que l'urgence des circonstances semblait nécessiter.

Un point, un seul point, faisait donc le sujet de toutes les discussions, et ce seul point suffisait pour occasionner des divisions, fomenter des troubles, entretenir de fatales discordes dans l'armée du Roi. Les révolutionnaires qui n'étaient que trop bien au fait de ce qui se passait, ne négligeaient aucun moyen pour fomenter la désunion, pour l'augmenter, pour la faire éclater. Bientôt naquirent les soupçons, les défiances, les haines particulières, les persécutions entre hommes dévoués à la même cause, et enfin le résultat le plus fâcheux, le plus indigne, le plus abominable, une trahison !

---

sabres, les casques de leurs ennemis, et revinrent du champ de bataille, non plus avec l'équipement des lanciers, mais avec celui des cuirassiers.

» Léon, général de la cavalerie ennemie, fut tué dans cette vive charge. Il était regardé chez les christinos comme le meilleur général de cavalerie. Irribaren, général en chef de cette colonne, voyant la dispersion de son armée, voulut ranimer le courage de ses soldats en chargeant lui-même à la tête de la cavalerie. Il reçut une balle qui l'obligea à se retirer. Alors la déroute de l'ennemi fut complète. Il est probable, si la nuit n'était survenue, que ce jour eut éclairé la destruction de toute la colonne, d'après l'aveu même que m'ont fait plusieurs officiers de la légion Christine que j'ai eu occasion de voir plusieurs fois dans cette ville.

» L'éloge de la cavalerie carliste est tout dans le rapport qu'Irribaren signa avant de mourir, en disant qu'il n'aurait jamais cru la cavalerie ennemie capable de se battre avec autant de résolution et de courage. Le brave et loyal Reyna, colonel de la cavalerie carliste, se distingua dans plusieurs charges. Le marquis Incisa (Piémontais), commandant l'escadron, fit, à la tête de son escadron, plusieurs charges qui le couvrirent de gloire. Rubisson (de Bordeaux), capitaine de cavalerie, se fit aussi remarquer. La perte de l'ennemi fut grande et sensible. »

Les deux années qui s'étaient écoulées depuis la retraite générale de l'armée, quoique fertiles en événemens, en petits combats dont le succès restait toujours à l'armée royaliste, n'avaient pourtant apporté aucun changement notable à la cause du Roi. Maroto avait été nommé général en chef, il commandait un corps de trente mille hommes, il avait de la capacité, il pouvait, avec un peu plus d'énergie, avancer les affaires de Charles V. Toutes les circonstances favorables qui s'étaient présentées à lui jusqu'alors, il les avait laissé passer sans agir. Il s'occupait constamment de rétablir la discipline dans son armée, de veiller à l'instruction et au bien être des soldats. Toutes ces précautions étaient bonnes, nous n'en doutons pas ; mais il fallait encore autre chose dans les circonstances présentes : il fallait de l'activité, de l'énergie, du courage. Maroto cependant, passait pour en avoir, or pourquoi n'agissait-il donc pas ! Pourquoi restait-il ainsi en observation devant l'ennemi sans rien entreprendre ? Pourquoi avait-il tant de fois laissé échapper l'occasion favorable de tailler en pièces l'armée d'Espartero ? Que lui manquait-il pour cela ? N'avait-il pas une armée nombreuse, bien équipée, bien disciplinée, bien dévouée, brûlant du désir de combattre ? Or, pourquoi laissait-il donc se consumer dans l'inaction la valeur de tant de braves qui auraient opéré des merveilles ?

Ce raisonnement était juste, et il commençait déjà à faire le sujet de toutes les conversations. On critiquait la conduite du général en chef, on lui reprochait son inertie, on condamnait son inaction, et tout bas, on disait déjà : *C'est un traître, il est vendu à l'ennemi.*

Avec le temps, ce bruit prit de la consistance ; parce que

le temps n'avait rien changé à la manière d'agir de Maroto. La défiance vint faire place à la crainte que l'on avait de voir se réaliser une abominable trahison et chacun s'empressa de se transmettre ses doutes comme des certitudes. Les officiers du quartier-général de Bergara en écrivaient aux officiers de l'armée de Maroto à Estella : plusieurs généraux même ne craignirent pas d'en parler ouvertement aux généraux de l'armée, et la commotion de ces diverses rumeurs devint si forte et si générale, que Maroto ne put faire à moins que de s'en apercevoir, ou du moins de concevoir de graves soupçons contre la conduite franche et loyale de ses généraux à son égard. Sans perdre le temps en vaines conjectures pour chercher à connaître ce qui pouvait donner lieu à ce refroidissement des officiers de son armée, à leur air défiant et réservé, à leurs entretiens secrets, il prend une mesure générale, bien capable de le mettre sur la voie de tout ce qui se passait : il fait arrêter les courriers, s'empare des correspondances particulières, ouvre les lettres, et voit que tous les généraux le regardent comme un traître ! A cette vue, sa colère s'enflamme, et plein de courroux, il fait saisir tous les généraux coupables, qu'il fait fusiller aussitôt sous ses yeux. Après cet acte terrible de vengeance qui avait rempli toute l'armée de stupeur, il nomma une commission militaire pour instruire dès le lendemain au matin, le procès des généraux fusillés la veille. Cette apparence de justice dont Maroto semblait vouloir couvrir son crime, ne put en imposer aux fidèles serviteurs du Roi ; au contraire, cette manière d'agir ne fit que confirmer plus fortement la mauvaise opinion que l'on avait déjà conçue de lui. Car pourquoi n'avait-il pas instruit le procès des généraux avant de les faire exécuter ?

N'était-ce pas dans la crainte qu'ils ne fissent quelque révélation importante? Ne redoutait-il pas que ses victimes ne lui échappassent et ne le fissent lui-même déclarer coupable en dévoilant quelque trame infâme? Ce qui venait encore à l'appui de ce sentiment, c'est que tous ceux qu'il avait fait mourir étaient les généraux les plus braves et les plus dévoués à la cause du Roi. Ce crime atroce avait été commis à Estella au mois de février. La triste nouvelle s'en répandit aussitôt dans le quartier-général de D. Carlos à Bergara.

On ne saurait dépeindre la consternation qu'elle y causa, et surtout la douleur profonde qu'elle fit éprouver au cœur du sensible monarque, qui regardait comme ses propres enfans tous les défenseurs de sa cause sacrée. L'indignation en même temps fut à son comble. Il n'y avait plus aucun doute que Maroto ne fut un traître; il s'était établi juge dans sa propre cause; il avait fait fusiller plusieurs généraux sans leur permettre de dire un seul mot pour leur défense; il n'avait pas même consulté le Roi pour savoir quel parti il devait prendre dans cette circonstance. Il était donc éminemment coupable, toutes les lois divines et humaines réclamaient la peine due à un si grand crime, le Roi ne pouvait donc faire autrement, malgré sa clémence, que de punir sévèrement le traître, l'assassin.

Charles V obéissant dans cette terrible circonstance à la voix impérieuse du devoir, déclara Maroto coupable de trahison et d'assassinat, et le mit hors la loi. Toutes les sommités du quartier-général applaudirent à cet acte de fermeté de la part du monarque, et un courrier fut aussitôt expédié à Estella pour y porter à l'armée le décret royal qui mettait le général en chef hors la loi.

Maroto qui se doutait bien que le roi ne serait pas assez indulgent ni assez faible pour ne pas punir son crime, se tenait constamment sur ses gardes, et à l'affût de tout ce qui pouvait survenir de nouveau. Des hommes affidés gardaient tous les passages, et la surveillance la plus active régnait dans le camp. Le courrier porteur du décret royal fut arrêté, ses papiers furent saisis, et Maroto, dès qu'il eût entre ses mains la sentence qui le déclarait coupable de félonie, et le condamnait à mourir comme un criminel, fit assembler son armée sur la bienveillance de laquelle il pouvait compter. En effet, les soldats carlistes ont toujours montré la plus grande vénération et la plus parfaite obéissance pour leurs chefs ; et en outre, Maroto, soit qu'il préparât de longue main l'infâme trahison qu'il voulait commettre, soit qu'il eût tout autre motif, avait eu soin de se concilier, par mille petits moyens, l'affection du soldat. Alors, s'adressant à ses troupes, il déploya la lettre royale et s'écria : « Soldats, suis-je un traître ? me croyez-vous capable de trahir la confiance de mon Roi, et la noble cause pour laquelle nous combattons et que nous avons juré de défendre jusqu'à la dernière goutte de notre sang ? » Aussitôt toute l'armée s'écria d'une voix unanime : « Quoi ! vous, un traître !… Non, non, vous êtes le plus noble, le plus brave, le plus loyal de tous les généraux de Charles V. Nous avons juré de suivre vos pas, nous ne vous abandonnerons qu'à la mort ! » Eh bien ! s'écria de nouveau l'infâme Maroto, écoutez..... En même temps, il leur lut à haute voix le décret par lequel le Roi venait de le déclarer traître et assassin, et le mettait hors la loi. Cette lecture fit sur toute l'armée une impression profonde ; un sentiment d'horreur et de haine anima tous les esprits contre ceux qui avaient pu engager le Roi à dicter une pareille sentence, et Maroto profitant de cette bonne disposition des esprits à son égard, jura en présence de ses soldats, d'aller exterminer les traîtres qui, disait-il, avaient osé noircir aux yeux du Roi, un brave et loyal général tel que lui. L'armée applaudit de nouveau à cette résolution. Maroto partit aussitôt accompagné d'une escorte considérable, et marcha directement sur Bergara.

Cependant tout était dans le plus grand calme au quartier-général de Bergara ; on était loin de s'attendre à une pareille issue dans cette affaire. Le Roi était occupé à choisir un officier digne de toute sa confiance, pour lui remettre le commandement de l'armée qui allait rester sans général en chef par la mort du traître. Tous les vrais serviteurs de Charles V, tout en déplorant la mort des fidèles généraux frappés par Maroto, s'applaudissaient et remerciaient la providence qui avait daigné sauver le Roi et l'armée d'un funeste malheur en démasquant le traître par ses propres actions.

Mais quel fut l'étonnement de toute la cour, lorsqu'on vit arriver, à l'improviste, Maroto à la tête d'une force imposante ! quelle fut la stupeur, lorsqu'on le vit pénétrer en maître jusque dans les appartemens du Roi, qui alors était indisposé et retenu au lit depuis plusieurs jours. En vain on voulut s'opposer à son passage et lui remontrer qu'il ne convenait pas d'entrer ainsi cavalièrement dans les appartemens de S. M. Maroto, transporté d'une rage aveugle, précipite ses pas et s'écrie : « Sire, je viens chercher les traîtres : ils sont ici; et fussent-ils même cachés dans la chambre de votre V. M., couverts de votre puissante protection, rien ne pourra les soustraire à ma trop juste vengeance. »

Le Roi qui était loin de s'attendre à une pareille visite, fut surpris ; et dans son étonnement, il ordonna à Maroto de se retirer, lui promettant de songer à examiner son affaire. « Sire, ce sont les prêtres, s'écria Maroto, qui » trahissent la cause de **V. M.**, qui abusent votre con- » fiance, et qui foudroient vos plus zélés serviteurs, ce » sont donc eux principalement, que je veux punir de » leurs coupables insinuations. » A ces mots, un véné- rable ecclésiastique s'avança vers le traître, et lui dit : « Les prêtres sont tout occupés de leurs devoirs spirituels. » — « Oui, répliqua Maroto ; s'ils étaient tous comme vous, ils ne s'occuperaient que des fonctions de leur ministère, mais il en est tout autrement. »

Enfin, Maroto qui avait en ce moment la force en main, se fit obéir, sans égard pour la majesté du Roi, et ce ne fut qu'avec beaucoup de peine qu'on parvint à fléchir sa colère, et à le faire consentir à commuer la peine qu'il s'était proposé d'infliger à tous ceux qu'il regardait comme ses ennemis. Plusieurs serviteurs fidèles furent donc obligés de partir aussitôt pour l'exil, et Maroto fut déclaré non-seulement innocent, mais encore très dévoué à la cause de Charles V.

Cet acte de violence exercé par Maroto, cette condescen-dance du bon roi Charles, à souscrire à ce qu'il croyait la justice, et à révoquer une sentence qu'il croyait lui avoir été extorquée par la ruse et la basse jalousie, ne fit qu'ac-croître le venin de la haine et des discordes, qui commençait déjà à circuler dans l'armée. Maroto avait prouvé son inno-cence ; mais il l'avait prouvée la force en main, et cet argu-ment est ordinairement irrésistible. Cependant, que des personnes mal intentionnées n'aillent pas croire que le valeureux Roi ait été susceptible de se laisser prendre à quelque mouvement de frayeur ; non, Charles V était de bonne foi, il n'a jamais su tromper ; le traître au contraire est toujours hypocrite, et comme le mensonge se pare toujours des brillantes couleurs de la vérité, il est souvent impossible de découvrir la fourberie sous le masque épais dont elle est revêtue. J'irai plus loin, sans avoir pourtant l'intention de blesser personne ; peut-être aussi que Maroto n'était pas encore traître, et que ce ne sont que les soupçons, les défiances et les vives accusations portées contre lui, qui l'ont déterminé à faire ce qu'il avait hésité à faire, ce qu'il n'aurait peut-être pas fait.

Loin de moi, pourtant, de chercher à disculper l'infâme trahison ; non, Maroto eût-il été accusé injustement, eût-il été condamné sans raison suffisante, il devait toujours demeurer fidèle à son Roi ; il eut toujours eu pour lui le témoignage de la conscience ; il eut joui de l'estime de tous les honnêtes gens, son innocence eut été manifestée plus tard ; car Dieu permet toujours que la vérité paraisse au grand jour ; et il n'eut pas attiré sur sa tête la malédiction et l'exécration de tout l'univers. D'ailleurs, Dieu n'a-t-il pas dit : *la vengeance m'est réservée !* Eh bien ! Pourquoi aussi, ces illustres exilés qui étaient venus sur le sol de France, chercher un refuge assuré contre la colère cruelle de Maroto, essayèrent-ils de se venger en faisant imprimer des pamphlets contre ce général ?

Je ne me permettrai pas non plus de les condamner ; car ils pouvaient avoir des motifs très graves pour soupçonner la bonne foi et la fidélité de Maroto ; d'ailleurs, ce qui prouve en leur faveur, c'est que l'infâme Maroto n'a que trop réellement trahi. Mais ne serait-il pas à craindre, n'aurait-on pas à se reprocher d'avoir déterminé sa résolution funeste, par tous ces petits combats qu'on ne cessait de lui livrer, et par tous les moyens que l'on a employés pour le rendre suspect, au point de lui rendre absolument indispensable, le besoin de chercher son salut chez les ennemis de Charles V. Je le répète encore une fois : je regarde le traître comme un être odieux, que la société entière devrait repousser de son sein ; mais il est reconnu aussi, que les Espagnols, et surtout les carlistes, sont malheureusement trop disposés à trouver partout des traîtres. Les démarches du gouvernement de Christine, ses sourdes menées, les nombreux espions qu'il ne cessait d'envoyer dans l'armée du Roi, tout cela devait naturellement inspirer de la défiance ; mais cette défiance a été généralement poussée trop loin, et ce qu'il y a de plus fâcheux, c'est qu'on ne s'est pas encore corrigé de ce défaut. La légèreté avec laquelle on s'abandonne à tout vent de doctrine, et avec laquelle on ne fait pas difficulté de croire les différentes relations de quelques hommes qui, quoique de bonne foi, se laissent aisément tromper, entretiennent sans cesse parmi les fidèles partisans de Charles V, une scission funeste qui entrave toutes les bonnes intentions, qui discrédite toutes les bonnes actions, et qui semble s'opposer au bien réel que l'on pourrait attendre dans l'avenir. N'est-ce pas là l'arme la plus terrible que les ennemis du Roi pouvaient employer contre lui et contre les siens ? Trop faibles pour vaincre par la force des armes ces hommes intrépides qui ont compté pour rien le sacrifice de leur propre vie exposée cent fois au hasard des combats, ils ont emprunté l'or de l'étranger pour solder des traîtres qui devaient vendre à vil prix le Roi et son armée. Et l'univers ne s'est pas soulevé en masse, pour s'opposer à l'exécution d'un tel crime ! Que deviendront désormais les lois les plus impérieuses qui unissent les sociétés par des liens indissolubles, que deviendra donc ce droit des nations fondé sur la seule bonne foi, dans la paix comme dans la guerre, s'il est permis à un sujet traître et félon de vendre son souverain pour une poignée d'or. Rois de la terre, vous avez été témoins de cet acte d'iniquité, et votre glaive est resté dans le fourreau ! Votre justice ne s'est pas armée pour punir les coupables, pour écraser les infâmes qui se jouaient de la foi des sermens les plus sacrés, de la sainteté des devoirs les plus inviolables ! Ne craignez-vous pas que cet exemple funeste, que cette impunité surtout, n'engage à s'élever contre vous une foule d'imitateurs, au moment des tempêtes politiques !...

Immortels défenseurs de Charles V, que l'union la plus parfaite règne à jamais parmi vous ! Reconnaissez donc enfin, que toutes ces défiances, si funestes à la noble cause que vous défendez, ne vous sont inspirées que par vos plus cruels ennemis ; que c'est là le but de leur politique ; que ce n'est que par vos dissensions, qu'ils peuvent subsister, et que par votre étroite union fondée sur la justice de la cause que vous défendez, vous obtiendrez cette force prodigieuse à laquelle rien ne saurait résister, et vous jouirez enfin du repos et du bonheur, sous le gouvernement paternel de votre bien aimé prince, le vaillant et vertueux Charles V, de Bourbon ; car il vous devra sa couronne, et vous lui serez redevables de la paix et de l'inaltérable félicité que son grand cœur se propose de faire goûter à tous ses fidèles serviteurs.

Maroto après s'être rendu à son quartier-général, prit toutes ses mesures non-seulement pour ne plus s'attirer une aussi fâcheuse affaire qui avait failli le perdre ; mais, dès cet instant, il commença à entretenir de fréquentes relations avec le chef de l'armée ennemie. Le 26 août seulement, son complot fut dévoilé. Maroto se trouva alors forcé de convenir qu'il avait traité avec lord John Hay, et que moyennant la conservation des *Fueros*, le mariage du prince des Asturies avec Isabelle, et une pension pour le Roi, qui vivrait à l'étranger, il avait stipulé la paix. Alors, tous les chefs rassemblés se levèrent spontanément, et articulèrent le même mot : TRAITRE !

Maroto balbutia des excuses, protesta de sa fidélité au Roi, déclara qu'il allait rompre les négociations, et qu'il exécuterait tout ce que le conseil allait arrêter. A ce prix seulement, il put conjurer l'orage et se retirer ; toutefois il ne profita de la liberté qui lui était laissée, que pour s'enfuir à la tête de quatre bataillons, qu'il n'avait pas séduits, mais trompés. Il avait l'intention de renouveler les scènes sanglantes d'Estella, mais cette fois, il fut arrêté dans ses projets, déjoués heureusement avant leur exécution.

Le mouvement spontané des chefs carlistes en présence de Maroto prouva suffisamment qu'il n'y avait pas d'hésitation parmi les serviteurs du Roi, et qu'ils combattaient pour lui et non pour leurs *Fueros* seulement. Charles V pouvait donc dès cet instant, compter non-seulement sur les Navarrais, mais encore sur tous ses soldats indistinctement, à quelque province qu'ils appartinssent, puisque c'était partout le même cœur et le même dévouement.

Dès cet instant, le Roi retira le commandement général de l'armée à Maroto pour le donner de nouveau à l'infant D. Sébastien ; mais le traître Maroto trompa le plus de régimens qu'il put, pour opérer sa défection.

Après la défection de ce général , D. Juan Montenegro, ministre de la guerre de S. M. Charles V , adressa aux troupes restées fidèles , la proclamation suivante :

» Volontaires , un évènement si extraordinaire, qu'il n'a pas d'exemple dans l'histoire de votre pays , ternirait la gloire que vous avez justement acquise dans cette lutte héroïque , si quelques uns d'entre vous se maintenaient dans la défection où vous avez été induits aujourd'hui. Sous prétexte de paix, on a ouvert à l'ennemi l'entrée de votre sol ; et les chaînes de l'esclavage, l'ignominie de la défaite , vont remplacer les lauriers dont vous vous étiez couverts jusqu'à présent : la loyauté de beaucoup d'entre vous a été surprise. Les propositions faites au Roi N. S. sont indignes de votre valeur , et il ne peut entrer dans votre idée de l'abandonner entre les mains de ses ennemis. C'est à cela seulement , ainsi qu'à vous lier au char de la révolution , que se réduit la paix au nom de laquelle plusieurs ont été séduits. Volontaires , servez le Roi ; considérez votre héroïsme de six années , et ne le souillez pas par un honteux délit ! Une paix pour laquelle on exige l'abdication du Roi qui a reçu vos sermens, une paix convenue entre des chefs militaires sans autorisation ni garantie , peut-elle être autre chose qu'une perfidie pour s'emparer du pays qu'ils n'ont pu dominer par les armes ? Détrompez-vous, c'est la trahison la plus infâme qu'aient vue les hommes. Plutôt mourir que succomber. La cause de Dieu est en péril ainsi que celle du Roi ; vous avez promis de les défendre avec constance et honneur. Vous êtes loyaux par caractère, vous êtes vaillans, vous êtes des héros. Volontaires, je n'ai plus rien à vous dire. Vive la religion ! Vive le Roi ! »

Villafranca , 26 août 1839.

Juan MONTENEGRO.

Malgré la défection presque générale , et l'accomplissement de la trahison qui eut lieu le 31 août 1839 , il restait pourtant encore assez de forces au roi d'Espagne pour pouvoir résister avec avantage à ses ennemis , quelque nombreux qu'ils fussent ; mais les plus zélés partisans de Charles , malgré leurs bonnes intentions , firent une faute grave en légitimant l'insurrection des cinquième et douzième bataillons de Navarre , qui ont si fortement contribué à rendre plus facile la trahison de Maroto ; aussi , le général Elio crut de son devoir de réfuter la brochure de M. Mittchell, un des fournisseurs de l'armée royale, qui cherchait à justifier la conduite de l'évêque de Léon, et celle du curé Echeveria. S. M. Charles V écrivit de Bourges à ce général pour le remercier de son empressement à publier la vérité :

« Elio , je suis content de ta conduite , particulièrement
» à l'époque des derniers évènemens. Personne mieux que
» moi ne sait, ni n'est mieux informé que la cause de ma
» retraite en France comme de celle de tous ceux qui,
» fidèles à leurs principes et à l'honneur , m'ont suivi , a été
» l'infâme trahison de Maroto , et que si Jean Echeveria et
» ses compagnons avaient exactement obéi à mes ordres ,
» ainsi que le cinquième , le onzième et le douzième batail-
» lon de Navarre , nous avions encore des forces suffisantes
» pour résister aux ennemis, et ne pas nous voir forcés à

» nous réfugier dans ce pays pour y éprouver des vexations
» que nous n'avions jamais aucun motif de redouter. Je
» t'écris cette lettre pour ta satisfaction et pour celle de tous
» les réfugiés, et crois bien que tu possèdes l'estime de

» Carlos. »

Les dissidences qui eurent lieu à cette époque dans le parti royaliste, désorganisèrent presque entièrement l'armée du Roi; c'est pour cela que l'on ne tarda pas à voir commencer une défection à peu près générale. Dès le 6 septembre, cinquante officiers supérieurs et autres personnages appartenant à la cour de Charles V, soixante officiers subalternes, un grand nombre de dames, et l'archevêque de Cuba, se réfugièrent aux Aldules, où l'on attendait encore beaucoup d'autres personnes. Ce fait était sans doute la conséquence de la mesure par laquelle D. Carlos avait jugé à propos de dissoudre sa cour.

Une coïncidence à laquelle personne n'avait fait attention jusqu'alors, et qui cependant semblait à quelques-uns très-significative, c'était celle de la présence de M. le duc de Chartres à Bayonne, avec les derniers évènemens qui avaient lieu de l'autre côté des Pyrénées. On pensait que ce voyage du prince sur la frontière d'Espagne et son séjour à Bayonne, pouvait bien se rattacher aux manœuvres de Maroto dont on attendait un tout autre résultat, c'est-à-dire la transaction à l'arrivée de Charles V sur le territoire français. M. le duc d'Orléans aurait voulu sans doute se trouver sur les lieux pour recevoir son royal cousin. Cela ne pouvait rien avoir de surprenant, si l'on se rappelle bien les confidences prématurées de M. Soult, lorsque dans la persuasion où il était que tout était fini en Espagne, il disait à ses familiers, en parlant de Charles V:« Nous l'attendons d'un moment à l'autre. » Quoi qu'il en soit, **M.** le duc de Chartres, arrivé le 28 août à Bayonne, précisément le jour où l'on recevait dans cette ville la nouvelle de ce qui se passait en Biscaye, en est reparti le 30 au matin, le lendemain du jour où l'on a su que *le coup avait manqué*, selon l'expression d'un journal dynastique.

Le Roi avait chargé les généraux Guibelalde, Iturriza et Castor Andechaga, de rallier les troupes, un moment dispersées par la défection de leurs chefs. Sa Majesté avait nommé l'infant **D.** Sébastien général en chef, et le comte de Casa Eguia chef de l'état-major de l'armée ; puis à la tête de onze bataillons, elle avait quitté Lecumberri pour se porter dans l'intérieur de la Navarre et combiner ses mouvemens avec ceux du général Elio.

Elio pouvait accueillir le Roi avec la bonne nouvelle d'une victoire, car ce brave général venait de battre encore une fois les christinos commandés par Diego Léon, et leur avait tué plus de quinze cents hommes.

Dans une affaire très-vive qui venait aussi d'avoir lieu en Aragon, le chef royaliste Forcadell avait presque entièrement détruit la division de Cuença, qui faisait partie de l'armée d'O'Donnell.

Cependant l'arrivée du curé Echeveria et autres, près de **D.** Carlos, finit d'indisposer le reste de la cour de Sa Majesté, et aussitôt vingt-deux officiers-généraux et supérieurs, parmi lesquels se trouvait le général Montenegro, ministre de la guerre de **D.** Carlos, se retirèrent et entrèrent en France par les Aldules. Il restait encore en ce moment douze mille hommes environ au Roi, qui, dit-on, renvoyait tout ce qui n'était pas Navarrais.

La défection occasionnée par les fatales dissidences, continuant à se multiplier de jour en jour, le Roi fut enfin forcé de déposer les armes et de chercher un asile contre la rage infàme des traîtres qui avaient eu la perfidie de le vendre au poids de l'or. Charles V, en cette circonstance fàcheuse, n'oublia pas qu'il était Français et par le cœur et par le sang ; qu'un de ses parens régnait sur la France ; aussi sa première pensée fut-elle pour la glorieuse patrie de ses ancêtres, pour ce sol hospitalier qui avait toujours été l'asile du malheur !

Plein de confiance dans la bonne foi, dans la générosité du gouvernement de son auguste parent, il déclare ses intentions, et demande à quel titre on le recevra ? Le général Harispe, au nom du gouvernement, répondit : « Sire, avec tous les égards et tous les honneurs dûs à un prince malheureux. » Après cette réponse, D. Carlos et les siens rentrèrent en France par le seul passage qui était encore libre.

Charles V n'est donc entré en France que sur la déclaration formelle qu'il y serait reçu avec les *honneurs* dus à un prince malheureux, et qu'il conserverait une liberté entière de fixer sa résidence future, soit en France, soit ailleurs. Eh bien ! déjà Bourges avait été assigné pour la résidence du Roi, et tout était préparé pour l'y recevoir.

Aussitôt que l'on sut que Charles V était parti de Bayonne le 16 septembre, pour se rendre à Bourges en poste, et qu'il devait rester dans cette ville jusqu'à ce qu'il eut pris *l'engagement de ne plus troubler la paix de la Péninsule,* plusieurs journaux se récrièrent fortement contre cet abus du pouvoir : « Nous connaissons trop bien le caractère du

» Roi, répétait-on de toutes parts, pour douter de sa
» détermination : *il ne signera rien et ne promettra rien.*
» Ce sera donc un acte odieux, un attentat épouvantable
» que cette captivité, dont tous les rois de l'Europe se
» feront solidaires, s'ils souffrent qu'elle s'accomplisse.

» Sous nos rois, la terre de France avait le privilège
» glorieux de donner la liberté à qui l'avait perdue. L'esclave
» était affranchi de droit en touchant le sol de Saint-Louis.
» Aujourd'hui, le régime qu'on nous a donné osera-t-il
» changer cette vieille coutume, et un roi sera-t-il traité
» par lui, autrement que jadis on ne traitait les esclaves?

» Il faudrait que nous fussions bien dégénérés, si le
» gouvernement ne soulevait pas contre lui la plus ardente
» opposition.... »

Dans le même temps, des nouvelles d'Elisondo appre-
naient que *six millions de francs* avaient été donnés à
Maroto et aux autres officiers-généraux qni avaient parti-
cipé à sa trahison. Qui donc a soldé si généreusement le prix
d'une défection militaire? A coup sûr ce n'est pas le gouvernement de Madrid, qui alors était en pleine banqueroute,
et n'avait pas même de quoi donner des souliers à ses
soldats.

Cependant, les préparatifs se poursuivaient avec activité
dans l'hôtel Panette, dont le propriétaire déployait tout le
zèle et tout l'empressement possibles afin de rendre sa
demeure digne de l'hôte illustre qui devait l'honorer de sa
présence.

On rapporte que lorsque le Roi vit la fausse position dans
laquelle il se trouvait par la trahison de Maroto, Sa Majesté
avait d'abord pensé à se réfugier en France. Les Anglais

avaient, dit-on, envoyé des émissaires pour lui faire des propositions de la part de leur gouvernement, et l'engager à se réfugier dans la Grande-Bretagne; mais D. Carlos a toujours montré de la répugnance à remettre sa destinée entre les mains d'une puissance qui s'est faite le bourreau de Napoléon.

De toutes parts, on pressait le Roi de se retirer en France; tous ses fidèles serviteurs le pressaient de quitter l'armée et de se mettre à l'abri du danger, mais le Roi avait déclaré qu'il ne quitterait son poste glorieux, que lorsqu'il n'aurait plus aucun soldat. Cependant les serviteurs de Charles ayant redoublé leurs vives instances, et ayant prié le Roi de ne pas les exposer tous aux plus imminens dangers, en exposant sa personne sacrée, le Roi se décida enfin à passer en France.

Ce fut le 14 septembre à une heure de relevée, que D. Carlos, sa femme, son fils, accompagnés d'un nombreux état-major, franchirent la frontière. Toute cette noble famille avait un maintien digne et calme. La reine s'occupa du soin de sauver le drapeau de la Vierge-des-douleurs, qu'elle avait elle-même confectionné. C'était un spectacle touchant et en même temps bien digne d'admiration, que de voir tous les nobles et vaillans guerriers rentrer avec leur Roi sur le sol de France; la plupart étaient couverts de blessures glorieuses; les Navarrais surtout, au milieu du malheur, conservaient encore cette gaîté franche qui les rend admirables. Ils racontaient leurs hauts faits, redisaient dans leurs chansons les malheurs de la guerre, et déploraient la trahison dont ils avaient été victimes. En effet, ces braves n'ont pas été vaincus, mais trahis. On se rappelle que Napoléon, en 1815, quand il revint de l'île d'Elbe, dit dans sa proclamation à l'armée :

» Nous n'avons pas été vaincus. Deux hommes sortis de nos rangs ont trahi nos lauriers, leur prince, leur bienfaiteur. »

Les Navarrais n'ont point été vaincus. Un homme sorti de leurs rangs a trahi leurs lauriers, leur prince et la gloire du grand Zumalacarrégui, qui fut le véritable duc de la victoire, tandis qu'Espartero est le duc de la corruption, et Maroto le duc de la trahison.

La famille royale fut d'abord conduite à Saint-Pée : elle logea chez M. Goyenèche. Le marquis de Lalande, ce courageux royaliste, qui a rendu tant de services à la cause de Charles V, s'est trouvé sur la frontière pour le recevoir, et lui épargner la douleur de ne rencontrer que des visages ennemis. L'honorable royaliste ne représentait-il pas la France ouvrant ses portes à un roi malheureux !

Le Roi et sa famille furent conduits à Bayonne et de là à Bordeaux. L'autorité avait d'abord cherché à envelopper du plus strict incognito le passage des illustres voyageurs. A midi les voitures arrivèrent à Bordeaux par la route de Bayonne, elles traversèrent rapidement le pont, et ne s'arrêtèrent qu'à l'ancienne propriété de M. Coupat. Là, *il fut permis* à D. Carlos de déjeûner. M. le baron Sers s'y était rendu d'avance pour surveiller l'exécution des ordres qu'il avait reçus. Le prince repartit aussitôt après le déjeûner. M. Lassime, commissaire central, attendait à la tête du pont. Comme un assez grand nombre de citoyens y étaient rassemblés, le commissaire central craignit sans doute qu'on ne voulut lui enlever son royal captif, il ordonna donc au postillon de fouetter les chevaux ; lui-même galoppait à la portière. La voiture était suivie de deux citadines et de cinq

gendarmes. Voilà donc comment se termina une guerre si noblement entreprise, si courageusement soutenue : par la
trahison ! On n'a pu vaincre D. Carlos, mais on l'a *acheté !*
On n'a pas pu battre ses vaillans soldats, mais on a cor-
rompu leur général en chef! Et maintenant, il traverse la
France comme un proscrit, le prince dont les ayeux ont si
glorieusement régné sur la France! Mais rassurez-vous, sire,
l'infortune est pour vous, et la honte est pour *eux !* Votre
part est encore la plus digne d'envie.

Trois voitures formaient tout le cortège du roi d'Espagne;
dans la première étaient le Roi, la Reine, le prince des Asturies et l'infant D. Sébastien ; dans la deuxième voiture,
M. Bargas, aide-de-camp de l'infant D. Sébastien; M. Villa-
vicenzio, chambellan du Roi; Mme Jglesias, dame d'honneur
de la reine, et un commissaire de police ; dans la troisième
voiture, un aide-de-camp du général Harispe et trois domestiques de Charles V.

M. de Tinan, chef d'escadron d'état-major et aide-de-camp
du maréchal Soult, était arrivé à Bordeaux, et s'était rendu
jusqu'au Bouscault au devant du prince, qu'il était chargé
d'accompagner jusqu'à Bourges.

Charles V avait demandé à s'arrêter à Bordeaux pour y
prendre son repas. L'autorité ne le lui permit pas. Elle craignit, sans doute, que la présence de cette noble victime de la
trahison ne donnât lieu dans la ville à quelques manifestations peu flatteuses pour ceux qui avaient stimulé et payé le
traître.

L'infant D. Sébastien fut plus heureux. Il obtint de s'arrêter à Bordeaux avec un secrétaire du Roi. Il se promena
pendant deux heures, accompagné d'un Espagnol, et sous la

surveillance d'un officier de gendarmerie. Il repartit à cinq heures et demie, et rejoignit Charles V à Mussidan, où devaient coucher les augustes voyageurs.

En passant sur le pont de Bordeaux, Charles V donna quarante francs aux pauvres. Il fut salué par un très grand nombre de personnes. Sire, s'écria un des habitans: « *Vous êtes vendu, mais non vaincu!* »

Plusieurs personnes briguèrent l'honneur de parler à Charles V, mais elles furent repoussées par la police.

Le baron de Los Vallès, ce fidèle compagnon du Roi, celui qui avait partagé tous ses instans de malheur et de prospérité, n'arriva à Bayonne que le 21 septembre. Il était resté à son poste jusqu'au dernier moment. Il ne quitta Urdach que long-temps après D. Carlos, au milieu du feu. A Saint-Pée, il fut arrêté par ordre du sous-préfet, qui le fit conduire à Bayonne par la gendarmerie. Arrivé aux portes de la ville, le sous-préfet le fit relâcher en lui disant : « Vous nous avez joué tant de mauvais tours, qu'il est utile de prendre des précautions. »

Parmi les nombreux réfugiés, on vit arriver en France à la même époque, le comte de Casa-Eguia, le marquis de Valdespina, Mme veuve Zumalacarrégui et un prélat portugais fort âgé, l'évêque de la Guardia.

Des six généraux en chef qui se sont succédé dans le commandement de l'armée royale en Navarre et dans les provinces basques, deux sont morts; Zumalacarrégui sur le champ de bataille, et Moréno assassiné par les siens à Véra. Trois se sont réfugiés en France : Eguia, Villaréal et l'infant D. Sébastien. Le sixième n'appartient plus à aucun parti; il traîne ignominieusement sa triste existence dans les rues de

Madrid, où le mépris universel accompagne sans cesse ses pas, c'est Maroto !

L'armée de Christine en a eu sept : Sarsfield, assassiné à Pampelune par les siens; Valdès, qui commande en Catalogne; Quesada, assassiné à Madrid; Rodil, à peu près proscrit; Mina, mort à Barcelone; Cordova, proscrit en Portugal, et le prétendu duc de la victoire, aujourd'hui régent d'Espagne.

Le passage du Roi à Limoges fut un événement remarquable; l'infortune et le courage joints ensemble inspiraient un intérêt plus vif que celui de la curiosité. Dès onze heures du matin, l'arrivée du prince et de sa famille avait fait sensation, et attiré, sur la route de Bordeaux et aux abords de la maison qu'il devait habiter, une foule nombreuse. On remarquait surtout un grand nombre d'Espagnols réfugiés, désireux d'entrevoir et de saluer le prince chéri pour lequel ils avaient combattu si courageusement, et pour lequel aujourd'hui, ils supportent avec tant de noblesse et de résignation les peines de l'exil.

Dès le matin, des ouvriers de toute sorte avaient été appelés pour orner le vaste hôtel de la Pyramide, qui avait été désigné par l'autorité pour recevoir le Roi et sa suite.

Le capitaine de gendarmerie attendit Charles V à quelque distance de la ville; après avoir demandé les ordres de S. M. avec une courtoisie toute militaire, il accompagna sa voiture jusqu'à l'hôtel où elle devait s'arrêter.

C'est à six heures du soir, que Charles V et sa suite firent leur entrée à Limoges, au milieu d'une foule nombreuse et silencieuse, qui semblait contempler avec tristesse cette nouvelle royauté marchant à l'exil.

Le préfet introduisit les augustes voyageurs dans leurs appartemens, et prit congé d'eux après avoir remis tous ses pouvoirs entre les mains de M. de Tinan, secrétaire du maréchal Soult, chargé du réglement intérieur de la maison des princes, pendant leur voyage.

A huit heures, tous les habitans de la ville de Limoges se transportèrent sous les fenètres de la maison occupée par la famille royale d'Espagne. Chacun voulait pénétrer du regard dans le lieu où se trouvait en ce moment le petit-fils de Louis XIV, ce roi qui, depuis six ans, fixait sur lui l'attention de l'Europe et du monde entier.

On remarquait surtout avec attendrissement plusieurs officiers Espagnols, la plupart coiffés de berrets rouges, pleurant sous les fenètres de leur souverain, et maudissant le refus qui leur avait été fait par l'autorité, d'aller déposer à ses pieds l'hommage de leur respect et de leur dévouement.

Dans toute la soirée, personne ne put pénétrer auprès de S. M.; M. de Tinan opposa le même refus à toutes les demandes. M. l'abbé Dubranle, curé de Saint–Pierre, que le prince avait fait demander, se présenta et fut éconduit sans avoir pu arriver jusqu'au Roi. Malgré les fatigues d'une longue route et les émotions pénibles d'un si triste voyage, LL. MM. ne se couchèrent qu'à onze heures. Le lendemain, Mgr. l'évêque de Limoges se rendit près de Charles V, accompagné de son grand–vicaire et de son secrétaire; M. l'abbé Dubranle et M. Ninard, chanoine, l'avaient déjà précédé sur la demande de LL. MM. pour offrir le saint-sacrifice de la messe dans l'un de leurs appartemens. Le Roi et sa famille parurent très touchés de la démarche du vénérable prélat avec qui ils s'entretinrent pendant plus d'une heure.

A sept heures, trois voitures emportèrent la famille royale

d'Espagne et leurs fidèles serviteurs sur la route de Bourges, au milieu d'une foule aussi nombreuse, aussi silencieuse qu'à son arrivée.

Un grand nombre de royalistes prévenus le matin seulement, partirent en toute hâte de leurs campagnes pour venir offrir au Roi l'hommage de leurs vœux et de leurs sympathies. Pour l'accomplissement de ce projet, il fallait une double autorisation; celle du prince, d'abord, puis celle de l'autorité. La première fut gracieusement accordée; la seconde fut impitoyablement refusée, malgré toutes les instances les plus pressantes.

Le Roi témoigna ses regrets de n'avoir pu recevoir les royalistes de Limoges. La reine, en apprenant ce refus, dit à M. de Tinan, avec un geste plein de dignité : « Monsieur, sommes-nous donc prisonniers de votre gouvernement? » Et sur la réponse hésitante de l'officier : — « On nous traite cependant comme tels, dit le Roi ; mais dans ma captivité, j'aurai la même énergie qu'au milieu de mes soldats. » Le prince s'informa du nom des personnes qui avaient désiré lui présenter leurs hommages. S. M. pendant son séjour à Limoges a pu se convaincre, que s'il y a des courtiers de trahison, il y a aussi des cœurs nobles pour lesquels le malheur et le courage sont une religion.

Ceux qui ont pu apercevoir le petit-fils de Louis XIV, ont senti tout ce qu'une noble cause a de puissance, et aussi combien est imposante la majesté du malheur. Mais ce sentiment devait se manifester surtout dans l'âme généreuse de quelques dames de ce pays. On en remarqua plusieurs autour de la maison qu'habitait le prince, traduisant leurs sympathies par des larmes. Deux entre autres, qui habitent des châteaux voisins d'Aix, s'empressèrent d'accourir au devant de la royale famille. Aussitôt qu'elles l'aperçurent, elles agitèrent des mouchoirs blancs, avec l'enthousiasme d'une vive sympathie. Le Roi frappé de la noble attitude des dames qui saluaient ainsi son malheur, fit ralentir la voiture. Alors Mmes de V. et de L. s'approchèrent et mouillèrent de leurs larmes la main de Charles V et celle de la reine. Les cris de M. de Tinan, *marchez*, *postillon*, vinrent mettre fin à cette scène; et la voiture repartit emportée au grand galop des chevaux.

Lorsque M. l'évêque de Limoges prit congé de la famille royale, après plus d'une heure de marche, le Roi porta à ses lèvres la bague du prélat; M. de Tournefort ému de ce mouvement qui traduisait un sentiment si pieux et si résigné, leva sa main vénérable et bénit la famille royale qui s'agenouilla religieusement. Cette scène si belle et si touchante fit une impression profonde sur tous ceux qui en furent témoins. Mais aussi, avouons qu'il y a quelque chose de bien consolant dans cette sublime résignation qui relève le front, et en appelle à Dieu seul de l'injustice et de l'aveuglement des hommes.

A son arrivée à Châteauroux, le Roi ayant fait connaître à M. le Préfet qu'il était dans l'habitude d'entendre deux messes le dimanche, un des ecclésiastiques de l'église principale fut invité par ce magistrat à célébrer une première messe à la préfecture. Un autel fut improvisé, et la messe célébrée selon le désir du prince. Vers les dix heures, le Roi se rendit accompagné de M. le préfet à l'église paroissiale, à la porte de laquelle il fut reçu processionnellement par tout le clergé réuni. L'officiant lui donna l'eau bénite et

l'encens, selon le rite accoutumé ; il fut placé dans le sanctuaire et y reçut tous les honneurs dûs à sa dignité. Après
l'office, il fut reconduit par tout le clergé en procession,
jusqu'à la porte de l'église, où il reçut de nouveau l'eau bénite des mains de l'officiant qui, cette fois, sur l'invitation
de l'aide-de-camp du maréchal Soult, en offrit également à
la reine et aux deux princes qui accompagnaient leurs augustes parens. Le peuple, témoin du recueillement du prince,
de sa religion profonde, en fut sensiblement ému ; le Roi ne
reçut sur son passage que des marques de respect et d'une
sympathie non équivoque.

Enfin, Charles V arriva à Bourges, lieu déjà fixé depuis
long-temps pour sa résidence. « Avant son arrivée, on
avait répandu le bruit qu'il serait reçu ici avec tous les
honneurs dûs à son rang et à ses malheurs. Nous croyions
aussi que le juste-milieu cacherait sa main de fer sous un
gant de velours ; il a cru devoir l'appesantir toute nue sur
cette tête auguste, et s'épargner ainsi des frais d'hypocrisie.

» Nous ne faisons point un reproche aux autorités du
département, elles se sont conformées *strictement*, sans
doute, aux ordres qu'elles avaient reçus du ministère ; cela
ne nous étonne pas. Ce qui nous surprend, c'est que le ministère, s'il ne voulait pas reconnaître en Charles V le roi des
Espagnes, s'il oubliait son titre de prince royal et de petit-
fils de Louis XIV, parût ignorer qu'il est parent du roi des
Français. Le fait est que l'arrivée de Charles V, à Bourges,
n'a pas été accompagné d'un autre appareil que ne le serait
l'arrivée d'un prisonnier d'état, comme on va s'en convaincre
par les détails dans lesquels nous allons entrer, et dont nous
avons été témoins.

» L'arrivée du prince avait été vaguement annoncée dans la soirée du samedi pour le dimanche à dix heures du matin, ou à deux heures de l'après-midi. Un certain nombre de personnes s'étaient portées au faubourg d'Auron, par où le Roi devait faire son entrée.

» Le nombre grossissait peu à peu. A deux heures, la foule était immense ; elle encombrait non-seulement les rues par où l'auguste famille devait passer, mais elle se prolongeait compacte jusqu'au bout du faubourg d'Auron et bien au-delà ; un nombre de personnes assez considérables s'étaient même avancées jusqu'à une lieue au-delà de la ville, et personne ne désempara jusqu'à sept heures du soir que le roi arriva. Certes il y avait dans cette patience à attendre, autre chose qu'une vaine curiosité. La sympathie du plus grand nombre pour d'augustes infortunés en était assurément la cause, et l'on doit s'étonner de cet empressement, après tous les efforts faits par les journaux à la solde du pouvoir, pour représenter ce prince si bon, si religieux, comme un horrible tyran. Malgré quelques discours tenus dans la foule par des gens étrangers à la localité, nous devons dire à la louange de la population, qu'elle s'est conduite, en cette occasion, avec le respect dû à de si nobles infortunés.

» A peine les voitures étaient-elles arrivées au commencement du faubourg, qu'on mit les chevaux au *galop*. Force fut pourtant ensuite de ralentir le pas à la fin de la rue d'Auron, pour monter la place de l'Arsenal jusqu'à l'hôtel où le Roi est actuellement.

» Aucun honneur militaire ne fut rendu à S. M. ; la brigade de gendarmerie de Bourges avait été à sa rencontre jusqu'à Saint-Florent ; deux gendarmes cavalcadaient de chaque côté de la voiture, et n'avaient pas même l'arme hors du fourreau. Il en était de même d'un détachement d'artillerie qui précéda les voitures ; à partir de leur entrée dans la ville, le sabre reposait dans le fourreau. Ils étaient là pour maintenir le bon ordre, et rien de plus ; telle était la consigne qu'avait reçue l'officier. Nous avons vu des prisonniers importans, c'est absolument en cet appareil qu'on les conduisait. Cependant le général Harispe avait dit à Charles V qu'il serait reçu en *prince* malheureux. Il paraît que le malheur n'est pas, aux yeux de nos gouvernans, digne de beaucoup d'honneur.

» Trois voitures arrivèrent ensemble. Dans la première était le Roi, la Reine, le prince des Asturies et l'infant D. Sébastien ; dans la seconde, M. de Tinant, aide-de-camp du maréchal Soult ; dans la troisième, trois chambellans, une dame d'honneur de la reine et le secrétaire particulier du Roi.

M. le préfet du Cher vint recevoir les augustes réfugiés à la descente de la voiture. Tel était le peu de préparatifs faits à l'hôtel pour la réception de si grands personnages, que, bien que M. le préfet du Cher les y eût précédés d'un quart-d'heure environ, il n'y avait pas une seule lumière pour éclairer les cours ; il fallut appeler promptement, et nous avons vu, vu de nos propres yeux, deux servantes de cuisine accourir avec deux chandelles, afin que le roi des Espagnes, l'oncle de l'innocente Isabelle, le petit-fils du grand Roi, pût voir clair pour entrer dans sa triste demeure. Voilà comme on reçoit maintenant en France, des princes malheureux !

» Le lendemain de l'arrivée de Charles V, Mgr l'archevêque de Bourges alla avec ses grands-vicaires présenter ses hommages respectueux à l'auguste famille. Il en fut reçu avec distinction et bienveillance. Le même jour, M. le préfet et M. le lieutenant-général commandant la division, furent aussi reçus par le Roi. Le général Voirol, qui a de l'élévation dans les sentimens, dût être affligé des ordres qui avaient été envoyés de Paris pour la réception de si hauts personnages.

» Une chapelle fut préparée dans les appartemens du Roi, qui promit à Monseigneur de venir souvent implorer le Dieu de Saint-Louis dans notre belle cathédrale. Ils sont incorrigibles, ces Bourbons de la branche aînée : toujours leur foi et leur courage seront plus grands que leur malheur. C'est par là que Saint-Louis avait inspiré une si grande vénération aux infidèles.

» Entre Charles V d'Espagne et Charles X de France, il existe bien des rapports. Nous n'en ferons ressortir qu'un seul, c'est le désintéressement ; cette vertu si rare qu'elle passerait presque pour une niaiserie aux yeux de bien des gens qui ne voient pas comme nous. Charles X, en partant pour Cherbourg, avait emporté un million ; sur le point de s'embarquer, il paie les troupes qui l'avaient accompagné, et renvoie cinq cent mille francs. Charles V, au lieu de profiter de son séjour en Espagne pour amasser des trésors, au lieu de les faire passer à l'étranger, ne se réserve rien. Tout est commun avec ses braves, et au moment de l'infortune, il est dénué de tout !... Mais il est grand et noble. Dans le malheur, comme dans la prospérité, il est toujours le même, Bourbon de bon aloi. »

Nous continuerons à emprunter à la *Gazette de Berry*,

quelques citations intéressantes que nous compléterons plus loin par des détails sur D. Carlos et sa famille. Voici comment la *Gazette* rend compte de la première visite de S. M. à la cathédrale de Bourges :

« Notre population a été témoin dimanche d'un de ces spectacles imposans qui laissent toujours de profonds souvenirs. La famille royale a assisté à la grand'messe de la cathédrale, après avoir entendu une basse messe dans ses appartemens. Rien n'était plus touchant que de voir ces royales infortunes venir déposer aux pieds de celui qui donne et ôte, quand il lui plaît, les trônes et les couronnes, l'hommage de sa profonde résignation aux décrets de la providence, quels qu'ils puissent être.

» A l'arrivée de leurs Majestés par le grand portail, Monseigneur, accompagné de ses grands-vicaires, précédé de sa croix archiépiscopale, est allé les recevoir, les encenser, suivant l'antique usage, et leur offrir l'eau bénite. Ensuite, elles ont été conduites processionnellement aux places qui leur avaient été préparées dans le sanctuaire.

» A gauche du maître-autel, quatre fauteuils et quatre prie-Dieu, recouverts de tapis et garnis de coussins, avaient été préparés d'avance. Le Roi occupait celui qui était le plus rapproché de l'autel, ensuite la Reine, puis S. A. R. D. Luis, prince des Asturies. S. A. R. l'infant D. Sébastien, un peu indisposé de la veille, n'assistait point à la messe. Derrière LL. MM., sur des sièges qu'on leur avait préparés, étaient D. Thomas Garciamartin, chambellan du prince des Asturies; Dona Yglesias, dame d'honneur de la reine; D. José Tamariz, secrétaire du Roi.

» Un siége particulier avait été placé pour M. le préfet du Cher, entre les chantres et le banc de MM. les chanoines.

» Nous ne dirons pas que la famille royale d'Espagne a assisté à nos saints mystères avec cette piété sans faste, qui est le propre des hommes éclairés et religieux, mais aussi sans ce respect humain qu'on ne rencontre que chez les hommes qui n'ont pas le courage de leur foi. On connaît ses sentimens religieux. Tous ont constamment suivi l'office dans leur livre d'heures.

» Tout le cérémonial voulu en pareille circonstance a été observé. La famille a reçu l'encens ; le livre des évangiles, les instrumens de paix ont été portés à baiser à LL. MM. et à l'Infant, par les différens ordres de servans que ces fonctions concernent. Le premier grand-vicaire de Monseigneur, leur a offert le pain bénit.

» Au moment du prône, LL. MM. ont été conduites par l'archevêque, près la grille du chœur, où des sièges leur avaient été préparés ; elles ont paru écouter l'instruction religieuse avec une grande attention.

» Après la messe, l'archevêque a reconduit LL. MM. jusque sur le perron extérieur où une foule de peuple attendait leur sortie. Nous pouvons assurer que nous n'avons vu que des marques de sympathie pour de si grandes et si nobles infortunes. Evidemment, cette auguste famille a été accueillie par le peuple avec une grande bienveillance. Mais dans l'intérieur de la cathédrale, nous avons vu bien des yeux se mouiller de larmes à l'aspect de ces Bourbons de la branche aînée. Que de souvenirs ils réveillaient !...

» Le Roi était vêtu d'un habit bleu, sur la poitrine duquel était brodée la plaque du Saint-Esprit, plusieurs ordres d'Espagne pendaient à sa boutonnière. La reine, vêtue très simplement , à la manière des dames françaises , était coiffée d'une capote de tulle noir , ornée de fleurs rouges ; le prince des Asturies était en redingote , sans aucun ordre ni décoration.

» Telle était la mise simple des descendants directs de Louis XIV. »

Charles V vient d'entrer dans sa cinquante-quatrième année. Sa taille est moyenne, son nez aquilin , celui de la famille des Bourbons ; il porte de fortes moustaches. Il serait impossible de peindre la douceur qn'expriment les traits du visage de cet auguste prince ; sa voix est douce, son ton et ses manières affables ; sa démarche est lente et majestueuse.

La princesse de Beira , femme de Charles V , n'est pas d'une haute stature , mais elle a dans le port une grande majesté , sur son front et dans ses yeux brillent les traits du génie ; ses lèvres expriment une extrême bienveillance.

Le prince des Asturies est âgé de vingt-deux ans , sa taille est moyenne, son regard spirituel , doux et bienveillant, ses traits respirent le calme et la candeur, il a beaucoup de dignité. Il est déjà très instruit : il est doué d'une étonnante facilité pour apprendre ; son jugement est fort juste, il est passionné pour l'étude. Il possède déjà de vastes connaissances en littérature , en Histoire , en Géographie , en Mathémathiques , en Histoire Naturelle , en économie politique , et tous les jours il étudie l'art militaire.

Son guide dans cette science importante , est l'illustre et savant guerrier Montenegro , ancien ministre de la guerre de Charles V. Chaque fois que ce jeune prince traverse à cheval les rues de Bourges, tout le peuple s'arrête pour admirer la noblesse et la grâce qu'il déploie, car il peut passer pour un vrai modèle en fait d'équitation.

Lorsque l'infant D. Sébastien était à Bourges, on reconnaissait facilement dans ses traits le jeune héros qui a déjà remporté tant de victoires. Il n'est pas très grand, il paraissait avoir beaucoup souffert. Quelque chose de doux, de mélancolique est répandu sur sa physionomie. Quand il parle, on devine dans l'expression de ses yeux, qu'il y a du génie dans cette tête de jeune homme dont le malheur vient de rompre momentanément les destinées.

Enfin, un indicible attrait entraîne vers cette auguste famille qui réunit tout ce qui peut émouvoir des cœurs bien nés : l'éclat du rang et du malheur, de hautes vertus, et cette bienveillance du cœur à laquelle il est impossible de résister. Nous ne craignons pas de dire que la haine la plus acharnée ferait place à l'admiration et à l'attachement, s'il était possible à cette royale famille de se montrer à ses ennemis et de s'en faire comprendre.

Un général, ennemi de Charles X, fut un jour présenté à ce prince ; il sortit enchanté de l'accueil qu'il avait reçu, et dit les larmes aux yeux : « Non, je ne puis plus ne pas l'aimer. » Les ennemis de la royale famille d'Espagne tiendraient le même langage, s'ils avaient le bonheur de l'approcher.

Le Roi a fait lui-même le réglement de la disposition du temps afin que toutes les heures fussent employées d'une manière convenable et au moins utile, pendant les jours douloureux de sa captivité.

Le Roi se lève le matin à sept heures et demie ; toute la

famille, suivant l'usage de ses pères, assiste à la messe qui se dit dans les appartemens de S. M., à huit heures. A neuf heures, on déjeûne en famille. Le Roi s'occupe ensuite de ses affaires ou de sa correspondance, puis il reçoit les personnes qui ont l'honneur de lui être présentées. A deux heures, le dîner a lieu, puis la sieste. A cinq heures, le Roi fait une promenade avec sa famille. D. Carlos va ordinairement à une demi-lieue en voiture, puis il en descend pour prendre un exercice qui lui est bien nécessaire, après avoir mené si long-temps la vie des camps. Cette promenade ne dure guère qu'une heure et demie ou deux heures. A son retour, S. M. se livre pendant quelques instans avec sa famille à un jeu appelé en Espagne *Trésillo.*

A dix heures et demie, la prière se fait en commun : cette coutume, conservée encore parmi nous par un grand nombre de familles religieuses, est fidélement observée en Espagne, et ce n'est pas la famille royale qui y dérogera.

Le souper a lieu à onze heures.

Nous avons souvent entendu, pendant le cours de nos leçons, la prière des domestiques, qui se fait ordinairement à neuf heures. Qu'elle était touchante, cette invocation des pauvres exilés à la Vierge-des-douleurs ! Qu'elle portait à l'âme, la répétition fréquente de ces paroles d'abandon, dans lesquelles l'homme reconnaît son néant et implore la sublime protection de la mère d'un dieu, toujours favorable au vœu des mortels : *priez pour nous ! priez pour nous !* Ces paroles faisant écho à la voix du prêtre, et à des intervalles mesurés, remplissaient le cœur d'un je ne sais quoi de tendre et de consolant qui inspire toujours une nouvelle confiance en celle que le faible mortel n'a jamais invoquée en vain.

Ainsi, les mœurs de cette royale famille d'Espagne, élevée, comme celle des Bourbons de France, à l'école du malheur, rappellent, dans toute leur pureté, les traditions et la douce piété des temps anciens, quand la foi entourait les trônes de la vénération des peuples !

A peine la famille royale fut-elle arrivée à **Bourges**, que de nombreux visiteurs s'empressèrent de venir déposer à ses pieds l'hommage de leurs respects. On remarqua parmi eux le noble vicomte **Edouard Walsh**, qu'aucun sacrifice ne peut arrêter dans son dévouement au malheur. Venu tout exprès à Bourges pour présenter ses hommages respectueux à cette auguste famille, il fut assez heureux pour recevoir de la bouche même des princes, dans l'accueil plein de bienveillance qu'ils lui firent, les renseignemens les plus positifs sur les actes qui ont précédé et suivi immédiatement la trahison de **Maroto. M.** le vicomte **Walsh** avait à cœur de faire taire les calomniateurs, il était impossible de mieux réussir. Les détails que renferme son récit sont trop intéressans, pour que nous ayons voulu en retrancher un seul mot.

« Quand le roi **Charles V**, victime de la trahison, eut mis le pied sur le sol de France, et que la plus inexcusable des calomnies, celle qui s'adresse au malheur, ne craignit point d'attaquer cette grande adversité, il devint utile d'aller demander au monarque lui-même, la vérité que les passions politiques cherchaient à obscurcir, et je saisis, en même temps, cette occasion d'aller mettre aux pieds du petit-fils de **Louis XIV**, l'hommage du dévoûment des royalistes de France. C'est le simple et véridique récit de cette visite qu'on va lire. Tout ce qu'on a vu, tout ce qui s'y est dit, sera fidèlement rapporté. De crainte de taire des détails intéressans on n'y passera sous silence aucun détail. Il faut que l'opinion publique entre dans l'intimité de cette royale famille ; il importe qu'elle écoute, qu'elle interroge, qu'elle voie, qu'elle examine. Quand le roi Charles V était loin de nous, les partis profitaient de cet éloignement pour donner cours à leurs erreurs ou à leurs mensonges ; maintenant, le petit-fils de Louis XIV est sur le sol de France, exilé, trahi, sans autre entourage que la dignité de son malheur : le moment est venu de pénétrer dans cette royale solitude; le Roi ne craint pas plus les regards de ses adversaires que ceux de ses amis : qui que vous soyez, vous allez entrer chez lui.

» Arrivé le lundi soir à Bourges, dès le mardi matin, à neuf heures, j'étais devant l'hôtel de Panette, qui est situé rue du Vieux-Poirier, nº 1, à côté de la maison du maire, M. Mayet-Genetry, ancien député. Ce qu'on a dit de l'aspect triste et sombre de cet hôtel est au-dessous de la réalité. Placé au fond d'une cour étroite, le petit jardin, aux ombrages épais, qui longe la façade, assombrit encore la physionomie de ce mélancolique séjour qui tient à la fois de la prison et du tombeau. Au milieu des tristesses de Bourges, la tristesse de l'hôtel Panette ressort.

» En entrant dans la cour, la première personne que je rencontrai fut un portier français qui montra quelque hésitation en m'entendant demander M. Tamariz, secrétaire du Roi ; mais, dans ce moment même, j'aperçus un Espagnol en capote bleue, à boutons aux armes d'Espagne, portant le pantalon rouge et le beret rouge, et je m'adressai à lui. Dès qu'il entendit la langue de son pays , sa physionomie gravé et triste s'éclaircit, et il s'empressa de me conduire. Nous montâmes au premier étage , et nous entrâmes, au bout d'un long couloir , dans une grande chambre où se promenait de long en large , un homme vêtu d'un pantalon bleu et d'une veste d'astracan , dont la figure pleine d'intelligence et de résolution ressortant au milieu de la simplicité du costume, commandait à la fois l'attention et le respect. Je pressentis que je me trouvais en face d'une des gloires de l'Espagne , en face d'un des nobles chefs de cette étonnante guerre , où l'on a fait de si grandes choses avec de si petits moyens , magnifique épopée à laquelle il ne manque qu'un poète , car certes les héros n'y manquèrent pas. Mes impressions ne m'avaient point trompé, j'étais en face du brigadier-général Bargas, l'ami et le compagnon d'armes de Zumalacarrégui ; Bargas, qui tira en même temps que lui l'épée ; Bargas, l'homme de tête et d'exécution , dont la vaillance était citée au milieu de tant de vaillances , dont les talens militaires avaient conquis l'estime de l'armée entière. Il vint à moi avec empressement, quand je me fus nommé, il m'assura que le Roi me recevrait dans la matinée même. Tandis qu'il parlait, une autre personne entra dans la chambre où nous nous trouvions, c'était l'infant D. Sébastien.

» Alors commença le récit intéressant et animé des derniers évènemens dont l'Espagne vient d'être le théâtre. L'infant, d'une voix qui révélait l'indignation dont son noble cœur était rempli, raconta dans tous ses détails la trahison de Maroto ; il redit la revue passée par le Roi, le conseil de guerre dans lequel celui qui avait déjà vendu son seigneur et son maître, apporta les propositions d'Espartero, en déclarant lui-même qu'elles étaient offensantes pour la majesté royale, et en demandant à verser tout son sang pour faire triompher la devise de toute l'armée, qui était aussi la sienne, *le Roi, la Religion, la Patrie*. Menteuses et hypocrites protestations, posées comme un masque sur sa félonie par le coupable Maroto, qui parlait de la religion au moment de la livrer, de sa patrie au moment de la trahir, et de son Roi au moment de le vendre !

« A la revue du 23, me disait l'infant, quand nous
» arrivâmes au milieu des troupes, les cris de *vive le Roi!*
» se firent entendre de toutes parts. A ces loyales acclama-
» tions, une voix solitaire mêla le cri de *vive Maroto!* Mais
» le Roi, s'avançant vivement vers les bataillons, s'écria :
» *Où est le Roi, il n'y a plus de général. Mes enfans, êtes-*
» *vous décidés à mourir pour notre noble cause?* Les cris
» de *vive le Roi!* retentirent encore ; mais encore une fois
» on entendit s'y mêler le cri de *vive Maroto!* C'était le
» moment de mettre la main sur lui. Si on le faisait, le
» cours des évènemens pouvait être changé. Nous serions
» encore en Espagne, l'épée à la main, au milieu de notre
» brave armée. On aurait enlevé les troupes, on les aurait
» conduites contre Espartero, qui, à la tête d'une division
» peu nombreuse, attendait dans un bois situé dans le
» voisinage, que Maroto lui livrât la personne du Roi,
» comme il s'était engagé à le faire depuis long-temps. Sur-
» pris par un ennemi indigné, au lieu d'être servi par un
» traître, Espartero n'aurait pu résister. Lui et sa division
» eussent été anéantis. Mais il y a des circonstances où une
» seconde vaut un siècle; nous étions dans une de ces

» circonstances; et quand cette pensée vint à nos esprits,
» le moment était passé. Maroto, tremblant et pâle, s'était
» retiré recommandant à ses aides-de-camp de veiller sur
» lui, tant le traître s'attendait à recevoir le juste châtiment
» dû à sa félonie. A cet instant, plusieurs officiers de l'état-
» major du Roi crurent que Maroto allait faire former le
» carré par les troupes dont il était sûr, afin de nous enve-
» lopper, et engagèrent le Roi à retourner à son quartier
» royal. »

» Tandis que le prince redisait ces détails, on voyait courir
sur ses traits les émotions successives qui animaient son
cœur : la colère, l'indignation, le noble désespoir d'un
courage trompé, l'horreur qu'inspire la trahison, l'énergie
d'une âme intrépide qui ne sait point plier sous le poids de
l'adversité. « Et dire, répéta, à plusieurs reprises, le prince,
» et dire qu'il y a deux ans, j'étais à la tête de notre brave
» armée à une portée de fusil de Madrid! » Je ne puis assez
exprimer tout ce qu'il y avait d'émotion dans ce souvenir de
victoire rappelé dans une froide et obscure salle de l'hôtel de
Bourges, par un prince alors triomphant sous le brillant
soleil d'Espagne, aujourd'hui exilé sur notre terre de France,
qui a cessé d'être l'asile pour devenir la prison des princes
malheureux.

» Tandis que le prince prononçait ces dernières paroles, la
porte s'ouvrit; le Roi et la Reine traversèrent le corridor qui
longe la salle où nous nous trouvions. La Reine, à qui
j'avais eu l'honneur de faire ma cour à Salzbourg, me
reconnut aussitôt qu'elle m'aperçut, et me fit, en passant,
signe de la main pour m'inviter à rester. Sur son front toujours noble, toujours beau, j'aperçus la trace des tristes

pensées qui devaient occuper ses méditations ; mais, à travers le nuage de douleur, on voyait percer un rayon de courage ; Marie-Thérèse est une de ces princesses si rares qui portent le malheur du même front que la couronne, et qui se redressent sous le vent de l'adversité.

» Une demi-heure s'était écoulée depuis le passage de Leurs Majestés, quand je fus averti qu'elles me faisaient demander au rez-de-chaussée. Je traversai une salle à manger assez grande, où quelques personnes de la suite du Roi prenaient leur repas, et je fus introduit dans un salon, simplement mais convenablement meublé. A peine étais-je entré, que le Roi et la Reine sortirent de leurs appartemens. Le Roi, qu'on me pardonne ces détails qui sont restés gravés dans ma mémoire comme toutes les circonstances de cette scène, le Roi portait une redingote bleue d'uniforme, sous laquelle se dessinait un gilet blanc de casimir. D'épaisses moustaches surmontent sa lèvre supérieure, et donnent une expression caractérisée à sa physionomie, naturellement sérieuse et calme. Il semblait triste mais tranquille, comme ceux qui ont le sentiment d'avoir fait leur devoir jusqu'au bout. La Reine portait une robe verte en stoff broché : ses cheveux, lissés de chaque côté en bandeaux, étaient fixés par de petits peignes. Je trouvai dans sa physionomie la même expression de tristesse courageuse dont j'avais été frappé un instant auparavant, mais elle était atténuée par une nuance de bienveillance et de bonté qui m'allèrent jusqu'au fond de l'âme. Dès que j'entrai, le Roi voulut bien me remercier d'être venu. « *M. Delalande et vous, monsieur Walsh,* me dit **Sa Majesté,** *vous êtes les deux seuls amis*

que j'aie vus depuis Saint-Pée. * » La Reine, reprenant
la parole, voulut bien ajouter : « *Nous vous attendions,*
la Mode *nous avait annoncé votre arrivée. Je vous
remercie de ce que vous faites pour nos braves soldats
qui manquent aujourd'hui de tout. Le Roi sera personnellement reconnaissant envers tous ceux qui viendront
ainsi au secours des nobles infortunes qu'il est réduit
aujourd'hui à ne pouvoir que plaindre, et qu'il vou-*
» *drait pouvoir secourir.* » J'eus à peine le temps de dire
à Sa Majesté que les royalistês de France, dont *la Mode*
n'avait fait qu'exprimer la pensée, tiendraient à honneur de
suppléer à ce que le roi Charles V ne pouvait faire dans

---

* M. Walsh aurait fort bien pu se dispenser, dans un récit dont il ga-
rantit l'authenticité, de faire des phrases à la mode ; car non-seulement
ce qu'il dit est peu probable, mais encore est tout-à-fait éloigné de la vérité. Si M. Walsh voulait embellir son récit, il ne devait pas au moins faire
dire au Roi une chose si déplacée et bien capable d'affliger les vrais amis
de S. M. Car dire que lui M. Walsh et M. Delalande étaient les seuls amis
que Charles V eut rencontrés depuis son entrée en France, c'était faire
fort peu de cas des touchantes sympathies de tant d'illustres personnages
qui vinrent se précipiter au-devant de la voiture du Roi. Et ces bons
Espagnols qui, à Limoges, versaient des larmes d'attendrissement en
revoyant leur bien-aimé monarque : comme ils soupiraient, de ne pouvoir s'entretenir un seul instant avec lui ! Le Roi aurait donc compté pour
rien tant de marques de bienveillance, tant de preuves de dévouement,
de l'affection la plus sincère. L'évêque de Limoges, n'était-il pas un ami
véritable, qui venait apporter de bien douces consolations à cette famille
infortunée ? Et sans parler de tant d'autres exemples, contentons-nous
d'en rapporter un seul qui nous prouvera combien la vraie charité et le
dévouement qu'on doit aux monarques sont ingénieux. — Mgr l'Évêque
de Périgueux avait tenté inutilement d'obtenir de M. de Tinan, la faveur
de s'entretenir un instant avec le Roi ; un impitoyable refus avait été toute

cette occasion, et que les exilés de la fidélité trouveraient appui et secours chez nos amis politiques, qui avaient aussi connu les amertumes de l'exil. La reine reprit aussitôt la parole : « *Vous avez eu raison de l'affirmer, nous n'avons quitté l'Espagne que lorsqu'il nous a été impossible d'y rester davantage. C'est le sol qui a fui sous nos pas, ce n'est pas nous qui l'avons abandonné. Pris comme nous l'étions dans un triangle, il fallait bien reculer vers la seule ligne qui ne fut point occupée par l'ennemi, c'était la ligne de France. L'armée a reculé lentement, toujours en combattant, toujours disputant le terrain pied à pied. L'ennemi était dans Urdax, quand le Roi l'a quitté. Je vous remercie de l'avoir dit.* »

---

la réponse de l'homme chargé de veiller sur le prince prisonnier. Cependant, le cœur du vénérable prélat était contristé, sa pensée pénétrait les murs épais de l'odieuse habitation qui cachait le Roi à ses regards, il sentait le besoin d'aller épancher dans le sein du monarque affligé, la douleur qu'il ressentait lui-même en voyant le Roi très catholique dans une situation si triste et si abjecte. Que fait-il ? Sa charité lui fournira les moyens de pénétrer dans cette demeure et de mettre en défaut la vigilance du trop sévère gardien. C'était le lendemain du jour où le vénérable prélat avait vu mépriser ses instantes prières, M. de Tinan dormait encore, et pourtant, déjà Sa Grandeur se glissait dans l'ombre, et, à pas lents et silencieux, arrivait à l'appartement de Charles V auquel il put bientôt donner le baiser de paix. Qu'il fut doux et consolant, cet entretien du pasteur vénérable avec le fils très catholique de l'Église de J.-C. ! Non, vous n'avez jamais senti le bonheur ineffable que procurent ces tendres épanchemens d'un cœur vraiment chrétien dans le sein du représentant de Dieu, vous qui vous plaisez à tourmenter les hommes ! Si les Pasteurs de l'Église sont les pères des peuples, ils sont les amis des Rois, puisque c'est de concert avec eux qu'ils sont appelés à gouverner les peuples.

(Note de l'auteur.)

» Parmi les motifs qui m'avaient amené à Bourges, il en était un d'une haute gravité. La presse libérale qui accueille avec une inconcevable légèreté les bruits défavorables à la personne ou à la cause des rois, s'était permis d'accréditer les rumeurs les plus injurieuses sur les intentions présumées de Charles V : intentions, disait-elle, formellement exprimées dans une correspondance que ce monarque aurait ouverte avec Louis-Philippe. Certes, nous n'avons pas besoin de venir à Bourges pour refuser toute créance à cette calomnie. Mais comme le ministère du maréchal Soult, pour qui c'eût été un devoir de faire rectifier ces assertions mensongères par ses journaux officiels, gardait un coupable silence, il fallait que les royalistes se missent en mesure de donner un démenti, et ce droit, ils ne pouvaient le tenir que de la famille royale exilée. La Reine m'avait montré tant de bienveillance, que je n'hésitai pas à lui demander la permission de lui adresser une question dans l'intérêt de la gloire du Roi. Lorsque je lui eus expliqué ce dont il s'agissait, Sa Majesté me répondit : « Nous n'avons rien demandé,
» nous ne voulons rien demander. Ce que le Roi désirait,
» je vais vous le dire, c'était la faculté de demeurer quel-
» ques jours sur la frontière, pour remercier l'armée de ses
» sacrifices, de son courage et de sa fidélité. On a craint
» cette suprème entrevue d'un Roi malheureux et de ses
» soldats désarmés. On nous a refusé ce court instant de
» séjour et des passeports pour l'Allemagne, voilà tout ce
» que le désirait le Roi, et le seul désir qu'il ait exprimé
» dans ses lettres. Le Roi n'a rien signé et ne signera
» rien, qu'on en soit sûr, qui puisse porter atteinte à ses
» droits. »

» Nous rapportons avec la plus exacte fidélité ces belles paroles de la reine, paroles que ses ennemis eux-mêmes eussent entendues avec émotion, tant elles étaient empreintes de courage et de majesté. Quoi de plus beau, dites-le, que ce Roi trahi par les hommes et par la fortune, qui ne demande qu'une chose, un jour encore pour saluer son armée ! Quel grand spectacle ç'aurait été, que ces adieux d'un roi sans sceptre à des soldats sans épées, levant les yeux ensemble vers celui qui rend les trônes et qui donne la victoire, et le prenant à témoin qu'ils n'ont point été vaincus, mais vendus par la trahison.

» La conversation durait depuis plus de trois quarts d'heure. Le Roi et la Reine m'avaient interrogé à plusieurs reprises sur l'impression qu'avaient produites en France les affaires d'Espagne, en répétant autant de fois, que s'il y avait eu la moindre possibilité d'y demeurer, ni périls, ni obstacles, ni fatigues n'auraient pu les détourner de le faire, et que l'impossibilité absolue de traverser la barrière vivante formée par les troupes d'Espartero, les avait seule empêchés d'aller rejoindre le brave et loyal Cabrera et le courageux comte d'Espagne. On vint alors à parler de la position de Charles V en France, et comme je désirais savoir si cette position était établie, et si l'on avait traité Sa Majesté en hôte, ou si l'on avait aussi méconnu les notions les plus simples du droit des gens, pour la traiter en prisonnière, le Roi me répondit : « Ma position, je ne la connais pas. J'ai écrit trois fois pour avoir mes passeports ; je les attends. »

» Mais le sujet sur lequel le Roi et la Reine revenaient avec le plus d'insistance, c'était la souscription ouverte en faveur des héroïques misères de l'armée d'Espagne, ces nobles débris de tant de victoires, qui , pour ne pas rendre à Espartero les armes conquises au prix de leur sang , sont venus les jeter sur le sol de la France, après avoir enterré les deux seules pièces de canon que la trahison de Maroto leur eût laissées, et qui, à Urdax encore, tenaient contre l'ennemi.

» Comme j'annonçais à S. M., qu'au moment où nous avions appris la catastrophe, des femmes royalistes brodaient des drapeaux qu'on devait offrir à l'armée royale , elle m'interrompit en me disant : « Qu'elles gardent cette pensée pour
» des temps meilleurs ! Maintenant, qu'elles fassent des bas
» et des vêtemens pour nos pauvres Espagnols qui sont en-
» trés presque nus en France. La reine d'Espagne leur
» donnera l'exemple, elle veut être la première ouvrière de
» cette armée d'exilés. Quand ils avaient des armes, ils com-
» battaient pour nous ; ils sont désarmés et pauvres, je travaillerai pour eux. » Parti le lendemain de l'annonce de la souscription, je n'avais eu le temps de recevoir avant mon départ que les lettres de M. de Chateaubriand et de M. Doudeauville qui se trouvaient à Paris. Le roi Charles V me chargea de les remercier en son nom , et je remplis publiquement ce devoir , en consignant ici l'expression de cette reconnaissance royale envers l'illustre écrivain et le noble et loyal royaliste.

» Peu de momens avant que je prisse congé de Leurs Majestés , le comte des Asturies entra. Il était , comme son père, en redingote bleue d'uniforme ; il portait un pantalon garance et un béret, coiffure nationale qu'il n'a point quittée depuis qu'il a passé la frontière. La physionomie pleine de noblesse et de distinction du jeune prince me frappa tout d'abord. Il ne prononça que peu de paroles , mais elles étaient remplies du sentiment de reconnaissance qu'il éprouvait pour les services rendus au Roi son père et à l'Espagne. Le jeune infant annonce un caractère d'une énergie que le malheur n'a point fait fléchir. Lorsqu'il passa la frontière, un homme de police, à qui l'on n'avait pas appris sans doute, qu'on laisse toujours aux princes leur épée, même aux princes prisonniers, à plus forte raison aux princes dont on se dit les hôtes, s'avança pour prendre celle de l'infant. Mais à la manière dont il tenait la sienne, l'homme de police comprit que son entreprise était périlleuse, et renonça, par crainte, à une démarche qu'aurait dû lui conseiller le respect.

» Le Roi ayant daigné m'inviter à venir dans l'après-midi, je me présentai à une heure chez S. M. ; l'accueil du Roi et de la famille royale fut plein de bienveillance.

» Je n'étais venu à Bourges que pour parler au Roi et pour entendre parler de lui. Je passai donc le reste de ma journée avec le brigadier Bargas et M. Tamariz. Ces deux fidèles serviteurs de Charles V m'ont mis à même de rectifier bien des erreurs, et de démentir bien des calomnies. Ainsi, c'est à tort qu'on a dit que la Reine avait été en partie cause de la nomination de Maroto au commandement de l'armée. La Reine n'a pas dit un mot en faveur de cet homme, que de tristes nécessités obligeaient le Roi à subir, car il apportait l'argent qui manquait à l'armée : on sait maintenant de quelle main il le tenait. Ce qui a donné créance à ce bruit, c'est la coïncidence de l'arrivée de la Reine et de la nomination de Maroto ; mais ces deux faits, pour être simultanés, n'avaient aucun rapport entre eux. C'est également à tort qu'on prétend que ceux qui abandonnent aujourd'hui la cause royale, sont précisément les hommes qui ont levé

l'étendard de la guerre avec Zumalacarrégui. Villaréal, Elio, Zariatéguy, Bargas, tous les frères d'armes du glorieux Zumalacarrégui, sont demeurés dignes de leur capitaine ; tous sont restés fidèles, et leur conscience est droite et pure comme leur épée. Il est faux que Charles V ait emporté deux millions en quittant l'Espagne, et les journaux semi-officiels du pouvoir qui colportent dans Bourges même ces honteuses calomnies, devraient rougir du triste rôle qu'ils jouent. Nous n'osons dire à quelle modique somme se trouve réduite l'épargne royale ; c'est à peine si un ministre de juillet s'en contenterait pour ses frais d'installation. Nous le savions depuis long-temps, et cet exemple n'a fait que révéler un fait déjà connu de tout le monde : les royautés légitimes s'en vont les mains vides, ce qu'elles veulent, c'est la couronne et non les trésors; en outre, le sentiment de leur droit leur dit qu'elles reviendront ; les usurpations s'en vont les mains pleines parcequ'elles ne voient dans le pouvoir que l'or qu'il donne ; leur fuite est riche, leur retraite est opulente, mais elle est sans retour. « Deux millions ! » s'écriait le brave Bargas, en repoussant cette calomnie qui a été colportée à Bourges : « Si le Roi avait ces deux millions, certes il ne lais-
» serait à personne le privilége de venir en aide aux soldats
» qui ont versé leur sang pour lui ! »

» Le Roi et la Reine m'avaient permis de venir leur faire mes adieux le soir ; mon séjour à Bourges devait être trop court, pour que je ne consacrasse point à **LL. MM.** tous mes instans. D'ailleurs je comprenais combien il était important de recueillir les paroles qui sortaient de leurs bouches, pour rectifier toutes les fausses opinions accréditées par l'erreur ou la calomnie. Je revins donc dans la soirée à l'hôtel de Panette. Le jour était tout-à-fait tombé ; on m'introduisit dans le salon qui me sembla d'abord vide, tant le foyer à demi éteint, où brûlaient quelques tisons presque consumés, et les deux bougies isolées qu'on avait mises à la hâte au centre de deux énormes candelabres dont toutes les branches étaient vides, jetaient une lueur triste et douteuse sur les personnes et sur les objets. Ce ne fut qu'en avançant que j'aperçus le Roi et la Reine qui se trouvaient déjà dans cette pièce. La Reine était debout ainsi que le Roi qui s'appuyait contre le marbre de la cheminée. Je priai de nouveau **LL. MM.** d'excuser les questions que j'allais leur faire ; mais ma mission était d'éclaircir tous les doutes, je me trouvai contraint de les interroger avec une liberté qu'elles voulurent bien approuver. Je demandai si le Roi et la Reine, depuis leur entrée sur le sol français, avaient trouvé dans les autorités le respect auquel ils avaient droit à tant de titres. Il fut répondu qu'en général les autorités militaires avaient été convenables, ce qui ne m'étonne point, car il y a dans l'armée française des sentimens d'honneur et de loyauté qui ont résisté à l'influence du juste-milieu. Les autorités civiles, plus étroitement liées au pouvoir, ont aussi montré une conduite moins digne. Dans une ville de la frontière, le Roi et la Reine ont été gardés à vue, et **M.** le sous-préfet, aspirant avec un noble enthousiasme au rôle de geôlier que certes ses fonctions ne lui imposaient pas, est resté pendant vingt-quatre heures étendu dans un fauteuil à la porte de la chambre de la Reine. Il paraît qu'il y a des gens que les lauriers de **M.** Maurice Duval empêchent de dormir. Le commissaire de police Goyenèche s'est aussi fait remarquer par sa rare inconvenance, et il a fallu qu'une bouche royale lui rappelât qu'il y a des limites où le métier de l'homme de police s'arrête devant les devoirs imposés à tous ceux qui se trouvent en face des rois. Le parlement régicide d'Angleterre comprenait, à ce qu'il paraît, cette vérité mieux que les fonctionnaires de l'ordre de choses actuel ; quand il levait la hache sur Charles Ier, il tendait l'échafaud de velours.

» Encouragé par la bonté du Roi, j'osai alors lui adresser une question à laquelle j'attachais un intérêt tout particulier à cause des rapports que j'avais eu l'honneur d'avoir avec le personnage qui en était l'objet. On sait comment les loups-cerviers ont traité Mgr l'archevêque de Cuba , le père Cyrille. Selon eux, il serait le Talleyrand de l'Espagne , et la pensée de la trahison qui n'aurait fait qu'emprunter le bras de Maroto. Je rapportai ces bruits à S. M. , en lui demandant de m'autoriser à les démentir s'ils étaient, comme je le croyais, contraires à la vérité. Le Roi me répondit que rien n'était plus faux que les allégations de cette nature ; et que le personnage dont on parlait, n'avait jamais cessé de bien mériter de son Roi et de son pays. Quelques jours avant la revue où Maroto abandonna le Roi , Charles V rencontra son général en chef qui se rendait à Tolosa pour y faire fusiller le père Cyrille , Ramirez de la Piscina , Elio et Montenegro ; mais, à la vue du Roi , le général félon se remit en route pour son quartier-général , et fit arrêter le brigadier Bargas , qui fut conduit avec son état-major au château de Guebara.

» Je cherche à ne rien oublier de ce qui m'a frappé dans les paroles du Roi, sûr que je suis d'être lu avec un douloureux intérêt par tous les royalistes de France, en leur disant tout ce qu'il y a de fermeté véritable et de haute dignité dans ce prince. Comme il désirait savoir l'opinion des salons de Paris, et qu'il m'ordonnait de parler avec une entière franchise, je crus devoir faire connaître à S. M. un propos attribué par les salons diplomatiques à M. d'Appony, et que cet ambassadeur nous mettra à même de démentir, nous le souhaitons pour son honneur de gentilhomme. Suivant la version universellement accréditée, M. d'Appony aurait dit, en entendant plaindre le roi D. Carlos : « Pourquoi le plaignez-vous ? » Il est mieux à Bourges qu'il n'a jamais été en Espagne. » A ces mots, Charles V laissa voir un mouvement d'indignation ; puis il reprit avec calme : « C'est parler en ambas-» sadeur ; moi je pense en roi, et je trouve que le roi » d'Espagne ne saurait être bien qu'en Espagne. »

» Il ne me restait plus qu'à soumettre la bonté du Roi à une dernière épreuve, et la liberté qu'il avait bien voulu m'accorder de lui citer le mot d'un ambassadeur européen, m'encouragea à lui lire l'article du *Constitutionnel* dont je lui avais parlé le matin. Ce n'est point ma faute si le nom de M. d'Appony se trouve appareillé avec celui d'une feuille révolutionnaire : je ne lui donne point cette place, il l'a prise. Je lus donc à S. M. l'article dans lequel le journal de gauche prétendait qu'il vendait ses droits pour de l'or, et que, moyennant des apanages, il voulait bien se reconnaître sujet de l'usurpation qu'il avait combattue. A la fin de chaque paragraphe, le Roi souriait d'étonnement et de pitié, en regardant la Reine, et répétait d'une voix ferme et accentuée : » *C'est faux !* » A la fin de la lecture, le Roi me prit le journal des mains, comme pour se convaincre par ses propres yeux qu'on pouvait imprimer des assertions aussi contraires à la vérité, et me répéta ce qu'il m'avait dit le matin : « J'ai écrit trois fois, et dans les trois lettres je n'ai demandé qu'une chose, des passeports. »

» La soirée était avancée, je m'arrachai enfin de ces lieux où je me consolai presque de trouver la royauté si malheureuse en la trouvant si noble, si ferme et si résignée. Le Roi d'Espagne est vraiment le Roi catholique, ne voyant dans les prospérités comme dans les adversités, que des devoirs à remplir; plein d'amour et de reconnaissance pour son peuple, n'ouvrant jamais son cœur à d'ardentes espérances, mais ne désespérant jamais; aussi tranquille dans ce salon de Bourges, à demi-éclairé par deux bougies, qu'il le serait dans les magnifiques splendeurs de l'Escurial; sans ambition personnelle, mais gardien inflexible d'un principe, et voulant régner, comme d'autres se résignent à obéir, par devoir. La Reine est admirable de courage et de dignité; son malheur, si grand qu'il fut, l'a trouvée plus grande encore. Il faut l'entendre parler de ceux qui ont combattu pour le Roi, de ceux qui souffrent aujourd'hui pour son service; c'est une mère qui parle de ses enfans, et quoique l'appareil de la puissance soit ailleurs, en voyant cette princesse qui a des larmes pour tous les maux de l'Espagne, qui, errante et sans ressources elle-même, ne songe qu'à consoler et à secourir, un cri s'échappe involontairement du cœur : « Celle-là seule est la Reine. »

» J'étais venu à Bourges, la tristesse dans l'âme, j'emportai de grandes et réelles consolations en me retirant. Ainsi la fortune et les hommes avaient pu trahir le roi Charles V, mais il était resté à la hauteur de la vénération et de l'amour des royalistes, et au niveau du respect de ses adversaires. L'honneur était sauve, la gloire était entière, nous avions eu raison de le dire, et le malheur du roi et de la reine d'Espagne a gardé toute sa majesté. Les consolations que j'avais rassemblées, je viens d'essayer de les faire partager à tous les royalistes, autant que de froides paroles peuvent rendre ces vives impressions qui émeuvent toutes les puissances de l'âme. Je m'étais imposé une mission délicate que la bonté de LL. MM. a rendue plus facile; cette mission est remplie. Cette démarche, je l'avais faite à la fois pour satisfaire mes sentimens personnels de dévoûment et de respectueuse affection, et pour répondre aux sollicitudes de l'opinion royaliste inquiète de savoir quelles étaient et les résolutions et la position de Charles V en France. Le récit d'une partie de mon voyage appartenait donc à mes amis; j'ai payé ma dette en le leur donnant. »

Vicomte Edouard WALSH.

Cette visite du noble vicomte ne fut pas la seule qui vint consoler l'illustre et infortuné Charles V dans sa triste prison. Tout ce qu'il y a en France de sensible aux peines des rois malheureux, se rendit à Bourges, et les nombreux visiteurs ne cessèrent de venir déposer aux pieds du monarque l'hommage de leur respectueuse sympathie. Ne règne-t-il pas véritablement, celui dont les vertus et le bon droit ont tant d'empire sur le cœur des hommes; celui qui dépourvu de ce faste imposant qui éblouit, est grand par lui-même, et n'est environné d'autre majesté, que de celle que donne la véritable grandeur !

Charles V eut encore un autre sujet de consolation dans son exil. Pendant que les traîtres faisaient entendre en Navarre et dans les provinces le crie de *sauve qui peut*, la cause

carliste se soutenait noblement en Catalogne et dans les rangs
de l'invincible armée de Cabréra. En Catalogne , le comte
d'Espagne que l'on disait prêt à partir avec l'usurpation ,
répondit aux infâmes propositions d'un ennemi sans pudeur ,
par la prise d'une ville forte. Charles V put donc se consoler
en pensant que dans l'adversité, il lui restait encore des soldats
fidèles qui protestaient contre la trahison, par de nouveaux
actes de courage et de dévouement.

On sait comment les efforts de ces braves défenseurs furent
déjoués par les partisans de la trahison; des mémoires curieux
paraîtront plus tard, et donneront les détails circonstanciés
de cet épisode fertile en événemens. On sait aussi quelles infâmes calomnies les ennemis du Roi ne cessèrent de vomir
contre S. M. Plusieurs réponses ayant déjà été imprimées ,
nous nous abstiendrons de les rapporter ici. Mais nous ne
pouvons passer sous silence l'exemple terrible de la justice de
Dieu , qui vient apprendre aux rois que tous les efforts qu'ils
font pour soutenir un trône, sont vains, dès qu'il lui plait de
le renverser. Peu de jours avant sa disgrâce, Marie Christine
n'aurait pas voulu , sans doute , changer avec son auguste
beau-frère. Qu'on se demande maintenant si c'est lui qui
voudrait changer avec elle ! La comparaison de la prison
de Bourges, rapprochée du Palais-Royal, ne fait rien à l'affaire. C'est Charles V qui occupe la place d'honneur, la place
qui convient à une haute infortune royale , portée fièrement
et noblement. C'est Marie-Christine qui a choisi la mauvaise
place, la place ridicule, la place qui contraste le plus avec ses
douleurs de mère, ses humiliations de reine, et ses honneurs
perdus.

Lorsque Charles V quitta l'Espagne, il ne fut point suivi

par des charriots chargés de richesses. Rien de ce genre ne le recommandait au bon accueil et aux empressemens de personne. Aussi, la ville de Bourges et une simple demeure de prisonniers furent-elles jugées assez bonnes pour lui. Cependant, quelque temps auparavant, un ministre avait dit : « Que voulez-vous que nous fassions de D. Carlos ? de quel droit le retiendrions-nous ? » Et pourtant....

Plus avantageusement pourvue et mieux escortée de fourgons, Marie-Christine a été jugée digne d'une meilleure réception. Toutes les difficultés ont été levées pour elle, et rien ne s'est opposé à ce qu'elle fût recherchée et fêtée par tout ce qu'il y a de bons appréciateurs du mérite réel de notre âge d'or. Mais il n'en demeure pas moins vrai que c'est toujours la prison de Bourges qui l'emporte de beaucoup du côté de la grandeur et du respect; et que les augustes détenus qu'elle renferme sont plus près du palais de l'Escurial, que la veuve de Ferdinand VII. Aussi,

LAISSEZ PASSER LA JUSTICE DE DIEU !

Combien de réflexions nous présente ce triste tableau d'une reine fugitive qui vient elle-même chercher un asile sur ce sol où elle avait forcé son auguste beau-frère, son oncle, son Roi, de se mettre à l'abri de ses persécutions ! Ecoutons ce que le *Journal du Bourbonnais* nous raconte de sa fuite.

« Il y a peu de jours, dit-il, qu'une reine fugitive passait à Moulins, et partout, devant elle, son regard ne tombait que sur des gendarmes, des commis et des curieux. Et pourtant ce n'est plus chose nouvelle, étrange, inouïe, qu'une femme qui s'en va, qui fuit devant le spectre hideux de la révolution. Mais de nos jours on veut tout voir. Ce n'est plus de l'amour, ce n'est plus de l'intérêt, c'est une vaine et sotte curiosité.

» Marie-Christine d'Espagne s'en allait isolée, sans cortège national, sans un compagnon d'infortune, sans un seul courtisan de son malheur. Et que lui faisait alors cette foule de curieux, à l'œil fixe, impassible, qui veut lire sur le front des princes, comme elle lit sur le visage et dans le regard des grands criminels?

» Il est facile d'intriguer et de mettre le peuple en émoi. Huit jours durant, l'homme d'armes, le bourgeois de juillet, tout l'attirail administratif, tournoyant, pirouettant sur eux-mêmes, allaient, venaient, montaient, descendaient, se passant tour à tour le mot d'ordre et se tenant chacun prêt à jouer un personnage. Et les gens alors de s'inquiéter, de s'interroger, de se demander *ce qu'il y a de nouveau*, et pourquoi tant d'hommes sont condamnés à faire le pied de grue sur les cours et sur les avenues. Que disait-on? On disait qu'une reine repoussée par les siens, devait séjourner dans nos murs, et venir à la préfecture aspirer les congratulations et doléances du peuple ministériel. Toute la gent bien pensante de juillet en nourrissait l'espoir, et sentait frémir les papilles de son palais à l'idée d'un banquet constitutionnel. Mais la régente d'Espagne ne devait qu'effleurer notre ville, et donnait à peine à M. le préfet le temps de lui jeter quelques phrases à l'usage du juste-milieu.

» Cependant une voix plus puissante dominait l'éloquence de l'homme du pouvoir, et la foule avide semblait étudier les énergiques leçons de ce drame vivant. A la vue de cette usurpation téméraire, et maintenant châtiée, les pensées les plus sombres s'éveillaient dans les esprits. On suivait, pour ainsi dire, cette loi terrible de la providence qui, dès cette vie, manifeste sa puissance et son action par le châtiment des coupables. L'usurpation peut, à forces d'intrigues et de calculs, se glisser bien haut; mais alors sa tâche est plus rude. Il lui faut se roidir contre le principe de désordre qu'elle a invoqué; il faut maîtriser, enchaîner, endormir les passions qui l'ont servie. Elle a su rompre la digue qui contenait l'Océan, mais la vague qui élevait l'ambitieuse, lui manque et l'entraîne. Oui, Madame, en vous voyant, nous avons compris qu'il n'y a pas d'arrêt sur la pente des révolutions, et que toute habileté humaine est impuissante à remonter ce torrent. Imprudente, qui aviez cru que la main d'une femme suffirait à ce travail de géant! Ah! vous pourrez dire maintenant ce que renferme de tempêtes le ciel des révolutions. Vous saurez qu'une Constitution, œuvre lente des siècles, n'est point un placard qu'on affiche au coin d'une rue un beau matin. Vous saurez enfin que nul n'a le droit de déplacer les bornes antiques. La légitimité, vous le voyez, ne s'improvise point. Expression des droits d'un peuple, la légitimité, base de la liberté politique, a sa racine dans les mœurs et les principes qui constituent une nation. Elle seule peut, sans s'étonner, soutenir le choc des transformations sociales; seule elle met au cœur les saintes inspirations du sacrifice, les pensées sublimes, les généreux dévoûmens.

» Reine Christine, vous avez pour vous les harangues officielles, les hyperboles des préfectures, les complimens des heureux; autour de vous, le gendarme galoppe et fait de l'enthousiasme de consigne; mais la conviction ardente qui sait souffrir et mourir, la fidélité qui va jusqu'au martyre, ne les demandez pas. Voilà ce que vous n'avez pu enlever aux rois légitimes! Vous avez su vous dresser un tarif pour la perfidie et la trahison, mais la fidélité ne s'achète pas au poids de l'or, et vous aviez raison, Madame, lorsque parlant de l'heureux soldat que vous aviez fait duc, vous vous plaigniez de *n'avoir pu en faire un gentilhomme !* Où sont-ils ceux qui s'attachent à vos pas dans la mauvaise fortune ? Vous voilà devant nous, seule, fugitive, isolée, et trente mille soldats rangés autour de D. Carlos, partagent avec leur Roi les privations de l'exil et les lentes tortures de l'indigence.

» Royalistes français, représentans des principes monarchiques, seuls, nous pourrions avec sincérité, nous incliner devant votre majesté tombée, et saluer en vous celle qui fut autrefois la reine des Espagnes, mais une pensée douloureuse vient détruire nos sympathies. Nous voyons dans votre malheur tous les caractères d'un châtiment. Cette carrière de l'exil que vous parcourez aujourd'hui, ne l'avez-vous pas ouverte à de royales infortunes ? Si des cris de mort vous poursuivent, si vous fuyez, mère désolée, laissant pour gage à la révolution deux enfans pour qui vous rêviez la couronne, la première, nous nous en souvenons, vous aviez mis à prix la tête de votre frère D. Carlos.

» Allez-donc, Marie-Christine, allez porter loin de nous vos remords et vos tristes souvenirs ; allez dire à d'autres combien pèse une couronne usurpée. Allez, la foule silencieuse s'ouvrira devant vous, nul cri ne troublera votre fuite pressée ; car en face de vous, Madame, il ne reste que cette parole : *Laissez passer la justice de Dieu !* »

Quelle étrange bizarrerie ! ou plutôt, quelle manifestation visible de la toute puissance de cette divine providence qu'on avait si impunément outragée sous les yeux de Christine ! D. Carlos poursuivi, persécuté, méconnu, trahi, vendu par les siens, l'objet de la plus rigoureuse surveillance de la police, est forcé de venir chercher un asile en France. Aussitôt tous les gens de bien volent à sa rencontre, se jettent à ses genoux, lui témoignent le plus vif intérêt, lui offrent le sentiment pur de leurs hommages respectueux, se rendent en foule à la demeure qui lui sert de prison, lui expriment leur douleur, emploient la voix des Muses pour redire ses infortunes, et pour célébrer son malheur comme un véritable triomphe (*).

Marie-Christine, au contraire, est regardée avec un œil de mépris : à l'exception des hommes qui, par état ou à cause de leur emploi, se trouvent forcés de lui rendre des hommages commandés par la consigne du jour, tout le monde semble insulter à son malheur ; s'il se trouve quelqu'un qui pourtant semble la plaindre ou la regarder avec une obligeante pitié, c'est un homme qu'elle a fait souffrir, un frère qu'elle a persécuté, c'est son Roi, qui, par son ordre, gémit dans une cruelle captivité ! Tous les Espagnols à l'imitation de leur souverain maître, lui pardonnent aussi les cruelles misères qu'ils endurent. D'ailleurs, écoutez-les plutôt parler eux-mêmes, ils vous diront : « Malgré tous les maux que l'aveuglement et l'ambition de Christine nous ont causés, nous sommes heureux qu'elle ait pu échapper par la fuite à la fin tragique qui l'attendait à Madrid, et

---

(*) Nous nous faisons un véritable devoir de rapporter à la fin de ce volume, quelques-unes des pièces de poésie composées en l'honneur de l'auguste exilé. Nos lecteurs y verront l'expression touchante des nobles sentimens qu'inspire une royale infortune, surtout lorsque celle-ci tire son principe d'une source aussi révoltante.

qu'elle ait ainsi évité à l'histoire de notre patrie, la *tache indélébile* d'un régicide! Allez en paix, Reine infortunée, et ne tournez plus vos regards vers la malheureuse Espagne ; que vous aviez trouvée heureuse et tranquille, et que vous laissez semée de ruines, de cendres et des os des sujets de votre époux, notre seigneur et maître, mais ce qu'il y a de plus triste encore, livrée à l'incapacité et à la cupidité sordide des vampires de la révolution. Allez en paix encore une fois, et si vous traversez dans votre fuite le territoire de quelques-uns de vos alliés, dites-leur bien, Madame, tout le mal qu'ils vous ont fait avec leurs promesses fallacieuses et leurs conseils perfides. Faites-leur voir qu'un roi qui n'a pas pour lui la légitimité des droits, ne trouve autour de lui que de vils flatteurs, des ennemis ou des assassins. Nous qui sommes royalistes par principe, et qui défendons fidèlement et loyalement les droits de Charles V, nous ne manquerons jamais au respect que l'on doit à la majesté de la veuve de Ferdinand VII. Si nous nous sommes opposés à votre usurpation, nous nous sommes présentés à visage découvert et noblement sur le champ de bataille, comme il convient à des Espagnols, à des soldats; victorieux sous les murs de Madrid, nous ne nous sommes pas énorgueillis des lauriers de la victoire; vendus à Bergara par un infâme, nous ne nous sommes point humiliés devant les malheurs causés par la trahison; et nos frères dans l'exil, supportent, comme notre Roi, glorieusement leur misère. Toutes les calomnies dirigées contre nous, ont été de nouvelles armes inventées par les traîtres, pour anéantir ceux que d'illustres infortunes n'avaient fait qu'élever; nous avons méprisé la calomnie, et ses traits ignobles n'ont pu nous atteindre. Vous appartenez,

Madame, à l'auguste famille des Bourbons, vous avez été la femme d'un roi que nous avons servi avec loyauté ; vous êtes la nièce, la sœur de notre bien-aimé monarque : ce sont autant de titres de vénération et de respect pour tous ceux qui sont guidés par des sentimens royalistes. Nous qui sommes victimes de votre ambition et de votre inexpérience, nous nous bornerons à dire, ainsi que votre auguste oncle : *Nous vous plaignons, Christine*, pendant que cette multitude de misérables que vous avez comblés de richesses, de titres et d'honneurs, vous insulte et vous offense jusqu'à l'irrévérence et au déshonneur. Jugez, Madame, par ces faits, quel est le sort réservé à vos malheureuses filles, que vous avez abandonnées au pouvoir de la révolution. Livrées comme elles le sont au bon caprice d'Espartero et Ferrer, leur éducation sera très-probablement confiée à quelque *citoyen vertueux* qui, de même qu'un autre cordonnier Simon, servira d'instrument aux vues ambitieuses de quelques scélérats, en augmentant ainsi, par un nouveau crime, deux noms de plus au nombre des martyrs de votre royale famille.

» Que dirons-nous, pour en finir, aux Zéa, aux Toreno, aux Martinez de la Rosa, aux Miraflorès et à tant d'autres savans régénérateurs ? Insensés, vous qui avez été les artisans de la révolution, vous êtes seuls responsables de tous les maux qui pèsent sur l'Espagne, notre commune patrie. Vous ordonniez à Rodil de faire fusiller D. Carlos, et vous vouliez après que tout le monde devînt modéré pour satisfaire votre stupide vanité dans les premiers postes de la monarchie. Vous vouliez verser le sang royal, et vous n'aviez pas présent à votre mémoire, sans doute, que les assassins de

Louis **XVI** périrent sur le même échafaud que le roi martyr. Contemplez votre ouvrage, voyez notre malheureuse nation livrée à la plus effrayante anarchie, et soyez honteux de votre œuvre. Nous qui sommes vraiment Espagnols, nous ne nous soumettrons jamais à d'autres lois qu'à celles qui sont sanctionnées par nos *Fueros*; mais nous désirons encore qu'il soit appliqué aux maux de la patrie, le seul remède qui reste encore pour nous sauver tous.

» L'étendard de Castille est assez grand pour que nous puissions tous nous couvrir sous son vaste ombrage; la main d'un roi juste, assez forte, pour empêcher les réactions, et son âme assez noble, assez généreuse, pour pardonner en père à tous ceux qui se sont faits ses ennemis. »

Nous ne peindrons pas ici le récit fastidieux des vexations arbitraires ou de basse police, auxquelles le Roi et sa famille sont continuellement en butte pendant leur triste séjour à Bourges; elles sont assez connues pour que nous les passions sous silence; mais nous croyons qu'il ne sera pas sans intérêt pour nos lecteurs, de connaître les documens sur lesquels s'appuient les droits de **D. Carlos**, à la succession au trône d'Espagne, et de leur exposer le portrait de quelques-uns des braves généraux qui ont si vaillamment défendu la noble cause de ce roi malheureux.

LA VÉRITÉ

SUR

LA QUESTION DE SUCCESSION

A LA COURONNE D'ESPAGNE.

———

Pour mieux faire comprendre les droits sur lesquels se fonde D. Carlos pour réclamer la couronne d'Espagne et aspirer au trône de ses pères, nous mettrons sous les yeux du lecteur les documens importans qui nous ont été communiqués. L'un exposera les raisons que prétendent avoir les partisans d'Isabelle, l'autre refutera d'une manière victorieuse tous les brillans sophismes de ce premier document, et prouvera d'une manière claire et convaincante, quoique simple, que les droits de D. Carlos sont justement acquis. Voulant toujours conserver l'impartialité que nous nous sommes imposée comme historien, nous laisserons au lecteur de bonne foi à comparer les faits, à juger lui-même de quel côté est le véritable droit. Les documens s'appuient sur l'histoire. Le premier est celui fourni par les partisans d'Isabelle, ou plutôt par les partisans de la révolution;

car l'innocente Isabelle était incapable de trouver elle-même tant de subterfuges, et les résultats n'ont malheureusement que trop prouvé qu'à l'ombre de son auguste nom, c'était réellement le parti de la révolution qu'on voulait établir. Isabelle règne, mais elle n'est Reine que de nom. Sa mère était régente; mais on a eu soin de s'en défaire, de l'éloigner, de la forcer à prendre une fuite honteuse, après avoir fait servir sa faiblesse comme d'instrument à l'édification de cette quasi-république qui domine en ce moment tous les partis en Espagne.

Si c'est à la bonne foi trompée, qu'on doit d'aussi fâcheux résultats, on ne peut nier que les hommes puissans qui se sont ainsi laissé abuser, ne se soient rendus coupables pour s'être aveuglés eux-mêmes sur le simple exposé de raisons aussi frivoles qu'absurdes. Mais ne nous laissons point entraîner à notre zèle : que le judicieux lecteur compare lui-même les faits, et qu'ensuite il établisse librement son opinion.

PREMIER DOCUMENT EN FAVEUR D'ISABELLE.

L'avènement de la maison de Bourbon au trône d'Espagne en 1700, fut signalée par une guerre générale en Europe. Il mit Louis IV à deux doigts de sa perte et attira sur l'Espagne des maux incalculables. L'extinction masculine par la mort de Ferdinand VII a été suivie de nouveaux malheurs pour la Péninsule : depuis six années révolues, le sang y coule à torrens dans une guerre civile qui fait frémir l'humanité.

La mort d'un roi soulève le point de droit le plus important qui puisse se présenter dans une monarchie, alors que les lois fondamentales du pays ne règlent pas d'une manière positive, claire, inattaquable, la succession au trône. Mais l'Espagne possède sur ce point une législation nationale, forte et vénérable par son antiquité, nullement équivoque, en aucun temps enfreinte, en aucune occasion méconnue, et, par le fait, jamais tombée en désuétude. Il n'est pas de monarchie qui ait été régie d'une manière plus uniforme ; aucune ne peut invoquer comme l'Espagne, des droits, des coutumes et des lois d'une antiquité aussi reculée, puisque celles qui y règlent la succession se perdent dans la nuit des temps. Et c'est surtout en matière de légitimité monarchique, que l'antiquité des droits est le plus sacré de tous les titres. Comment s'expliquer cette étrange et incompréhensible anomalie qui renverse la question au sujet de l'Espagne ? Et qui accuser, quand nous voyons les cabinets les plus sévères gardiens de la légitimité, douter de celle d'Isabelle II au trône de ses pères, alors qu'elle dérive d'un droit fondé sur une coutume immémoriale, consacrée plus tard par les lois fondamentales de la monarchie ? Celles-ci invariablement et religieusement observées pendant huit siècles et jusqu'à nos jours, ne présentent pas une seule exception contraire, tandis que le prétendu droit de D. Carlos ne repose que sur l'altération radicalement vicieuse de ces mêmes lois fondamentales et par conséquent nulle, altération passagère qui n'a jamais eu d'effet ni d'application quelconque, et qui d'ailleurs a été rapportée, complétement annulée dans toutes les formes requises, avec toutes les solennités et toutes les conditions voulues par le droit public espagnol.

Qui accuser, répétons-nous, de ce malheur déplorable ? La fatalité : car la fatalité seule, amenée par une erreur funeste, a pu présider au renversement du principe immuable des monarchies dans l'opinion de ses plus glorieux et de ses plus fermes soutiens.

Combattre et détruire cette fatale et dangereuse erreur, faire disparaître tous les doutes en mettant dans tout son jour et son évidence la légitimité des droits d'Isabelle II au trône d'Espagne, telle est la tâche que nous allons entreprendre, tel est le but unique de cet écrit.

Nous ne reculerons devant aucune difficulté, nous n'omettrons aucune preuve, tant nous nous sentons forts dans la défense du bon droit.

Nous remontons au berceau de la monarchie. L'Empire des Goths était électif ; le choix des monarques se faisait par des assemblées nationales. Les premières déviations (acheminement aux principes de l'hérédité royale) furent les choix faits par la nation dans la famille du prince régnant.

La monarchie élective offrait des inconvéniens si graves, qu'on y substitua la monarchie héréditaire, en faisant élection d'une famille à qui la couronne fut assurée. En établissant ce principe de stabilité monarchique, le droit d'hérédité fut étendu aux femmes, et dès l'année 739, nous voyons Alphonse surnommé le Catholique porté au trône en vertu du droit de sa femme Ermesenda, sœur du roi Favilla et fille de Pélage ; puis Silo, simple particulier, succédant à Aurélio, monte sur le trône des Asturies, par le droit de sa femme Adosenda, sœur du roi Froela.

En 1037, nous voyons l'élévation au trône de Léon, de Dona Sancha, fille de D. Alphonse V et sœur de Bermudo

III, par la mort duquel se trouvait éteinte la race masculine, et le trône était vacant.

Dona Sancha se maria au prince D. Fernando surnommé le grand (El Magno), héritier du comté de Castille. Ce prince acquit le droit au trône de Léon par ce mariage, et c'est ainsi que s'opéra la réunion des couronnes de Castille et de Léon.

D. Alphonse VI au lit de mort, et n'ayant pas d'enfant mâle, fit réunir les États à Tolède, et en présence de l'archevêque primat, des prélats et de la noblesse, il fit proclamer reine sa fille Dona Urraca, veuve du comte D. Ramon; acte de proclamation qui était la conséquence d'un acte de reconnaissance antérieur, par lequel Dona Urraca avait été désignée comme l'héritière du trône, et reconnue par les États du royaume en 1108.

D. Alphonse VII, roi de Castille, n'ayant pas d'enfant mâle, laissa le royaume à sa fille Dona Berenguela qui fut deux fois reconnue par les États comme héritière du trône : d'abord dans l'année de sa naissance par les cortès de Burgos en 1171, et ensuite par les cortès de Carrion en 1188.

D. Alphonse X ne laissa pas de fils. Les cortès de Séville en 1255, proclamèrent héritière du trône Dona Berenguela. Les infans, frères du roi, assistèrent à ces cortès et prêtèrent serment le 5 mai. Mais D. Alphonse ayant eu l'année suivante un fils, le prince D. Fernando, les cortès le proclamèrent son successeur, et quand une mort prématurée eut enlevé ce prince, son frère D. Sancho fut proclamé héritier du trône.

D. Enrique III fit reconnaître par les cortès de Tolède de 1042 héritière du trône, sa fille unique l'infante Dona

Maria. Cet acte eut lieu le 6 janvier. D. Enrique eut plus tard un fils, l'infant D. Juan. A l'instant, il fut déclaré son successeur par les cortès de Valladolid de 1405. Ces deux enfans étant morts, les cortès proclamèrent à Tolède en 1422 l'infante Dona Catalina leur sœur, qui plus tard fut exclue elle-même du trône par la naissance de l'infant D. Enrique, qui régna ensuite sous le nom de Enrique IV.

Dans ces cortès de 1422, le premier qui prêta serment à l'héritière du trône fut l'infant son oncle . « Je jure, dit-
» il, que dans le cas où le Roi viendrait à mourir sans
» laisser de succession masculine, j'aurai dès-lors la prin-
» cesse pour Reine et souveraine des royaumes de Castille
» et de Léon, et que j'observerai envers elle toutes choses
» et chacune que tout loyal et bon vassal doit et est obligé
» de garder envers son Roi et seigneur naturel. »

D. Enrique IV eut la volonté de faire proclamer héritière du trône une fille du nom de Dona Juana (la Beltranesa) dont la voix publique lui déniait la paternité, attribuée au favori de la reine, D. Beltran de la Cueva. Les cortès s'y refusèrent, et après des débats trop prolongés pour le repos du pays, il y eut enfin en 1448 une convention signée à Guisando, par laquelle l'infante Dona Isabella, sœur du roi, fut reconnue comme héritière du trône, et hommage lui fut rendu en cette qualité. Là, fut signé le décret de convocation des cortès pour la proclamation de l'infante. En effet, les cortès se réunirent à Ocana en 1469, et l'infante fut proclamée. Après la mort de D. Enrique IV, l'infante monta sur le trône avec le roi d'Aragon Ferdinand son mari, et dès-lors les couronnes de Castille et d'Aragon furent réunies.

Le premier acte des rois catholiques fut de rassembler les cortès pour faire reconnaître comme leur héritière l'infante Dona Isabella leur fille, avec le titre de princesse d'Asturie. C'est la première fois qu'apparaît ce titre de l'héritier présomptif de la couronne. Les lettres de convocation des députés pour cet acte, prouvent d'une manière si formelle les droits des femmes, que nous croyons devoir les rapporter en abrégé.

» Vous savez qu'il est coutume et d'usage dans nos royaumes, que les prélats, les chevaliers, les gentilshommes et les députés de la nation prêtent serment au fils aîné ou à la fille aînée du Roi et de la Reine, comme à l'héritier de la couronne. Pour ce, vous devez envoyer à notre cour lesdits députés pour prêter serment à la princesse Isabelle, notre très chère et très aimée fille, comme princesse héritière de ce royaume. Vous nommerez les députés, comme vous avez usage de le faire, afin qu'ils viennent à la cour avec vos pouvoirs en bonne règle et suffisans, qu'ils reconnaissent la princesse, notre fille, et lui prêtent serment comme à l'héritière de nos royaumes, pour y être reine après notre décès, en cas que nous n'ayons pas d'enfant mâle. » etc., etc. (*)

En effet, l'infante Dona Isabelle fut solennellement reconnue comme héritière du trône par les cortès de Madrigal de 1475-76. Plus tard les rois catholiques eurent un fils,

---

(*) L'original de cette lettre de convocation du 7 février 1475, se trouve à la *Bibliothèque Royale de Madrid*, DD. 132, fol. 109.

l'infant D. Juan. A l'instant les cortès se réunirent à Tolède en 1480 , et reconnurent l'infant Dona Isabelle. Sa sœur fut de nouveau reconnue héritière de la couronne. Mariée au roi de Portugal D. Manuel , tous deux furent proclamés successeurs au trône par les cortès de Tolède de 1498. En 1475 , les cortès de Madrigal eurent à s'occuper de la loi de succession parceque quelques intrigues voulaient que la réversibilité du trône fut acquise au roi Ferdinand , prétendant qu'Isabelle , quoique descendant en droite ligne , ne pouvait être préférée en tant que femme , au roi Ferdinand , son mari. Les cortès déclarèrent solennellement que « *par les lois de Castille, et de coutume immémoriale , les femmes avaient capacité pour hériter ,* et qu'elles avaient *toujours succédé à la couronne , à défaut d'héritier mâle.* » Elles rappelèrent tous les faits qui pouvaient prouver l'existence de ce droit, et proclamèrent : « Que l'infant » Dona Isabelle était la véritable héritière du trône, et » qu'à elle seule appartenait de gouverner l'État. »

L'infante Dona Isabelle étant morte ainsi que son fils l'infant D. Miguel , qui avait été reconnu son héritier par les cortès d'Ocana , en 1499 , la réversibilité de la couronne appella à succéder au trône l'infante Dona Juana , mariée à l'archiduc Philippe d'Autriche , résidant alors en Flandre. Les rois catholiques écrivirent à leur fille de revenir immédiatement en Espagne, pour y être reconnue héritière du trône , ainsi que son mari , et recevoir le serment en cette qualité. Cette cérémonie eut lieu en effet dans les cortès de Tolède, en 1502 ; et celles de Valladolid, en 1506 , proclamèrent le prince D. Carlos, fils de la reine , héritier présomptif de la couronne et prince des Asturies ; et lors-

qu'en 1518, les cortès de Valladolid proclamèrent reine Dona Juana *la loca* (la folle), ainsi que son fils D. Carlos, ce fut avec cette restriction : « Que si un jour la Reine recou-
» vrait la santé et la raison, le prince son fils se désisterait
» du gouvernement et remettrait à sa mère les rênes de
» l'État : que les lettres, les cédules royales et les autres
» actes, tant que la Reine vivrait, porteraient d'abord son
» nom, puis celui de son fils, qui n'aurait d'autre titre que
» celui de Prince d'Espagne. »

La maison d'Autriche a régné jusqu'à son extinction par la mort de Charles II, par une succession non interrompue de la ligne masculine de père en fils, sans aucune altération dans la législation qui l'avait appelée au trône.

Telle est la loi successoriale qui, sans la moindre lacune, a, pendant huit siècles, régi la couronne d'Espagne, appelant si souvent au trône les femmes, au défaut d'enfans mâles. Nous aurons à nous occuper plus tard de l'origine de la cause du débat sanglant qui déchire en ce moment l'Espagne, et nous anticiperons sur l'ordre chronologique, pour citer un exemple moderne : par son exceptionalité excentrique de notre narration, il mérite d'être placé ici, parce qu'il prouve d'une manière absolue à quel point la loi ancienne sur la succession au trône était vivante dans les mœurs des Espagnols.

En 1808, la nation fut appelée à défendre le sol de la patrie contre une aggression étrangère et contre une dynastie nouvelle que la France prétendait lui imposer. Le roi Ferdinand VII et son frère l'infant D. Carlos étaient tous deux prisonniers à Valençay ; le premier, veuf et sans enfans ; le second, sans avoir jamais encore été marié. La nation confondait dans son amour, dans son dévoûment, les deux princes fils de Charles IV ; aucune antipathie, aucune prévention n'existait alors ; là , point d'esprit de parti ni de prédilection , c'était la question à l'état de théorie et de légalité abstraite.

Que fit la nation assemblée en cortès en 1812 ? Elle proclama le droit des femmes à l'hérédité de la couronne , par les articles 174 , 176 et 180 de la Constitution , chap. 12 , tit. 4. Le texte est absolu et ne présente pas la moindre ambiguité. — Nous le citons :

Art. 174. « Le royaume d'Espagne est indivisible, et la succession au trône suivra à perpétuité par ordre de primogéniture et de degrés entre les descendans légitimes *des deux sexes* des lignes qui seront indiquées. »

Art. 176. « Au même degré et dans la même ligne , les enfans mâles seront préférés , et toujours l'aîné au plus jeune ; *mais les filles d'une meilleure ligne, et à un degré plus proche,* seront préférées aux enfans mâles d'une ligne ou d'un degré plus éloigné. »

Art. 180. « A la mort de Ferdinand VII de Bourbon, ses descendans légitimes *de l'un et de l'autre sexe* lui succèderont : après eux , les frères et les *sœurs* du Roi , oncles, tantes, et leurs descendans légitimes *des deux sexes*. »

Cette Constitution deux fois promulguée , deux fois détruite , a-t-elle jamais donné lieu à une seule réclamation au sujet de l'hérédité de la couronne ainsi établie , et à laquelle les femmes étaient appelées ? Non. — Ses principes oligarchiques , sa tendance à l'anarchie , l'oppression que subissait le pouvoir royal , donnèrent lieu à ce sentiment naturel de répulsion qui la fit justement proscrire ; mais entre tous les griefs qui furent élevés contre la constitution de 1812, jamais celui contre l'hérédité de la couronne dévolue aux femmes, n'a été articulé, pas même de la part de l'infant D. Carlos, à la seconde époque de l'existence de cette Constitution qu'il jura en 1820.

Nous avons démontré jusqu'à l'évidence la plus incontestable, que de temps immémorial, la loi de succession au trône y a appelé les femmes à défaut d'enfans mâles du roi régnant.

Nous avons dit et démontré que c'est par le droit des femmes, droit transmis par la reine Isabelle à sa fille, la reine Dona Juana la folle, mariée à l'archiduc Philippe d'Autriche, que Charles-Quint monta sur le trône d'Espagne. A l'extinction de la monarchie autrichienne dans la personne du roi Charles II, c'est encore sur le droit d'une femme, dona Maria Theresa, femme de Louis XIV, que ce monarque fonda ses prétentions pour mettre la couronne d'Espagne sur le front de son petit-fils. Comment, devant ces faits historiques, authentiquement constatés, qui prouvent l'existence séculaire de la loi de succession, ses nombreuses et constantes applications, et enfin l'hérédité acquise par le droit des femmes à la maison d'Autriche, puis à la maison de Bourbon ; nous demandons, disons-nous, en présence de ces faits, comment on peut élever un doute sur la légitimité d'Isabelle II à succéder au trône de son auguste père Ferdinand VII?

Nous avons prévu la réponse. — La loi de Philippe V. Eh bien ! si nous prouvons que cette loi n'a jamais eu de véritable existence, que jamais elle n'a pu être validée ni par le droit ni par le fait, et que l'acte qu'on désigne par cette qualification, n'est autre chose qu'un acte arbitraire, illégal, radicalement nul, que nous opposera-t-on ?

Nous l'ignorons. Certains de notre bon droit, nous allons démontrer le néant de cet acte ; et prenant la question sous toutes ses phases, nous la porterons à la simplicité d'une démonstration mathématique. Rien ne peut autant intéresser une nation, que le changement dans l'ordre de succession au trône. Aussi les lois et les coutumes d'Espagne à cet égard sont positives et frappent de nullité l'acte de 1713, émané de Philippe V.

La guerre de succession était à son déclin. Les provinces soulevées en faveur de la maison d'Autriche se pacifiaient et reconnaissaient l'autorité de Philippe. Le traité d'Utrecht vint raffermir ce trône si long-temps combattu. Ce fut alors que Philippe V crut pouvoir faire ce qu'aucun de ses prédécesseurs n'avait pas encore eu la témérité de tenter. Comptant pour rien un usage constant et les lois établies depuis plus de sept siècles, il dérogea à cette même loi fondamentale de la succession au trône, qu'à son avènement il avait juré d'observer avec fidélité. Sans consulter même les députés du pays, légalement convoqués en cortès générales du royaume, Philippe V, *motu proprio*, promulgua un *Auto acordado*, auquel on a donné abusivement le nom de loi salique.

Philippe V ne voulant pas courir les chances d'un refus, s'il réunissait, selon les formes établies, les cortès générales pour leur proposer son projet de dérogation, voulut cependant qu'une apparence de légalité vint couvrir sa violente détermination. Il entendit le conseil de Castille : la majorité du conseil se refusa à ce changement dans l'ordre de succession au trône. Le président Ronquillo fit une vive opposition ; le Roi l'exila. Rien ne fut épargné pour obtenir l'adhésion du conseil, mais on ne put lui arracher que l'avis suivant :

« Pour la légalité et la valeur, ainsi que pour l'acceptation générale, il fallait que le royaume convoqué en cortès générales, concourût à l'établissement de cette même loi. »

Le droit et la gravité de la mesure l'exigeaient impérieusement ; on n'en fit rien. Les cortès ne furent pas appelées ; les lettres de convocation ne furent pas expédiées ; il n'y eut pas d'élection de députés par les municipalités, les villes et les communes y ayant droit ; les prélats du royaume ne furent ni appelés ni consultés ; on se contenta d'ordonner que les pouvoirs fussent envoyés à d'anciens députés qui se trouvaient à Madrid, et dont le vote gagné d'avance, ne pouvait être douteux. Le Roi se fit adresser une pétition pour déroger à l'ancienne loi, pétition à laquelle il répondit le 11 mai 1713, dans les termes suivans :

« Je veux et j'ordonne que la succession procède doréna-
» vant, suivant la forme exprimée dans la loi nouvelle, et
» que ladite loi soit considérée comme loi fondamentale de
» ces royaumes et de toutes leurs dépendances présentes et à
» venir, *nonobstant la loi de Partidas et toutes les lois,*
» *coutumes, statuts, usages, capitulations et autres, et*
» *toutes les dispositions des Rois nos prédécesseurs,* y déro-
» geant et les annulant en tout ce qui serait contraire à
» la présente loi, et les laissant pour tout le reste dans leur
» force et vigueur, *parce que telle est notre volonté.* »

Cet acte attentatoire aux lois fondamentales du pays et de la monarchie, si révoltant pour la forme et pour le fond, contient en outre un parjure. A son avènement, Philippe jura de conserver le patrimoine royal , d'observer les lois selon les lois *de Partidas* et autres du royaume , et dans la dérogation ci-dessus , il procède *nonobstant* les lois de Partidas et autres.

Voilà donc sur quoi se fondent les prétentions de D. Carlos ; sur quoi s'élève cette légitimité imaginaire ! Une violation de la loi fondamentale et un parjure. Et tout cela , comme si cette violation n'eût pas été abolie et annulée en 1789 , par les cortès que l'on donne comme non avenues. Il faut , nous le disons encore , que Dieu veuille éprouver l'Espagne de toutes les manières , pour qu'elle soit malheureuse au point de voir le bon droit , la sainte légitimité de sa jeune reine , méconnue d'une partie des cabinets de l'Europe , et pour qu'elle trouve des adversaires dans les souverains les plus intéressés au soutien de la légitimité des rois.

Après avoir démontré ce que de tout temps a été la loi de succession en Espagne, que l'acte de Philippe V y dérogeant pour substituer *l'Auto acordado* décoré du nom de loi salique, est un acte nul, arbitraire, d'usurpation de pouvoir, un acte enfin n'ayant et ne pouvant avoir ni la force légale ni la valeur que les lois reçoivent des formalités et des conditions essentielles, requises pour les rendre valables et pour devenir obligatoires, il ne nous reste plus qu'à parler de la dérogation de *l'Auto acordado* de 1713 , par les cortès de

1789 (*). Voici l'historique de ces cortès et de l'annulation de *l'Auto acordado* de Philippe V.

Les cortès générales du royaume furent convoquées avec toutes les solennités d'usage, par un décret de Charles **IV**, du 30 mai 1789, à l'occasion de prêter serment au prince des Asturies, l'infant **D. Fernando**, fils aîné du roi, acte qui devait avoir lieu le 23 septembre, d'après les termes du décret. Les élections eurent lieu, et le 14 septembre, tous les députés des villes ayant droit de nomination, furent réunis sous la présidence du comte de Campomanès, gouverneur du conseil de Castille, et prêtèrent serment dans ses mains. Leurs pouvoirs furent reconnus suffisans pour cet acte et pour toute autre affaire qu'il plairait au roi de leur soumettre. Avis en fut donné au roi, pour qu'il voulut bien désigner le jour de l'ouverture des cortès. Le Roi signala le 19 du même mois, et en effet l'ouverture eut lieu ce jour même. Le serment au prince des Asturies comme héritier du trône, fut prêté le 23. L'acte qui en fait foi, nomme tous les députés, province par province. L'hommage rendu, le serment prêté, le président comte de Campomanès fit lire la proposition et la pétition suivantes par **D. Pedro** Escolano de Arrieta, notaire du royaume, délégué par le roi, pour donner acte des déterminations des cortès.

(*) C'est à tort et par une de ces erreurs dont il est difficile d'indiquer la source, qu'on a attribué au roi Ferdinand VII ce retour aux anciennes lois, alors qu'il n'a fait que mettre en pratique la pragmatique sanction donnée par Charles IV, dans les cortès de 1789.

PROPOSITION :

« Chaque fois qu'on a voulu changer ou réformer la méthode établie par nos lois, et la coutume immémoriale et le mode de succession dans l'hérédité de la couronne, il en est résulté des guerres sanglantes et des perturbations qui ont désolé la monarchie, Dieu permettant que malgré les desseins et les mesures contraires à la succession régulière, celle-ci ait toujours prévalu.

» Commençant par le fait le plus récent de notre histoire, tout le monde sait que la succession de ce royaume, à la mort du roi Charles II, revenait au fils et au petit-fils de l'infante Dona Maria-Theresa d'Autriche, sœur du roi et femme de Louis XIV de France, et par conséquent à Philippe V son petit-fils, puisque le trône de France était dévolu au dauphin son père, et au duc de Bourgogne son fils aîné. Tout le monde sait, répétons-nous, que l'évidence du droit fut attaquée et combattue sous prétexte de renonciations faites par les infantes à des princes français. Il en résulta une guerre de succession au commencement de ce siècle, guerre dont le royaume eut tant à souffrir. Cependant après plusieurs années de lutte, le droit des infans de meilleure ligne fut reconnu, et Philippe V qui en était le représentant, fut assuré sur le trône d'Espagne.

» Dans la succession de la reine Isabelle la Catholique, on parvint malgré des guerres et des troubles excités par les mécontens à former cette grande monarchie aujourd'hui existante, unissant les royaumes de Castille et d'Aragon au moyen du mariage de la reine avec le roi D. Fernando d'Aragon.

» Le même cas avait eu lieu lors de l'héritage de la reine Dona Berenguela, mère de Saint-Ferdinand, par son mariage avec D. Alphonse de Léon. Les couronnes de Castille et de Léon furent à cette époque réunies pour jamais.

» Enfin l'expérience de tant de siècles a fait voir qu'en Espagne, il convient, avant tout, de conserver les lois anciennes et la coutume immémoriale consignée dans la loi II, titre XV, partida 2, pour que les filles de meilleure ligne et degré soient héritières de la couronne dans l'ordre fixé par la même loi, sans que jamais les enfans mâles d'une ligne ou d'un degré plus éloigné leur fussent préférés.

» Quoiqu'en 1713 il ait été question d'altérer cette méthode régulière, pour des motifs qui tenaient à des circonstances de cette époque, et qui n'existent plus, on ne peut regarder la résolution d'alors comme loi fondamentale, parce qu'elle est contraire à celle qui existait et avait été jurée ; et parce que le royaume n'avait été ni consulté, ni chargé de faire une altération aussi notable à la loi de la succession à la couronne.

» Si dans le temps de paix où nous nous trouvons, on ne portait un remède radical à cette altération, il y aurait à craindre dans la suite, des guerres et des perturbations semblables à celles qui eurent lieu à l'époque de la succession de Philippe V, malheurs qu'on évitera, en ordonnant d'observer nos lois et nos coutumes antiques suivies pendant plus de sept cents ans dans la succession de la couronne.

» Ce désir d'une paix inaltérable pour ses sujets, a mû le cœur paternel et bienfaisant du Roi à proposer que les cortès s'occupent de cette matière et la déterminent dans le plus bref délai possible ; et pour cela, il m'a semblé que la rédaction de la pétition à adresser à S. M., conformément à ses intentions souveraines, pourrait être la suivante : »

PÉTITION DES CORTÈS EN 1789.

« Sire, la loi II, titre XV, partida 2, déclare ce qui a été observé de temps immémorial et ce qu'on doit observer dans la succession du royaume. — L'expérience a démontré la grande utilité qui peut en résulter, puisqu'elle a amené la réunion de Castille et de Léon, et de la couronne d'Aragon par l'ordre de successibilité marqué dans ladite loi.

» Par toutes ces considérations, les cortès supplient V. M., afin que malgré l'innovation faite par *l'Auto acordado* 5, titre VII, livre 5, V. M. ordonne qu'on observe et qu'on garde à perpétuité dans la succession de la monarchie, la coutume immémoriale consignée dans ladite loi II, titre XV, partida 2, comme elle a été de tout temps observée et gardée et comme elle fut jurée par les rois vos prédécesseurs, et que V. M. ordonne qu'elle soit publiée comme loi et pragmatique faite et formée en cortès, afin que cette résolution soit constatée, ainsi que la dérogation dudit *Auto acordado*. »

Quand cette proposition et cette pétition eurent été lues, le marquis de Villa-Campo, député de Burgos, prit la parole au nom de l'assemblée.

Après avoir remercié le Roi au nom des cortès, de les avoir convoquées, et avoir protesté de leur fidélité, il dit : « Que tous considérant la justice et l'utilité de rétablir dans la succession de la couronne l'ordre régulier consigné dans la loi II,

titre XV, partida 2, avec abrogation textuelle de *l'Auto acordado* de 1713, qui est le cinquième, titre VII, livre 5 de la
recopilacion. Et tous rendant grâces au Roi unanimement,
pour le rétablissement si nécessaire de la loi de succession de
la couronne, disent qu'on doit procéder de suite à en rendre
l'acte solennel, en formulant et en signant la demande et la
pétition des cortès. »

En effet, tous les députés signèrent le 30 septembre 1789,
la pétition telle qu'elle leur avait été présentée par le président comte de Campomanès. Pour donner plus de solennité
à cet acte, le président fit lire de nouveau la pétition à haute
et intelligible voix, par les notaires délégués à cet effet, et
ayant de rechef demandé aux députés « Si le texte et l'esprit
de la pétition qu'ils venaient d'entendre lire, étaient bien les
mêmes que ceux de la pétition que les cortès avaient examinée
et votée? » Tous répondirent affirmativement, et ratifièrent
leur vote et leur signature.

Le 30 octobre, le Roi répondit aux cortès qu'il ferait droit
à la demande qui lui était présentée, recommandant qu'on
observât provisoirement le plus grand secret, le service de
l'état l'exigeant ainsi.

Les cortès furent fermées le 5 novembre par le Roi en
personne.

Dans les actes de ce grand débat national, il existe un document qui, par son importance, mérite d'être ici textuellement rapporté comme preuve de l'examen consciencieux et
solennel qui préside à la révocation de *l'Auto acordado* de
1713. C'est l'adresse et l'avis des prélats présens à la reconnaissance du prince des Asturies, par les cortès, acte dont

l'original existe aux archives du ministère de la justice à Madrid.

Charles IV avait l'âme pieuse et la conscience timorée ; il voulait, dans cette révocation, agir avec toute la solennité et toute la maturité possible. Il fit donc remettre à l'Assemblée des archevêques et des évêques, par son ministre le comte de Florida-Blanca, la pétition des cortès, ayant pour but de remettre en vigueur l'ancienne loi de Partidas, et la coutume immémoriale sur la succession à la couronne. En même temps, il priait les prélats de lui donner leur avis.

L'adresse et l'avis signés par les quatorze prélats qui formaient l'assemblée, sont du 7 octobre et de la teneur suivante :

» Sire, l'archevêque de Tolède et les autres prélats du royaume convoqués par votre ordre pour la prestation du serment à S. A. l'infant D. Fernando, prince des Asturies, ont vu, bien médité et examiné entre eux la pétition qui a été adressée à V. M. par tous les députés du royaume réunis en cortès, et qui a pour objet unique de faire voir que malgré l'innovation faite par *l'Auto acordado* 5, titre VII, livre 5, V. M. doit ordonner qu'on observe et qu'on garde à perpétuité dans l'ordre de succession à la couronne, la coutume immémoriale consignée dans la loi II, titre XV, partida 2, comme elle a toujours été gardée et observée, et comme elle a été jurée par les rois prédécesseurs de V. M., la promulguant loi et pragmatique faite et formée en cortès, afin que cette résolution soit constatée ainsi que la dérogation dudit *Auto acordado*, se fondant sur la grande utilité de l'observation de ladite loi de Partidas, et coutume immémoriale ; car c'est par l'ordre établi dans ladite loi, que les couronnes de Castille, de Léon et d'Aragon ont été réunies.

» Sire! V. M. désirant prendre la résolution la plus juste a daigné, pour y parvenir, nous faire remettre par son premier ministre le comte de Florida – Blanca , la proposition des cortès avec l'ordre précis que nous ayons à donner notre avis, mis à continuation de ladite proposition, sur le fait de savoir si V. M. doit et peut accéder à la demande des cortès, en conscience et en justice.

» Et après la plus sérieuse méditation , et comme les plus intéressés au bonheur du royaume, et comme représentans du clergé , nous sommes de l'avis unanime et dans la ferme conviction que V. M. peut et doit, en conscience et en justice, accéder à la demande des cortès. Elle le peut, parce qu'on ne saurait mettre en doute l'autorité souveraine législative de V. M. , surtout quand elle se fonde et s'appuie sur la proposition faite par tous les députés du royaume, qui, présidés par le gouverneur du conseil de Castille avec les délégués de V. M. assistaient aux cortès. V. M. doit accéder en conscience et en justice, d'abord parce que les motifs que les Cortès ont présentés à V. M. sont puissans et convaincans; car nous devons regarder comme des époques de bonheur, celle où s'opéra la réunion des couronnes de Castille et de Léon, sous le règne de la reine Dona Berenguela et de son fils Saint-Ferdinand, comme celle de la réunion de la couronne d'Aragon, par le mariage des rois catholiques dona Isabelle et D. Fernando; et pour comble de bonheur , nous avons vu cet ordre de choses se compléter dans la personne de Philippe V, qui est monté sur le trône d'Espagne, comme représentant des droits de son aïeul, l'infante dona Maria-Theresa d'Autriche, sœur du roi Charles II, dernier souverain du royaume (de la maison d'Autriche) malgré l'opposition qu'il y eut contre cet ordre de successibilité, vu les renonciations au bénéfice de cette loi qui avait été faite au moment de son mariage par l'infante dona Maria-Theresa. A cette époque, l'avis des meilleurs théologiens et jurisconsultes, fut que les droits de l'infante et de ses descendans étaient dans toute leur force, sans avoir été le moins du monde altérés par les traités de capitulation et renonciation : car ainsi que l'exprime le roi D. Alphonse-le-Sage, dans la loi de Partidas, par nous déjà citée, de son temps il était déjà de coutume immémoriale, que dans l'hérédité de la couronne, les enfans du sexe masculin étaient préférés aux filles; l'aîné au plus jeune, et la fille aînée à la plus jeune, au défaut d'enfans mâles; loi fondée sur la loi divine et sur la loi naturelle.

» Sire ! le fondateur d'un nouveau majorat peut, sans doute, établir l'ordre de successibilité d'une manière irrégulière et par agnation rigoureuse, excluant à jamais les femmes, parce que les biens avec lesquels il fonde le majorat, sont libres et lui appartiennent. Mais celui qui hérite d'un royaume ou d'un majorat, où la succession est régulière, et non pas d'agnation rigoureuse, n'a pas le droit qu'eût le fondateur, pour en altérer une partie essentielle quelconque; il pourra bien renoncer pour lui personnellement à la possession du majorat, mais dans aucun cas, il ne pourra faire chose préjudiciable aux droits de ses fils et descendans appelés à la succession par la loi, par la fondation et la coutume immémoriale; raison par laquelle l'infante Dona Maria-Theresa put bien renoncer pour elle au bénéfice de la loi, mais en aucune manière, elle ne put altérer les droits de son petit-fils Philippe V; car les droits de successibilité de celui-ci ne commencent pas à son aïeule, mais ils dérivent en droite ligne du chef, de la base et de l'origine de la loi de succession du royaume, qui sont passés de génération en génération, et que les souverains se sont transmis par droit de succession.

» *L'Auto acordado* 5, tit. VII, liv. 5, ne change absolument rien à cet ordre de choses, car quoique nous, prélats du royaume, nous nous soyons bien enquis et nous soyons bien sûrs qu'il ne fût pas demandé, sur cette altération si importante, l'avis de nos prédécesseurs, et que ledit *Auto acordado* fut seulement publié dans les cortès, sans avoir été dûment examiné comme le cas le réquérait, malgré tout, nous poserons à V. M. la suivante et évidente démonstration : Ou Philippe V eut le pouvoir avec les cortès et sans les prélats, d'altérer la coutume immémoriale dans l'ordre de successibilité si solidement fondé dans la susdite loi de Partidas, ou bien il n'avait pas le pouvoir de le faire ; s'il eut le pouvoir de détruire tout le droit ancien, et même l'ordre régulier établi par la nature, avec bien plus de raison, Votre Majesté peut, avec les cortès et les prélats, rétablir les choses et l'ordre de successibilité à leur état primitif, naturel, civil et régulier, forme ancienne et coutume immémoriale ; et si Philippe V n'eut pas le pouvoir de faire ce qu'il a fait, Votre Majesté doit, en conscience et en justice, accéder à la demande des cortès du royaume.

Madrid, 7 octobre 1789.

signé FRANÇOIS,

Cardinal-Archevêque de Tolède.

(Suivent les signatures de tous les autres prélats.)

Tel était le langage des prélats du royaume, telle était leur opinion sur l'abrogation de *l'Auto acordado* de 1713. La solennité de l'avis donné par les archevêques et les évêques éloigne tous les doutes qui pourraient s'élever sur la véritable opportunité de ce retour aux anciennes lois et aux coutumes immémoriales qui réglaient la succession au trône. Nous ferons observer que cette révocation de *l'Auto acordado* de 1713, faite avec toute la légalité et toutes les solennités voulues par les lois du pays, n'était pas une mesure de circonstances ; car elle avait lieu précisément à l'occasion où les cortès proclamaient l'héritier du trône, le prince des Asturies, depuis Ferdinand VII, et qu'il recevait le serment et l'hommage des députés du royaume, réunis en cortès générales et présidés par l'illustre comte de Campomanès. C'était donc au moment de l'absence complète d'une nécessité impérieuse et instantanée, que Charles IV rendait à l'ancienne loi sa force et sa vigueur. Si le roi, de son vivant, ne croit point devoir rendre publique et notoire le rétablissement de cette loi, l'explication s'en trouve naturellement dans une mesure de prudence, en face des agitations et des bouleversemens qui, pendant son règne, eurent lieu dans l'état politique de la France, dont les divers gouvernemens ne cessèrent de garder une attitude toujours gênante, toujours dominatrice envers l'Espagne.

C'est donc sur la disposition authentique de la loi de 1789, sanctionnée en bonne et dûe forme par le roi D. Carlos IV, et solennellement promulguée dans les cortès de la même année, que Ferdinand VII, comme roi et comme père, s'appuie autant que sur les anciennes lois et coutumes immémoriales, dans sa pragmatique sanction du 29 mars

1830, pour abolir *l'Auto acordado* de 1713, et pour rétablir l'ancienne loi de succession à la couronne, loi qui se rattache aux plus glorieux souvenirs de l'histoire d'Espagne.

Ferdinand ne pouvait voir sans frémir, l'avenir du royaume et celui de sa fille, si de son vivant il n'assurait la succession au trône à sa descendance, en faisant retour aux anciennes lois du royaume, et faisant valoir la pragmatique sanction que la sagesse de son auguste père avait arrêtée dans des circonstances bien différentes. Un si grand exemple, un acte accompli avec toutes les solennités d'usage, en pleine paix, et alors que rien ne faisait craindre des ambitions dynastiques au sein de la famille royale, et que l'hérédité au trône était assurée dans la ligne masculine, tout concourait à faire au roi Ferdinand VII, un devoir de cette promulgation.

C'est ici le cas de réduire au néant une assertion fausse et sciemment mensongère, que des brouillons politiques ont inventée à propos du testament de Ferdinand VII : ils ont signalé ce testament comme le seul titre d'où dérivaient les droits de son auguste fille à la couronne d'Espagne ; supposition admise sans examen par quelques personnes à l'étranger. Nous croyons devoir la détruire ici. L'hérédité au trône étant formellement dévolue et assurée à Isabelle II, par les lois constitutives du royaume, ainsi que nous l'avons déjà dit, ces droits ne pouvaient être rendus ni meilleurs ni plus forts par le testament du roi son père. Qu'est-il besoin d'ajouter que Ferdinand VII n'a pas inséré dans son testament un mot sur cette question, laquelle d'ailleurs n'était pas douteuse pour Sa Majesté.

Personne n'ignore que les intrigues d'un parti fanatique

ont abreuvé d'amertume l'existence du roi Ferdinand VII. Ce parti s'est toujours prévalu du nom de l'infant D. Carlos. Loin de nous de vouloir offenser ce prince par nos paroles, en jetant sur sa conduite un blâme injuste : mais nous avons le droit de dire que, soit faiblesse de caractère, soit aveuglement, soit enfin défaut de réflexion, il est un fait constant, c'est que D. Carlos n'a jamais cherché par aucun acte public, à démentir ces bruits, alors qu'il devait les repousser comme des calomnies, et flétrir hautement, aux yeux du pays et du monde entier, les coupables qui profanaient ainsi son nom. L'existence de ces rumeurs, des menées séditieuses, des conspirations permanentes contre le roi son frère, faisaient un devoir à D. Carlos de parler : et cependant, jamais à cette époque, un désaveu n'est sorti de sa bouche contre les entreprises criminelles des conspirateurs auxquels son nom était toujours mêlé.

Le roi Ferdinand en 1825 eut à réprimer une rebellion à main armée, elle était tramée dans sa capitale même, par les fauteurs d'un fanatisme en délire. En 1827, Ferdinand VII dut encore aller en personne conjurer l'orage plus menaçant et plus violent, que la même faction avait de nouveau soulevé en Catalogne.

Nous savons qu'on allègue contre la pragmatique sanction de 1830, un décret de Ferdinand VII qui l'abolissait : mais les moyens de contrainte morale par lesquels on extorqua ce décret pendant l'agonie du roi en 1832, sont notoires et avérés. Un document qui dénonce au monde entier cette contrainte exercée sur la personne du roi, et que nul ne sera tenté de révoquer en doute, c'est la déclaration solennelle faite par Ferdinand VII, le 31 décembre 1832, dont nous donnons ici la traduction textuelle. La lecture de cet acte fut faite avec toute la pompe et les formalités les plus solennelles, le roi présent, devant un grand nombre de témoins composés de tous les ministres, des grands dignitaires de l'église et de l'état, des hauts fonctionnaires publics dans l'ordre judiciaire et dans l'ordre administratif du royaume, des membres de la députation permanente, de la *Grandesse*, des titres de Castille et de toutes les autres notabilités de la capitale, tous individuellement nommés. Dès-lors, il ne peut rester aucun doute sur la nullité du décret arraché au monarque agonisant.

On remarquera que cette déclaration solennelle eut lieu pendant que l'infant D. Carlos se trouvait encore à Madrid, et qu'il ne fit aucune protestation contre cet acte. La fille de Ferdinand VII fut ensuite solennellement reconnue pour l'héritière du trône, et en cette qualité, elle reçut le serment, la foi et l'hommage des députés de la nation, réunis en cortès le 22 juin 1833. Tout le corps diplomatique assista à cette cérémonie, moins l'envoyé de Naples, et alors comme en 1830, quand la pragmatique sanction fut publiée, aucune réclamation ne fut faite, pas même par la France. Nous ferons observer ici, que cette pragmatique datée du 29 mars 1830, est antérieure de six mois à la naissance de la fille de Ferdinand VII.

Nous résumant, comme nous avons cherché à être le plus concis et le plus clair possible dans cette grave question, nous disons : Veut-on invoquer les lois anciennes, la coutume immémoriale de la monarchie ? la légitimité d'Isabelle II se trouve consacrée par une législation nationale de huit siècles de consuétude non interrompue, et par les nombreux exemples de reines qui ont porté la couronne d'Espagne. La seule déviation qui se présente à nos yeux, est *l'Auto acordado* de 1713, dont l'illégalité est manifesté, et qui fut annulé en 1789, sans avoir jamais été suivi d'aucun effet.

Pour nous servir du dilemme posé par les illustres prélats dans leur déclaration du 7 octobre 1789, nous disons encore : Invoque-t-on *l'Auto acordado* de 1713 ? Veut-on lui accorder force de loi ? C'est à vrai dire l'omnipotence souveraine du monarque dérogeant aux lois les plus anciennes et à la coutume immémoriale. Eh bien, nous accordons pour un moment cette exorbitance. Mais alors on ne saurait nous refuser la continuité inaltérable de cette omnipotence, sous peine de contradiction et de mauvaise foi manifeste. Les droits de Charles IV en 1789, ceux de Ferdinand VII en 1830, étant les mêmes que ceux de Philippe V en 1713, les effets doivent être les mêmes. Ces deux rois ont pu défaire ce que leur aïeul avait fait, et au même titre, avec cette différence, que Charles IV et son fils Ferdinand VII ont procédé avec la plus rigoureuse légalité et la plus grande solennité, se trouvant d'accord avec la nation assemblée en cortès avec l'esprit et la lettre des lois et la coutume immémoriale, tandis que Philippe viola le fond et foula aux pieds la forme.

Si par contre, on veut entacher d'arbitraire les actes de 1789 et de 1830, et les frapper de nullité, nous y accédons par hypothèse. Alors la même accusation d'arbitraire, la même nullité retombe à plus forte raison sur l'acte de 1713, et en mettant le tout au néant, nous nous trouvons face à face avec la loi ancienne, la seule vraie, la seule légitime par une consécration de huit siècles d'existence, la seule qu'il soit permis d'invoquer; et celle-ci appelle au trône des rois catholiques, comme reine et légitime souveraine des Espagnes, Isabelle II, fille de Ferdinand VII.

Dans cette comprobation authentique de la légitimité de la reine Isabelle II, nous avons laissé parler l'histoire inexorable, et si par fois, nous avons invoqué la logique, c'est qu'elle est inséparable compagne du bon droit : celui-ci pour se défendre n'a pas besoin de sophismes : la vérité est une.

Homme monarchique, sujet fidèle, esclave consciencieux des principes conservateurs de l'ordre et de la justice, notre voix ne peut être suspecte, alors que nous l'élevons en faveur de notre patrie, laquelle, dans son immense majorité, a pensé et pense comme nous. Nous avons eu de rigoureux devoirs à remplir, nous n'y avons pas failli, car nous savions prévoir. Dépositaire de la confiance du souverain qui nous honora, jusqu'à son dernier jour, de ses augustes bontés, nous avons été témoin de ses angoisses de père et de Roi, dans les derniers instans de son existence, dans ces momens suprèmes où le monarque semblait déjà être devant son Dieu. Ferdinand VII nous recommanda de veiller sur le trône de sa fille, et à la conservation de sa royale autorité. Nous y engageâmes notre foi par devoir, par honneur, et par reconnaissance. Souvent, nous avons renouvelé avec transport cet engagement solennel. L'Europe sait si nous y avons été fidèle. Nous avons combattu avec vigueur, courage et persévérance pour garantir l'Espagne des malheurs qui sont survenus. Nous avons fait face avec calme et résignation à tous les dangers, et nous avons accepté avec joie tous les sacrifices pour rester fidèles à nos sermens, à nos principes et à nos convictions politiques. Pur dans nos intentions, désirant autant et plus que personne, la réforme des abus administratifs par le progrès lent, mais assuré du temps et de l'expérience, nous nous sommes dévoué à arrêter le torrent des innovations hâtives qui nous semblaient dangereuses ; nous sentions que le pouvoir ne pourrait être affaibli sans péril, surtout au moment de combattre ; car de longue main, nous avions appris à connaître les menées des partisans de D. Carlos. Nous avons succombé à la brèche, sans capituler. Nos tristes prévisions ne se sont que trop réalisées. Si dans la position où nous sommes aujourd'hui, nous n'avions consulté que notre besoin de respect et nos convenances personnelles, nous ne l'eussions pas quittée ; mais si les malheurs personnels ne sont rien et ne peuvent rien sur notre ame fidèle, elle se brise au récit des calamités publiques : car toutes nos sympathies et toutes nos facultés appartiendront jusqu'à notre dernier soupir à l'auguste fille et légitime héritière de nos rois et à notre chère patrie.

Après avoir rapporté fidèlement le premier document tout en faveur d'Isabelle, nous allons rapporter le second, qui traite des droits de D. Carlos. Nous conserverons toute la simplicité du texte afin de ne pas attirer sur nous le blâme d'avoir influencé le jugement du lecteur, par des subtilités qui au contraire pourraient ôter à la simple vérité ce charme qui entraine, qui persuade et qui confond l'orgueil mensonger d'ennemis puissans qui préfèrent se montrer cruellement injustes, plutôt que d'avouer humblement leur fatale erreur.

SECOND DOCUMENT EN FAVEUR DE DON CARLOS.

Une question dont la conséquence est une guerre civile qui pendant sept ans a fait couler à grands flots le sang des enfans d'une même patrie, devait nécessairement éveiller l'attention publique. Les deux partis qui, les armes à la main, ont soutenu la lutte en Espagne, ont tâché d'établir sur une base solide leurs prétentions respectives. Ils ont reconnu, que dans une guerre de succession, le droit doit être invoqué avant tout. Chacun s'est donc empressé de le mettre en avant : les partisans d'Isabelle, pour donner à la force l'appui du droit; ceux de D. Carlos, pour tirer du droit la force. Il y a de part et d'autre, des gens de bonne foi, qui croient leurs raisons les seules valables, comme il y en a beaucoup d'autres qui ne se sont jamais donné la peine d'approfondir la question, l'intérêt ou les sympathies leur tenant lieu de conviction. En général, la multitude ne raisonne jamais. Parmi les défenseurs du droit d'Isabelle, il y en a qui faute de mieux n'épargnent ni les sophismes ni les assertions erronnées. Cependant l'examen des faits sans préventions et sans esprit de parti, pourra éclairer la question. Nous ne ferons pas de *phrases pompeuses* pour *cacher des faits controuvés*, nous ne voulons pas éblouir, nous voulons avant tout convaincre par l'exposé simple et vrai des faits consignés dans l'histoire.

Les partisans d'Isabelle ont fondé ses droits sur les anciennes lois de l'Espagne, qui appellent les femmes en ligne directe à succéder au trône, et sur la soi-disant pragmatique sanction de Charles IV qui remettrait, disent-ils, ces lois en vigueur.

Les partisans de **D.** Carlos prétendent de leur côté, que la loi de Partidas n'est qu'une *loi supplémentaire* enfreinte à différentes reprises; mais surtout, ils s'appuient sur la loi de Philippe V dans toutes ses conséquences.

Examinons les faits.

Les défenseurs de la loi de Philippe V ou *Auto acordado*, ne contestent pas aux femmes le droit de porter la couronne, elles héritaient du trône, et l'Espagne d'abord divisée en petits états ne les a vus réunis presque tous que par des mariages, cette réunion même fut précisément complète sur la tête d'une femme, Jeanne *la folle,* qui transmit, sans en jouir, à son fils le fameux Charles-Quint, la riche et puissante monarchie Espagnole. Mais encore aujourd'hui, d'après l'*Auto ccordado*, les femmes sont aussi appelées à régner, personne ne le niera, seulement on ne leur concède ce droit, qu'à l'extinction complète des mâles de toutes les lignes. Ainsi, on s'est donné une peine inutile en allant chercher aussi loin une question, dont la controverse (même si les droits d'Isabelle étaient regardés comme incontestables) ne doit dater que de 1713 ; mais même avant cette époque, la loi des Partidas, n'a nullement eu la force qu'on veut lui prêter.

Les défenseurs d'Isabelle citent plusieurs femmes qui ont régné dans les temps les plus reculés de la monarchie ; mais presque toutes celles qui ont porté la couronne dans ces premiers siècles, auraient joui de ce droit de nos jours. Ermesenda hérita de son frère Favilla qui mourut sans enfans. Adosenda se trouvait dans le même cas, en succédant à son frère **D.** Aurelio ; mais ceux qui citent cet exemple pour prouver les droits des femmes, oublient de dire que **D.** Aurelio s'était emparé du trône au préjudice de son neveu Alphonse, fils de son frère aîné **D. Fruela.**

Mais n'est-ce pas divaguer, que de s'occuper comme le font les adversaires de **D.** Carlos, de la succession dans ces temps reculés, et d'entasser des faits qui, sans rien établir, ne font qu'éblouir ceux qui ne connaissent pas bien l'histoire d'un pays, aussi confuse que l'est celle de l'Espagne, qui a été divisée en un si grand nombre de petites royautés? En effet, quelles conséquences peut-on tirer d'un principe d'hérédité, quand on voit aussitôt après, au lieu d'une succession régulière, le droit d'aînesse annulé par le partage des états? C'est pourtant ce qui arriva en 1028, à la mort de Sanche III, surnommé le Grand, qui partagea son royaume entre Sanche, Ferdinand et Gonzalo, ses trois fils légitimes, et Martin, son fils naturel. Ferdinand fit comme son père, car après avoir réuni à la Castille le royaume de Léon, par sa femme Sancha, dont le frère mourut sans enfans dans une bataille contre Ferdinand son beau-frère, il partagea ses états entre ses cinq enfans, Sanche, Alphonse, Garcia, Dona Elvira et Dona Urraque. L'aîné, Sanche, déposséda quelque temps après son frère Garcia, et donna une partie des biens usurpés à Alphonse; il l'en dépouilla quelque temps après, ainsi que de son héritage. Il fit de même à l'égard de sa sœur, Dona Elvira, et il fut tué en voulant s'emparer de Zamora qui appartenait à son autre sœur, Dona Urraque.

Une autre femme occupa en 1109 le trône de Castille, ce fut Dona Urraque, seule héritière d'Alphonse VI, auquel elle succéda après sa mort. Les grands du royaume, mécontens de cette souveraine, la forcèrent d'abdiquer en

1143, en faveur de son fils, qui la tenait assiégée dans la ville de Léon.

En présence de tous ces faits qui ne sont qu'un véritable chaos, de ces questions sanglantes, de ces événemens monstrueux pour la plupart, et dont la cause n'était que le caprice ou la violence, pourra-t-on encore de bonne foi en tirer une conséquence en faveur de ce que l'on veut supposer *droit immémorial et qui se perd dans la nuit des temps,* de ce que l'on appelle avec emphase *succession de huit siècles invariablement et religieusement conservée sans aucune exception contraire?* Mais le démenti le plus formel à cet égard, c'est l'exclusion des princes Alphonse et Ferdinand (connus sous le nom de Princes *de la Cerda*) fils du fils aîné de D. Alphonse **X**, surnommé *le Sage,* auquel ils auraient dû succéder, puisque leur père était mort avant **D.** Alphonse, leur aïeul. Cependant leur oncle **D.** Sanche s'empara du trône, et malgré le testament du roi Alphonse, qui non-seulement appelait à la couronne ses petits-fils l'un après l'autre, mais qui même deshéritait **D.** Sanche, celui-ci fut reconnu roi par les états du royaume en 1284. Est-ce là une preuve ou non de ce droit non interrompu? Ainsi, immédiatement après la mort de ce même Alphonse **X**, auteur de *la loi de Partidas,* dont on fait tant de bruit pour l'ordre de succession, elle fut déjà méconnue et méprisée par son fils Sanche. Elle le fut de nouveau, et d'une manière encore plus remarquable, à la mort de Pierre le Cruel en 1369. Les droits de ses filles déjà reconnues et légitimées auparavant, (Constance et Isabelle étaient déjà mariées aux ducs de Lancastre et de Cambridge) furent rejetés, et Henri, comte de Transtamare, frère *naturel* de **D.** Pédro, fut proclamé roi. **D.** Pédro avait pourtant établi dans son testament fait en 1362, que ses filles lui succéderaient au trône, et cette disposition était conforme à la loi de Partidas. Un autre fait, quoique d'une nature différente, prouve encore combien cette fameuse loi de Partidas mérite d'être regardée comme fondamentale et suprême. Elle dit loi III, tit. XV, part. 2, que le nombre des tuteurs du prince ne pourrait être que d'un, trois ou cinq, si le pays devait les choisir, le roi ne l'ayant pas fait avant sa mort. Jean Ier par son testament nomma *douze* personnes pour la tutelle de son fils Henri III. Les cortès générales du royaume réunies à Madrid en 1391, cassèrent ledit testament, et alors la violation de la loi supposée fondamentale fut tellement grave, qu'elles nommèrent au lieu de douze vingt-quatre tuteurs.

Plus tard, en 1407, l'ordre de succession faillit encore être de nouveau interrompu. L'infant D. Juan, fils de Henri III, âgé alors seulement de vingt-deux mois, avait été reconnu dans la même année comme héritier du royaume par les cortès réunies à Tolède. Malgré cela, à la mort de son père, arrivée quelques mois après, les grands du royaume qui craignaient les dangers d'une nouvelle minorité, offrirent la couronne avec les plus grandes instances et à plusieurs reprises, à l'infant D. Ferdinand, oncle du jeune prince. S'il n'eut point persisté à refuser de l'accepter, que devenaient donc l'ordre de succession et la loi de Partidas? Un seul homme la sauva; mais dans ce même temps, l'assemblée par la bouche du connétable de Castille, se prononça non seulement contre le code d'Alphonse, mais encore contre toute espèce d'ordre dans la succession. Et cela se passait *un siècle seulement* avant la réunion de l'Espagne en une même monarchie sous Charles-Quint. Que devient donc, dirons-nous encore une fois, cette législation forte et vénérable par son antiquité, nullement équivoque, et jamais enfreinte ni méconnue ?

Mais la plus forte de toutes les raisons contre cette fameuse loi de Partidas, c'est qu'elle n'a jamais été regardée que comme *supplémentaire*, et seulement, comme dit la loi II, tit II, liv. 3, de la Novisima recopilacion, « *pour les cas qui ne pourront pas être décidés* par les lois, les ordonnances (ordenamientos) et pragmatiques faites par nous ou *par les rois nos successeurs.* » C'était le roi Alphonse XI, et un siècle plus tard, Ferdinand et Isabelle, qui statuaient ainsi. Donc Philippe V qui était leur successeur, pouvait annuler d'une manière très légale, la loi de Partidas. On voit donc quelle est la véritable force de cette loi qu'on a voulu présenter comme la plus incontestable.

Nous avons cru nécessaire d'entrer dans tous ces détails, pour présenter les faits sous leur véritable jour, et pour que l'on puisse donner aux assertions et aux raisonnemens emphatiques des défenseurs d'Isabelle, leur juste valeur.

Tout ce qui a été dit jusqu'à présent, ne concerne que la couronne de Castille : quant à celle d'Aragon, les femmes en ont été exclues sans interruption depuis Dona Petronila qui est la seule qui ait régné, et qui donna elle-même cette loi d'exclusion des femmes, par son testament daté du 4 avril 1152, approuvé ensuite par les Etats et *Ricos-homes*. Le droit était refusé aux femmes, mais accordé à leurs enfans mâles par droit de représentation. D'après cette loi, à la mort du roi D. Martin, arrivée en 1411, l'infant de Castille D. Ferdinand, dont le droit dérivait par sa mère, de Pierre le Cérémonieux , fut élu roi de la manière la plus solennelle, à l'exclusion de Dona Iolande , fille du roi D. Juan , frère et prédécesseur de D. Martin. Iolande avait déjà été exclue à la mort de son père , par son oncle , elle le fut encore à la mort de son oncle , par un parent plus éloigné , **D. Ferdinand** , dont nous parlons ici. A la vérité , Jeanne , fille de Ferdinand et d'Isabelle , devenue déjà leur héritière , fut reconnue telle en 1502 par les Etats du royaume d'Aragon , qui lui prêtèrent serment ; mais elle n'obtint probablement ce serment qu'à cause de son fils Charles , qui étant déjà né , était le vrai représentant de la succession au trône , ce qui était déjà arrivé cinq ans auparavant. Alors les Etats s'étaient refusés à prêter serment à la princesse Isabelle, sœur aînée de Jeanne et femme du roi de Portugal ; il fut impossible d'obtenir ce serment ; ce ne fut qu'en 1498 , après la naissance du prince **D. Miguel**, fils de l'infante , que les Etats prêtèrent serment , non pas à l'infante , mais à son fils qui mourut quelque temps après ainsi que sa mère. Ainsi donc en Aragon , même en modifiant l'ancienne loi, le droit des mâles, sans aucune exception, fut toujours préféré à celui des femmes.

Examinons la seconde partie de la question.

Après la mort de Charles-Quint quatre règnes qui pendant un siècle et demi se succédèrent de mâle en mâle, n'apportèrent aucun changement. L'état de Charles II comme celui de l'Europe faillit amener à deux reprises différentes le partage de la monarchie espagnole; et la mort du jeune prince électoral de Bavière , arrivée en 1699 , un an avant celle de Charles II auquel il devait succéder, fit parvenir au trône en 1700 , une nouvelle dynastie. Philippe duc d'Anjou fut désigné dans le testament de Charles II, pour être son successeur. Petit-fils de Marie-Thérèse femme de Louis XIV et fille comme Charles II de Philippe IV, son droit passa avant celui de l'archiduc Charles devenu ensuite empereur sous le nom de Charles VI ; il tenait ce droit de sa grand'mère Marie-Anne sœur de Philippe IV. On sait qu'après douze ans de guerres continuelles, Philippe V monta enfin sur le trône d'Espagne par la volonté forte et prononcée des Espagnols qui le soutinrent presque seuls contre son compétiteur ; car Louis XIV était lui-même alors occupé d'une guerre ruineuse qu'il faisait en Italie et sur les bords du Rhin ; il ne pouvait par conséquent prêter à son petit-fils qu'un faible appui, qu'il offrit lui-même de retirer, si, à ce prix, il pouvait acheter la paix. Philippe V avait donc pour lui trois titres irrévocables : son droit, l'élection des Espagnols et la force de leurs armes ; et ces titres auxquels il ajoutait encore celui de fondateur d'une nouvelle dynastie, lui donnèrent certes le droit d'apporter des changemens dans l'ordre de succession, et encore ne les fit-il pas seul, le pays par l'intermédiaire des cortès y donna son approbation. On s'est fortement récrié contre cet acte de Philippe V connu sous le nom d'*Auto acordado*; on a voulu le présenter comme nuisible au pays, et comme entaché de nullité. Il faut donc examiner la question sous ce double rapport : *Utilité et légalité de la loi de 1713.*

Une guerre sanglante touchait à sa fin : elle avait duré douze ans et n'avait eu d'autre but que celui d'empêcher la réunion de la couronne de France et d'Espagne sur une même tête. L'Angleterre, avant tout arrangement définitif, exigeant, comme condition préalable et *sine quâ non*, un acte qui à l'avenir rendît impossible cette réunion, Louis XIV pressa alors son petit-fils de renoncer à la couronne d'Espagne, et lui offrit en échange une autre souveraineté en Italie, laquelle souveraineté lui permettrait de conserver ses droits au trône de France, que la mort d'un enfant faible alors, pouvait laisser vacant au décès de Louis XIV. Tout fut inutile. Philippe aima mieux renoncer à ses droits comme fils de France, que d'abandonner, comme il le disait, *ses chers Espagnols*. Il avait pris l'engagement de ne point les quitter, il y restait fidèle. Dès-lors, une renonciation en forme fut exigée. Philippe la donna le 5 novembre 1712, pour lui et pour ses successeurs qui ne *pourraient jamais occuper* le trône de France : de leur côté, le duc de Berry frère cadet de Philippe, et le duc d'Orléans son oncle, renoncèrent à leurs droits à la couronne d'Espagne, et pour mieux assurer l'exécution de cette condition, la maison de Savoie était appelée au trône d'Espagne, en cas d'extinction de la race de Philippe V. De là résultait un nouvel ordre de choses, et un grand changement dans la politique de l'Europe. Il fallait, pour prévenir de nouvelles guerres, songer à faire disparaître toutes les chances possibles d'une réunion de l'Espagne avec la France, ou avec l'Autriche, ce qui pouvait facilement arriver, soit par le mariage d'une reine d'Espagne avec un prince Français, ou un archiduc d'Autriche, soit encore par le mariage en France ou en Autriche, d'une princesse Espagnole devenue héritière par la mort d'un ou de plusieurs de ses frères : et l'un de ces deux cas échéant, l'équilibre de l'Europe eût été de nouveau compromis. Qu'on n'allègue pas la force des renonciations ; mieux vaut ne pas en courir les chances : celle de l'infante Marie-Thérèse en fait foi : Philippe V dut penser de même, et dès-lors, il voulut en prévenir les dangers. Il fallait pour cela éloigner autant que possible les femmes du trône, il le fit, sans pourtant les en exclure entièrement ; mais il diminua les chances de leur avènement, et si une femme était appelée à régner après l'extinction des mâles de toutes les lignes, l'ordre se rétablissait de nouveau à sa mort, entre tous les mâles ses descendans.

Tel est l'ordre établi par Philippe V. En épargnant par là à l'Espagne une nouvelle guerre, il lui rendait un véritable service, personne ne saurait en contester l'utilité, tandis que celle des anciennes lois avait disparu. Car du moment que par des mariages, toutes les couronnes s'étaient enfin réunies sur une seule tête, le but politique qui en appelant les femmes au trône, facilitait ces mariages, cessait d'exister, et l'immense avantage de la réunion une fois obtenu, pouvait-il y avoir une loi plus utile et plus nationale pour l'Espagne que celle de Philippe V, qui empêchait qu'à l'avenir la couronne ne passât dans une nouvelle dynastie, et qui en même temps maintenait l'équilibre de l'Europe.

Quant à sa légalité, en voici les preuves. Philippe convaincu de l'utilité de son projet de loi, et fort des raisons qui le rendaient nécessaire, aurait pu très facilement sans doute, dans la position où il se trouvait, s'écarter des formes voulues, car il était l'idole de ses sujets, et venait de reconquérir son royaume après une guerre de douze ans. Son auréole de gloire, et l'enthousiasme d'un triomphe récent, lui auraient donné cette toute-puissance qui par sa seule volonté franchit tous les obstacles, et ne souffre point de contrôle.

Mais il ne le voulut pas, aimant mieux s'adresser au pays. La loi était *utile*, il voulut qu'elle fut aussi *légale*. Les cortès avaient été convoquées pour connaître et sanctionner l'acte de renonciation du roi à la couronne de France, ainsi que les dispositions établies au profit de la maison de Savoie. Elles avaient tout approuvé, témoignant au roi, avec le plus grand enthousiasme, toute leur reconnaissance, pour la préférence qu'il avait accordée à la couronne d'Espagne sur celle de France; voyant, pour l'avenir, un gage de paix dans l'exclusion de la maison d'Autriche, et dans l'appel que l'on avait fait de celle de Savoie. Philippe en assurant plus fortement encore les moyens de maintenir cette paix, ne faisait donc que répondre aux désirs des cortès. Mais comme celles-ci n'avaient reçu d'autre mandat que celui d'intervenir dans les actes en question, il s'adressa au pays, en l'engageant à transmettre à ses députés de nouveaux pouvoirs pour s'occuper de la question d'un changement dans l'ordre de succession déjà établi. Tout cela se fit d'une manière publique. Le pays s'empressa de répondre à l'appel de son souverain, les députés reçurent de nouveaux pouvoirs *ad hoc*, et le projet ayant été soumis à leur délibération, ils se prononcèrent pour *l'Auto acordado*.

Le conseil de Castille consulté avant la résolution des cortès, se prononça d'abord, quoique d'une manière assez confuse, pour l'ancien ordre de succession; mais il ne faut pas chercher les motifs de cette opposition, ailleurs que dans l'inimitié qui existait entre le président Ronquillo et les personnes chargées de la direction des affaires; car sa position le mettait naturellement à même d'influencer l'opinion des membres d'un conseil qu'il présidait. En effet, le roi à qui la réponse de ce conseil parut extrèmement confuse, et comme une source de mal-entendus pour l'avenir, le trouva ensuite entièrement de son avis, lorsqu'il demanda à chaque membre séparément son vote par écrit. D'ailleurs, outre cela, il est nécessaire de remarquer que le conseil de Castille n'a jamais eu aucun *pouvoir* législatif ; ses seules attributions étant celles qui lui appartiennent, comme Cour suprème de justice, les rois en lui demandant son avis sur quelques matières de législation, ne sont nullement tenus de s'y conformer, et n'en sont pas pour cela moins libres dans l'exercice du pouvoir royal. Le conseil d'État composé des hommes les plus marquans, , tels que le cardinal Judice, les ducs de Montalto, de Arcos, de Medina-Sidonia, de Montellano, de Jovenaro, etc., consulté avant le conseil de Castille, fut de l'avis *unanime* d'établir le nouvel ordre de succession d'après le projet qui fut redigé, qui plus est, par le conseil de Castille. Ainsi toutes les conditions de légalité ont été remplies. L'*Auto acordado* est donc d'une *validité incontestable*, puisqu'il est revètu de toutes les formes et de toutes les conditions légales, qu'il a été reconnu et accepté librement par des cortès ayant des pouvoirs *ad hoc*, qu'il a été promulgué comme loi, et que par là, il est devenu loi fondamentale du royaume. De plus, il fait partie du droit public européen, car sinon la lettre, du moins l'esprit de tous les traités faits à Utrecht à cette époque, le confirme pleinement. En effet, l'*Auto acordado* est du 10 mai 1713, et tous les traités ont été faits postérieurement. Celui qui fut passé entre l'Espagne et l'Angleterre porte la date du 13 juillet 1713, et le traité entre l'Espagne et la

Savoie, celle du 13 août de la même année. Dans l'un comme dans l'autre de ces deux traités, il est question de l'exclusion des maisons d'Autriche et de France, et de l'ordre successorial établi dans le cas d'extinction de toute la descendance de Philippe V. Or, la succession ayant déjà été réglée par l'*Auto acordado* entre les descendans de Philippe V, puisqu'on acceptait sa race jusqu'à son extinction et sans aucune restriction, la conséquence était d'accepter l'ordre dans la succession, tel que le fondateur l'avait établi. De plus, dans le traité entre l'Espagne et la Hollande, du 26 juin 1714, art. XXXVII, il est encore question d'une manière très positive des dites renonciations et des arrangemens pris en conséquence. Enfin les articles IV et XII du traité signé à Vienne entre l'Autriche et l'Espagne le 30 avril 1725, en sont une nouvelle et plus ample confirmation. S. M. I. renonce à la couronne d'Espagne, et l'ordre de succession est reconnu de part et d'autre. Tous ces faits qui sont incontestables, disent assez si l'*Auto acordado* manque d'une seule de toutes les conditions capables de le faire considérer comme la loi la plus *valide* et la plus *légale*.

Loi éminemment nationale, acceptée et reconnue par le pays avec toutes les formes voulues, consignée dans l'esprit de tous les traités de l'époque; que lui manque-t-il de plus? Et maintenant près de cent trente ans d'existence lui ont donné ce qu'alors elle ne pouvait pas encore avoir.... *la prescription*.

Quant à la loi de 1789, elle est nulle et illégale dans le fond et dans les formes. 1.º Parce que Charles IV avait reçu avec la couronne transmise jusqu'à lui par les droits de son grand père, des conditions par lesquelles il se trouvait engagé. 2.⁰ Parce que même dans le cas où Charles IV aurait pu se dégager de ces conditions, cette loi portait atteinte aux droits de son fils D. Carlos qui était né auparavant, et avait par cela même un effet rétroactif, chose éminemment injuste. 3.⁰ Parce que quand bien même ni l'un ni l'autre de ces obstacles n'eut existé, les députés n'avaient pas reçu un mandat exprès pour s'occuper de cette question, comme cela devait être, et comme cela fut lors de *l'Auto acordado*. En effet, les cortès de 1789 avaient été *seulement* convoquées pour prêter serment au prince des Asturies, D. Ferdinando ; car les termes employés pour le reste du pouvoir étaient conformes en tout à la formule générale constamment adoptée depuis 1632. On leur proposa alors de la part du roi, et sans avertissement préalable, l'annulation de *l'Auto acordado* ; un seul député, celui de Burgos prit la parole au nom de l'assemblée ; les autres se turent. Il fut dit que la proposition faite au nom du roi restait approuvée, et on lui adressa en conséquence une pétition, ce qui est une démarche *de forme* ; et voilà pourquoi cela se fit aussi lors de l'*Auto acordado* ; Charles IV mit en marge de cette pétition des cortès : « qu'il *ordonnerait au conseil d'expédier la pragmatique, d'après les termes de la pétition et les avis qu'il en prendrait.* » La chose en resta là, et on fit prêter serment de garder le plus profond secret. Voilà ce qui se passa. La loi ne fut ni promulguée ni revêtue d'aucune des formes voulues pour lui donner du moins l'apparence de loi. Et quand même on aurait observé ces formes, elle n'en aurait pas moins été d'une injustice criante. Ainsi elle resta un simple projet de loi dont on voulut même cacher l'existence, à un tel point que le comte de Florida-Blanca , alors premier ministre, interrogé par M. Lemarchand chargé d'affaires de France à Madrid , lui répondit : « *Qu'il avait tort de concevoir de l'inquiétude sur un si grave sujet, et qu'il avait été trompé par de faux rapports.* »

Mais outre toutes ces raisons de nullité dont la prétendue loi de 1789 est frappée , *elle cessa d'exister par la volonté même de son auteur ;* car à la réunion de toutes les lois espagnoles dans un même code, sous le titre de *Novisima recopilacion* , travail fait en 1804 par ordre de Charles IV , on ne fit pas la moindre attention à la soi-disant loi de 1789. Au contraire, on trouve liv. III, tit. I, loi 5, la pragmatique de 1713 , ou *Auto acordado* , déclarée seule loi fondamentale dans l'ordre de succession , à l'exclusion de la loi de *Partidas.* Charles IV , dans sa cédule du 2 juin 1805 , placée en tête de la *Novisima recopilacion*, dit formellement que tous les conseils , tribunaux , juges et autres autorités du royaume, procéderont dans le gouvernement des peuples et dans l'administration , *d'après les lois de justice contenues dans ledit code,* et liv. III, tit. II, loi... *il est de plus ordonné de n'ajouter foi à aucune loi , à aucun réglement, à aucune décision, ni de s'en prévaloir, s'ils n'ont été signifiés ou publiés par pragmatique , cédule, provision, ordre, édit, ban, etc.* Veut-on un démenti plus formel au projet de loi de 1789 , et serait-il possible d'en trouver une annulation plus complète, même dans le cas où son illégalité ne l'eût pas fait regarder d'avance comme tout-à-fait nul ?

Cependant c'est ce même projet de 1789 que Ferdinand VII , comme instrument d'un parti, fit publier en 1830, par un simple acte de sa propre volonté! Ressusciter après *quarante ans* un projet de loi désavoué et frappé de nullité par son propre auteur, faire tout cela sans même consulter le pays, seulement par un simple décret arbitraire, était-ce une manière de procéder juste et légale? Ainsi, un simple décret promulgué arbitrairement au moment le plus imprévu, pourrait détruire impunément une loi fondamentale, acceptée, jurée par le pays et par les rois qui se sont succédé depuis près de cent trente ans? Et de quel droit Ferdinand VII pouvait-il, foulant aux pieds les lois les plus sacrés, léser ainsi les droits acquis d'un prince du sang, et porter atteinte au droit public européen? N'avait-il pas lui-même fait serment de respecter les lois du royaume? C'est donc par un parjure, qu'il préluda à ces innovations qui ont coûté tant de sang à l'Espagne, et c'est ici qu'existe le vrai parjure, et non pas du côté de Philippe V, comme les partisans d'Isabelle se plaisent à l'en accuser; car nous avons établi le droit de Philippe V; et sa manière de procéder, si différente de celle de Ferdinand VII, montre assez de quel côté se trouve la justice.

De plus, le décret de 1830 était en grande partie l'œuvre d'un homme taré et tout-à-fait discrédité dans l'opinion publique, agissant par les motifs d'une basse flatterie, et qui était, mais peut-être à son insu, l'instrument d'un parti. Ceci est un fait connu, et que les événemens arrivés après n'ont que trop confirmé; une simple remarque suffira pour en donner l'explication.

Ferdinand VII avait déjà eu une fille en 1817, malgré cela, il ne songea point alors à donner ce décret, et s'il le fit en 1830, ce furent les intrigans d'un parti qui le lui arrachèrent. En effet, de quel œil ce parti qui ne désirait qu'une nouvelle révolution à laquelle il travaillait sans cesse, aurait-il vu monter sur le trône **D.** Carlos représentant le principe monarchique, et dont les idées bien connues étaient en opposition directe avec les leurs? Dans cette alternative, ces mêmes hommes ne crurent pouvoir mieux faire pour arriver à leur but, que de soulever une question dont la solution, probablement encore éloignée, leur donnerait le temps d'accomplir leurs projets. De là, ce revirement de principes en faveur de ce qu'ils appellent *droits et trône légitimes*, eux qui neuf ans auparavant voulaient anéantir la dignité royale, et qui étaient les auteurs d'une constitution reconnue anarchique, même par des hommes opposés à **D.** Carlos. Voilà encore l'explication de ce respect soudain pour les droits et les lois, et de cet excès de tendresse subite pour la fille de ce roi, qu'en 1823, ils avaient déclaré incapable de régner, en votant sa déchéance. Le triomphe des principes nouveaux dont l'essai, à deux fois différentes en Espagne, avait eu des résultats si malheureux, conduisit la patrie au bord de l'abîme...

Un acte s'accomplit en 1833, ce fut le serment prêté le 20 juin à l'infante Isabelle comme héritière du royaume. Cet acte a fait beaucoup de bruit; on s'est fortement appuyé sur les conséquences qu'il pouvait offrir pour résultat Mais cet acte n'est pas moins que les autres frappé de nullité. Les cortès furent convoquées seulement pour prêter serment; on ne leur permit pas de faire la moindre observation. L'archevêque de Tolède, primat du royaume, qui d'après les lois devait recevoir le serment des cortès, protesta contre la validité de ce serment; mais il ne fut point écouté. Le premier prince du sang, qui alors était absent, protesta aussitôt d'une manière respectueuse, mais énergique, en alléguant ses droits; le roi de Naples en fit autant de son côté, mais on ne donna aucune connaissance de ces deux protestations aux cortès, qui n'eurent que la permission de jurer, et la défense de faire aucune réflexion.

C'est ici le moment de répondre par cette protestation de D. Carlos, à ceux de ses adversaires qui se sont montrés étonnés qu'il ne l'eût pas déjà faite en 1830. Ce prince était bon frère, comme toute sa conduite l'a prouvé, et il ne voulut pas en 1830 susciter à Ferdinand des embarras dans une question qui pouvait ne se pas présenter, car c'était avant la naissance de l'infante Isabelle. *Un écrit récemment publié*, et qui défend les droits de la fille de Ferdinand, prétend que D. Carlos aurait dû protester en 1830, et les hommes qui parlent ainsi, sont précisément les mêmes qui en 1833, au pouvoir, cachèrent au pays et aux cortès la protestation de D. Carlos.

Ces mêmes hommes, dans leurs écrits, tombent dans d'étranges contradictions : tantôt ils disent que Ferdinand VII ne pouvait voir sans frémir l'avenir du royaume et *celui de sa fille*, si de son vivant il n'assurait pas sa succession, et plus loin, ils avouent que Ferdinand donna son décret *avant la naissance d'Isabelle*; ici, ils nous présentent Ferdinand faisant ces changemens si importans au moment où *rien ne faisait craindre des ambitions dynastiques au sein de la famille royale*, et avant la fin de la page suivante, ils nous font voir l'Espagne travaillée par un parti fanatique prenant le nom de D. Carlos, et dont les intrigues, nous disent-ils, ont abreuvé d'amertume l'exis-

tence de Ferdinand, et avaient déjà amené des troubles sanglans en 1825 et 1827, même au sein de la capitale. En
parlant de *l'Auto acordado*, tantôt c'est Philippe V qui le
donne sans même consulter les députés du pays, tantôt ce
sont ces mêmes députés qui, pour s'occuper de cette
question, et sur la demande de Philippe lui-même, reçoivent
de nouveaux pouvoirs. On pourrait citer bien d'autres
contradictions, mais pour les remarquer, il suffira de lire
avec un peu d'attention les écrits dont nous parlons. Voilà
pourtant les hommes qui veulent imposer aux autres leur
opinion, *et qui ne parlent dans leurs écrits que de vérités,
de faits inattaquables, de raisonnemens sans réplique, etc.,*!

La véritable cause des troubles de 1825 et 1827, n'est
que trop bien connue : au bout de dix mois que ceux de la
Catalogne, en 1827, avaient été calmés par la seule présence du monarque, on découvrit une des plus importantes
conspirations qui se soient tramées depuis 1823 jusqu'en
1832. Cela indique assez quels étaient les agitateurs secrets
des troubles. Par une coïncidence qui mérite d'être remar-
quée, on trouve que ce même homme qui, en 1827, forçait
pour ainsi dire le roi à manquer à sa parole, qui n'épargna
plus tard, ni les tourmens, ni l'exil, ni les supplices contre
le parti monarchique soumis à la simple voix de Ferdinand,
fut le même qui, dans la suite, contribua le plus puissamment à arracher au roi le décret de 1830.

Quant à la conduite de **D.** Carlos, ses ennemis eux-
mêmes, s'ils sont de bonne foi, lui rendront justice. Excellent frère, il fut le compagnon de Ferdinand VII dans
toutes ses infortunes, et lui fut toujours attaché et fidèle.
Il ne tenait qu'à lui de se faire proclamer roi ou régent du

royaume en 1832, le pays le désirait, on le pressait de le faire, il s'y refusa toujours : doué d'un caractère noble et loyal, il dit à ses plus chauds partisans, que tant que son frère vivrait, il resterait toujours son sujet le plus soumis ; mais il déclara son intention formelle de défendre, s'il le fallait, à la pointe de l'épée ses droits et ceux de ses enfans, à la mort du roi. On reconnait bien là ce prince courageux, qui, à une époque mémorable, avait répondu à Napoléon déjà en possession des actes d'abdication de Charles IV et de Ferdinand VII : « *Qu'il pouvait bien le faire fusiller, mais qu'il n'obtiendrait jamais sa renonciation aux droits qu'il tenait de sa naissance.* » Ainsi on a toujours pu voir dans la conduite de D. Carlos, tant du vivant de son frère qu'à sa mort, la franchise et la noblesse de ses sentimens. Malheureusement, il y a des hommes que de telles qualités touchent si peu, qu'ayant alors le pouvoir entre leurs mains, ils firent voir combien peu ils étaient dignes de les apprécier, puisqu'ils eurent la barbarie et l'aveuglement de condamner cet auguste prince à la peine capitale.

Il faut encore éclaircir un fait qui a été on ne peut plus dénaturé. Ferdinand VII donna à la Granja, le 18 septembre 1832, un décret annulant celui de 1830, et le 31 décembre 1832, à Madrid, un autre décret qui, à son tour, annulait celui de la Granja, et que les partisans d'Isabelle présentent comme le complément de ses droits. Ni l'un ni l'autre ne pourrait changer en rien la question. Le décret de Ferdinand donné en 1830 était nul, nous l'avons prouvé ; par conséquent, ni celui de la Granja n'était nécessaire pour lui ôter une force qu'il n'avait pas, ni celui de Madrid ne pouvait lui rendre une force qu'il n'a jamais eue. Le décret de la

Granja n'était utile, qu'en ce qu'il pouvait, dans les premiers momens après la mort du roi, empêcher les suites fâcheuses de celui de 1830, suites que l'Espagne a maintenant à déplorer ; mais comme on s'est plu à dire et à faire dire à Ferdinand lui-même dans son second décret, que celui de la Granja lui avait été extorqué, nous ne laisserons pas passer une telle assertion sans la démentir. Ferdinand VII conservait alors parfaitement toute sa raison, et ce fut par un effet de sa libre volonté et absolument de son plein gré, qu'il révoqua le décret de 1830. La reine elle-même le lui conseilla en disant ces belles paroles : « Je ne veux pas qu'il en puisse coûter une seule goutte de sang à l'Espagne. » Comme nous l'avons déjà dit dans le cours de cet ouvrage, tout se fit en sa présence. Quelques difficultés qui se présentaient à cause de l'héritage des biens particuliers du Roi, furent levées, et le même ministre qui avait été un des moteurs les plus ardens du décret de 1830, fut dans l'obligation, à cause des fonctions qu'il remplissait, d'en rédiger un autre par ordre du Roi. Le soir à six heures, tous les ministres furent convoqués : la reine elle-même arrangea le pupître sur lequel le Roi devait signer, elle lui donna la plume ; et pour prouver combien Ferdinand conservait encore ses facultés intellectuelles, il suffira de dire qu'ayant mis seulement son parafe, comme cela se fait ordinairement dans les simples décrets, il demanda ensuite au ministre de la justice s'il fallait encore mettre son nom. Sur la réponse affirmative du ministre, Ferdinand l'y ajouta à côté du parafe. Voilà l'exacte vérité des faits qui se passèrent alors, et qui eurent pour témoins les hommes les plus honorables de la bouche desquels on a recueilli tous

ces détails. Nous avons aussi parlé de la dépêche télégraphique du 18 septembre, par laquelle l'ambassadeur de
France à Madrid annonçait que la santé du Roi était bien
meilleure ce jour-là, et c'était précisément celui de la signature du décret.

Quant au décret du 31 décembre, nous répéterons seulement que le spectacle que Ferdinand VII offrit alors et à
l'Espagne et à l'Europe, fut certes bien triste. Du reste, on
a trop bien vu si ce que l'on disait à Ferdinand sur son lit de
mort, n'était pas de la plus grande vérité.

Comme les partisans d'Isabelle, faute de mieux, tâchent de
mettre à profit les moindres incidens, avant de terminer cette
réfutation, nous devons relever des faits établis par eux, quoique d'ailleurs fort insignifians.

Les cortès de 1812 qui ne ressemblaient en rien aux
anciennes cortès, quoiqu'elles portassent le même nom, exerçant au nom du roi Ferdinand et pendant sa captivité à Valençay l'autorité souveraine usurpée sur la junte centrale,
ces cortès, disent-ils, dans la Constitution que de leur chef
elles octroyèrent à l'Espagne, établirent la succession au
trône comme Ferdinand VII a voulu le faire plus tard ; ceci
prouve seulement que les cortès qui voyaient le roi et son
frère D. Carlos en prison, et retenus dans cette captivité par
Napoléon qui avait juré la perte de l'Espagne, voulurent
agrandir le cercle des personnes appelées au trône dont l'existence était si nécessaire. En diminuer le nombre, aurait été
alors peu national, peu prévoyant, et surtout peu politique.

Enfin, lorsqu'on voit la plus grande partie de la population espagnole prendre les armes pour soutenir la cause de
D. Carlos, et la défendre avec un véritable enthousiasme,

malgré l'appui moral et matériel que la France, l'Angleterre et le Portugal prêtent à Isabelle ; l'augmentation subite des forces carlistes dans toute la Péninsule, la marche rétrograde des affaires de Christine qui devient de jour en jour plus sensible, tous ces résultats favorables à la cause légitime, obtenus malgré les efforts continuels faits pour en empêcher la réussite; ne sont-ce pas des faits parlans, qu'on peut opposer à ces inductions mensongères que l'on veut tirer de ce que la Constitution de 1812 dit sur la succession, pour tâcher de prouver les sympathies du pays pour le droit des femmes ?

Voilà pour le premier fait ; quant au second, il est encore moins concluant, le voici.

Ceux qui plaident en faveur de la loi de 1789, et qui veulent prouver qu'un examen consciencieux présida à cette affaire, citent la réponse de quatorze prélats *alors réunis à Madrid,* et qui furent de l'avis de Charles IV lorsqu'il les consulta sur l'annulation qu'il méditait. Il serait presqu'inutile de refuter cette assertion, puisqu'on a pu voir comment Charles IV annula lui-même son projet de loi ; mais comme il se trouve encore des personnes qui veulent donner une certaine importance à cette pièce, nous allons en faire comprendre la véritable valeur. Quatorze prélats avaient été convoqués en même temps que les cortès, pour prêter serment au prince des Asturies; ils n'avaient aucune voix délibérative puisqu'ils ne faisaient point partie des cortès; ainsi, si Charles IV les consulta ce ne fut simplement que sur le cas de conscience qu'il leur demandait leur opinion, mais il n'entendait pas pour cela, comme on a bien voulu le prétendre depuis, donner à cette consultation aucun caractère politique. Et alors, dirons-nous, si l'on donne tant de force à l'avis de ces *quatorze* prélats, pourquoi ne respecte-t-on pas davantage aujourd'hui celui d'un bien plus grand nombre de prélats, et de presque la totalité du clergé espagnol qui s'est si fortement prononcé pour les droits de **D. Carlos**? Nous avons présenté les faits et les raisons que l'on allègue de part et d'autre; la conclusion n'est pas difficile. Avant 1713, la loi de Partidas *enfreinte* à diverses reprises, et considérée comme loi supplémentaire; après 1713, vrai point de départ de cette question, on voit d'un côté *l'Auto acordado* proposé par le *chef* d'une nouvelle dynastie après une guerre de douze ans, et établi sans léser les droits de qui que ce soit, puisqu'il n'avait que des enfans mâles. De l'autre, le projet de 1789, formulé par la volonté d'un roi qui était *le continuateur* de la dynastie, succédant après un règne paisible à l'intérieur, et ayant un fils puîné, dont il foulait aux pieds les droits aussi légitimes que les siens propres. D'un côté *l'Auto acordado*, loi éminemment nationale, qui devait empêcher le trône de passer dans une dynastie étrangère, et prévenir le renouvellement d'une guerre de succession toujours ruineuse pour le pays; d'un autre côté, la soi-disant loi de 1789 dont les effets devaient être des plus déplorables. *L'Auto acordado reconnu, sanctionné* comme loi fondamentale par le pays réuni en cortès générales avec un *mandat ad hoc*; la loi de 1789 proposée aux représentans de trente huit villes, *sans mandat exprès* pour s'occuper d'une telle question. *L'Auto acordado* discuté et promulgué publiquement avec toutes les formalités nécessaires, qui lui donnaient force de loi fondamentale; ici, la loi de 1789 qu'on enleva sans discussion, arrangée dans l'ombre et le mystère où elle est toujours restée ensevelie,

ayant même été annulée par son propre auteur, et qui d'ailleurs n'aurait jamais que le caractère d'un simple projet
puisqu'elle n'avait jamais été promulguée. Enfin *l'Auto
acordado* qui antérieur à tous les traités d'Utrecht et de
Vienne, est contenu dans l'esprit de ces mêmes traités et devient par là, partie du droit public européen, et la loi de
1789 qui fausse l'esprit de ces traités, et dont l'existence fut
alors niée aux représentans des puissances! Après ces conclu-
sions, que dira-t-on, si l'on veut être de bonne foi?

Nous nous arrêtons ici, croyant en avoir assez dit sur cette
question. Pour l'éclaircir, nous avons présenté les faits tels
qu'ils sont. La vérité seule a été notre guide, et nous ne
craignons pas de l'opposer à ces brillans sophismes qui cherchent à l'obscurcir. C'est l'histoire en mains, que nous prouvons que les droits de D. Carlos sont les seuls valables, les
seuls légitimes, et que les prétentions d'Isabelle fondées sur
des faits inexacts ou controuvés, ne pourront jamais trouver
d'appui que dans un parti révolutionnaire dont le triomphe
effacerait à la fin l'Espagne du nombre des nations, et met-
trait en danger l'existence de tous les trônes.

Portraits et Poésies.

DON SÉBASTIEN.

Tout le monde sait les avantages remportés dans les affaires où l'infant **D.** Sébastien commanda en personne. Son premier triomphe fut la victoire d'Hernani dont nous avons raconté les détails dans le cours de cet ouvrage. Mais une action, peut-être encore plus éclatante, est la victoire d'Huesca ; elle fut si importante que le trône d'Isabelle en reçut une terrible secousse. Outre la perte de ses généraux, le gouvernement de Madrid perdit toute son influence sur l'armée, et les troupes furent quelque temps sans vouloir combattre, tant elles redoutaient l'habileté et la valeur du jeune général en chef des armées de **D.** Carlos.

D. Sébastien, naquit le 4 novembre 1811. Il eut pour père, l'infant Pierre, cousin de **D.** Carlos ; sa mère est l'infante de Portugal Marie-Thérèse, fille du roi Jean **VI**, et connue plus particulièrement sous le nom de princesse de Beyra. Il entra en France avec le roi, et habita l'hôtel Panette pendant quelque temps avec sa royale famille, ensuite il quitta la France pour aller vivre en Allemagne, où sa mère posséde des biens considérables.

L'ÉVÊQUE DE LÉON.

D. Joaquin Abarca, évêque de Léon, naquit à Huesca, ville du royaume d'Aragon, en 1781. Il y étudia la philosophie, le droit civil et le droit canon ; il suivit à Madrid un cours de jurisprudence, et s'y fit recevoir avocat. De là, il se rendit à Huesca pour consacrer ses talens à l'utilité de ses concitoyens.

Les débuts du jeune Abarca, dans la noble carrière du barreau, firent aisément prévoir qu'il était destiné à la parcourir avec la plus grande distinction. La défense des droits des pauvres et de ses amis, fut d'abord son unique occupation. Ses talens distingués lui procurèrent plusieurs charges honorables, auxquelles il fut obligé de renoncer lorsque Napoléon vint déclarer la guerre à l'Espagne. On lui fit un crime de sa fermeté à défendre les droits du trône et de l'Église d'Espagne, et pour prix de son dévouement, il fut enfermé dans les prisons d'Huesca, et ensuite dans celles de Sarragosse.

Il fut nommé chanoine en 1804, lorsqu'il eut recouvré sa liberté. En 1822, le chapitre de l'église cathédrale de Tarazone le chargea de l'administration du diocèse, dont l'évêque avait été banni par le gouvernement constitution-, nel. Devenu lui-même suspect, il fut arrêté; mais ayant trouvé le moyen de s'échapper, il passa en France et se rendit à Bayonne, où monseigneur d'Astros, par toutes sortes de distinctions et d'égards, lui fit oublier les rigueurs de l'exil. Abarca retourna en Espagne quelque temps après. S. M. Ferdinand VII le nomma à l'évêché de Léon, et en 1825, le fit conseiller d'État. Cependant les ennemis de l'ordre et du bien public parvinrent encore une fois à le rendre suspect et à le faire bannir. C'est alors qu'il publia cette fameuse protestation, dans laquelle il énumère tous les maux qui doivent retomber sur l'Espagne et y répandre la désolation, si l'on ne s'empresse de les prévenir. Cette protestation ne fit qu'accroître la haine de ses ennemis qui le poursuivirent jusque dans son palais; mais l'évêque de Léon, sans sortir de son diocèse, trouva le moyen d'échapper à leurs pour-suites, jusqu'à l'époque de la mort de Ferdinand.

Alors il se rendit en Portugal auprès de D. Carlos, et lui offrit son dévoûment et ses services. Il fut extrêmement utile à ce prince en plusieurs circonstances; Charles V lui confia le soin de sa famille et de ses affaires à Londres, tandis qu'il retournait en Espagne, accompagné du seul baron de Los Vallès. Lorsque l'évêque de Léon crut le moment favorable, il tenta de se rendre de nouveau en Espagne auprès de son souverain. Mais soit fatalité, soit imprudence, il ne fut pas aussi heureux; la gendarmerie l'arrêta. Toutefois, il parvint à retourner en Angleterre. Plus circonspect dans une nouvelle tentative, il s'embarqua en qualité de marin, s'arrêta à Bordeaux, et vint enfin mouiller aux côtes d'Espagne où l'attendaient de publiques acclamations de joie, et la preuve non équivoque de la considération dont il jouissait auprès du Saint-Siége, qui n'attendait que son arrivée dans les provinces basques, pour l'investir des pouvoirs les plus étendus dans l'intérêt spirituel de tous les peuples soumis à D. Carlos.

Ce prélat, qui au milieu des camps était tout occupé de son ministère évangélique, fut bientôt nommé président du conseil des ministres et chargé en outre du département des grâces et justices. Il a suivi son roi dans l'exil, il s'est attaché à sa mauvaise fortune dans toutes les circonstances ; mais peut-être pourrait-on le blâmer d'une certaine rigueur de principes, qu'il l'a empêché de sacrifier quelques unes des anciennes coutumes de l'Espagne à l'exigence des temps. Tout en admirant l'intrépide fermeté de l'évêque de Léon, on ne peut nier qu'elle n'ait été infiniment funeste aux intérêts du roi Charles V.

ERRO.

D. Juan Boutista de Erro, grand'croix de l'ordre royal de Charles III, ministre d'État, et dernier ministre universel de D. Carlos, naquit à Andoain, province de Guipuscoa, en 1774. Il fit ses études au collège de Bergara, et s'appliqua principalement aux mathématiques. Il se distingua bientôt dans cette science ; il forma les plans et l'établissement des mines d'Almaden, ce travail étonnant lui mérita le titre d'académicien. Plus tard, il fut nommé intendant des finances de la province de Soria, et ensuite de celle de Ciudad-Réal, d'où il passa à l'intendance de l'armée et province de Madrid. En 1820, il occupait celle de Barcelone, quand les troubles le forcèrent à se réfugier en France. L'armée auxiliaire le ramena à son poste, et quand Ferdinand VII fut rétabli sur son trône, il confia à Erro la première dignité du royaume, celle de ministre d'État.

A la mort du roi, il fut obligé d'émigrer : il se retira en Angleterre, il y séjourna jusqu'au moment où il crut pouvoir être utile à son nouveau roi, aussitôt il se rendit en Espagne, et D. Carlos lui prouva combien il attachait de prix à son retour, en le nommant ministre universel.

Erro conserva ce poste éminent jusqu'après la levée du siège de Barcelone; là les premières dissidences commencèrent à s'introduire dans l'armée, et le roi jugea important, pour concilier tous les intérêts et calmer toutes les passions naissantes, de former un nouveau ministère dont l'évêque de Léon eût la présidence. Erro resta néanmoins attaché au au service de D. Carlos, dont il partage maintenant l'exil et la mauvaise fortune, en attendant des jours plus heureux.

ZUMALACARRÉGUY.

L'invincible héros, l'immortel Zumalacarrégui naquit de parens nobles dans le petit village d'Ormaistegui, de la province de Guipuscoa. Dès sa jeunesse, il montra une grande inclination pour les armes : à seize ans, il était soldat; sous-lieutenant en 1812, il alla trouver à Cadix son frère, membre des cortès; il en revint en 1822 avec le grade de lieutenant dans le régiment des ordres militaires, et reçut le commandement d'un bataillon dans l'armée de la Foi. Nommé colonel à la fin de cette guerre, il commanda successivement le 4ᵉ régiment de ligne, le régiment de Bourbon, 16ᵉ de ligne, et celui de l'Estramadure, 15ᵉ de ligne, à la tête duquel il se trouvait en 1830, lorsqu'il fut mis à la retraite. Alors le colonel se retira à Pampelune avec sa femme et ses enfans. Il fut arrêté quelque temps après, comme prévenu d'avoir cherché à troubler le gouvernement de la reine Christine, pendant la maladie de Ferdinand VII. Remis en liberté, il chercha à oublier, au sein de sa famille, les persécutions qu'il avait souffertes, quand la mort du roi vint réveiller toutes les dissensions politiques. Zumalacarrégui se montra le premier au milieu des royalistes qu'il rassembla et conduisit au champ des combats. Valdès ayant appris cette nouvelle, fit retomber sur la femme et la fille du défenseur de la légitimité, tout le poids de sa colère. Il les fit enfermer dans un couvent de religieuses où elles restèrent jusqu'à ce que Quésada vint les rendre à la liberté, et leur donna des passeports pour Elisonde et Ordas. Ces innocentes vic-

times des fureurs des partis, n'échappèrent qu'avec beaucoup de peine aux poursuites des troupes de la reine.
Enfin, à travers mille dangers, elles parvinrent à leur des-
tination.

Avant les évènemens qui donnèrent lieu à Zumalacarrégui de déployer ses talens militaires, il était déjà
regardé comme un des meilleurs officiers de l'armée espagnole, mais il devint bientôt le général le plus illustre de
l'époque : car si l'on fait attention au peu de moyens qu'il
avait pour vaincre tant de difficultés, au petit nombre de
troupes avec lequel il lui fallait résister à tant d'armées bien
vêtues, bien nourries, bien disciplinées, tandis que lui, il
n'avait que quelques volontaires ignorant tout-à-fait la
guerre, manquant de tout, même d'armes et de nour-
riture, et continuellement attaqués par de nombreux bataillons, ce n'est qu'alors, que l'on pourra se faire une juste
idée du génie qu'il a fallu déployer pour vaincre ces armées
formidables et mettre tant de fois en déroute ces vieilles
troupes étonnées de se voir mises hors de combat par une
poignée de paysans sans ordre et sans discipline.

Mais bientôt ces mêmes hommes devinrent les plus habiles
soldats du monde; leur chef valeureux les rendit intrépides
comme lui, et en fit autant de héros qui étonnèrent l'univers entier par l'éclat de leurs exploits.

Enfin, Zumalacarrégui chargé de gloire trouva sur le
champ d'honneur la mort réservée aux braves. Il fut blessé
à la jambe droite pendant le premier siége de Bilbao, le 6
juin 1835, et mourut des suites de cette blessure, le 25 du
même mois. Avant d'expirer, il confia le commandement de
ses troupes au général Erazo.

Plusieurs poètes déjà ont célébré la gloire de l'illustre héros : nous reproduirons ici une cantate en son honneur : elle est de M. Alphonse de Panette, qui l'a dédiée à S. M. Charles V.

Zumalacarréguy.

CANTATE.

Sur ce rocher, où l'aigle arrive à peine,
Que vois-je donc s'agiter dans les airs ?
Le jour naissant rend ma vue incertaine,
Mais il grandit, ses rayons sont plus clairs.
Enfin j'ai vu ; c'est leur drapeau rebelle
Vaincu cent fois, celui des christinos,
Puisqu'il leur faut une leçon nouvelle,
Allons, soldats, et vive Don Carlos !

Et sur les pas de leur chef invincible,
De l'immortel Zumalacarréguy,
Ils ont gravi ce roc inaccessible,
Et la terreur a couru devant lui.
Leur étendard, porté par la victoire,
A renversé celui des christinos,
Et tous alors n'ont qu'un seul cri de gloire :
Vive le Roi, le seigneur Don Carlos !

Nobles soutiens de la cause sacrée,
Guipuscoans, Basques et Navarrais,
Que, dans Madrid, sa glorieuse entrée
Assure enfin ses droits par vos succès.
Rendre à son front la couronne usurpée,
C'est rendre à tous, paix, bonheur et repos;
Tout dans ce but; le bras, le cœur, l'épée,
Dieu nous l'ordonne, et vive Don Carlos !

Pour accomplir cette grande entreprise,
Je compte, amis, sur vous comme sur moi;
Nous serons forts par la sainte devise
Qui nous unit : DIEU, L'HONNEUR et le ROI.
Guerre aux tyrans dont l'Espagne est victime :
Délivrons-la du joug des christinos,
Ramenons-lui son prince légitime,
C'est Don Carlos, et vive Don Carlos !

Oui, nous jurons ici sur notre épée
A toi, du Roi vaillant et digne appui,
Qu'en nous ta foi ne sera pas trompée,
Sois sûr de nous, Zumalacarréguy !
Vive le Roi ! ton seigneur et le nôtre !
Vive le chef qui défend nos Fuéros !
Mourons pour l'un, ou triomphons sous l'autre,
Gloire à tous deux, et vive Don Carlos !

Cette cantate fut adressée par l'auteur à la veuve de Zumalacarréguy, qui, en reconnaissance de cette œuvre, lui adressa la lettre suivante :

Sr de Panette,

Monsieur de Panette,

Muy S^r mio : Ayer recibì con la mayor satisfacion la carta de U, de 28 de febrero juntamente con los versos en musica obra de talento y bien aprobechado estudio de U. Imediatamente que los he visto no he dejado de admirar asi el buon gusto del autor, como un sincera à la Persona de N. Rey D. Carlos V (Q. D. G.) Esta circostancia es para mi de la mayor recomendacion, y es cierto que sola ella es suficiente, para que yo conserve la amistad con quien la pose ; mas ai ! encuntro en esta obra un favor especial que me hace U. es su dedicacion à mi amado esposo. Doi à U. las mas espressas gracias por su bondad, y le auguro que su obra permanecera para siempre en la familia de Zumalacarregui para eterno reconocimiento y memoria de U.

Con este motivo, tengo el honor de ofrecerle mis respectos.

La Duquesa viuda de la Victoria,

Condesa de ZUMALACARREGUI.

Burdeos, 23 de mayo 1841.

Monsieur, j'ai reçu hier avec grand plaisir votre lettre du 28 février, avec les vers et la musique, fruit de votre talent et de vos études. Aussitôt que je les ai vus, je me suis empressée d'admirer le bon goût de l'auteur et son attachement sincère à la Personne de Notre Roi D. Carlos V (que Dieu garde). Cette circonstance est la meilleure recommandation que vous puissiez avoir près de moi, et il est certain que seule elle suffit pour que je conserve votre souvenir. Mais je trouve que vous me faites encore une nouvelle faveur, en offrant cette œuvre à mon époux bien aimé. Je vous rends les graces les plus sincères pour votre bonté, et je puis vous assurer que votre ouvrage restera éternellement dans la famille de Zumalacarréguy, en mémoire de vous.

Je saisis cette occasion pour vous présenter mes respects.

La Duchesse veuve de la Victoire,

Comtesse de ZUMALACARRÉGUY.

Bordeaux, 23 mai 1841.

EGUIA.

Don Nazario d'Eguia naquit à **D**urango , principauté de Biscaye , de parens d'une noblesse très ancienne, le 28 juillet 1777. Il s'appliqua de bonne heure à l'étude de la philosophie et de la théologie. Il fit ses premières armes dans le régiment d'infanterie d'Estramadure, et après s'être perfectionné et avoir subi des examens rigoureux , il entra en qualité d'officier dans le corps du génie à la fin 1799. Il parvint bientôt au grade de colonel et à celui de brigadier d'infanterie.

Malgré les ordonnances royales qui réservent aux maréchaux-de-camp , les fonctions de quartier-maître général de l'armée , Eguia fut choisi par le duc d'Albuquerque pour les remplir. On lui doit cette manœuvre habile qui , déjouant les combinaisons de l'ennemi , permirent d'arriver deux jours avant l'armée française à l'île de Léon , dont la défense fait aussi beaucoup d'honneur au quartier-maître général.

En 1815 , il fut attaché au corps d'observation des Pyrénées , en qualité de maréchal-de-camp. Après la dissolution de ce corps, il prit le commandement des troupes qui formaient le cordon sanitaire du Tage et de la Sierra-Morena.

En 1823 , Ferdinand VII le nomma capitaine-général du royaume de Gallice , et commandant de l'armée d'observation sur les frontières du Portugal. Le roi le nomma grand'croix d'Isabelle-la-Catholique , pour récompenser ses nombreux et éminens services.

En 1829, il servit de point de mire aux Espagnols exilés qui cherchaient à renverser le gouvernement de leur pays. Comme ces révolutionnaires redoutaient l'intégrité des principes religieux et monarchiques d'Eguia, ils cherchèrent à s'en défaire par un horrible crime. Le 23 octobre 1829, Eguia reçut par le courrier plusieurs dépêches sur l'une desquelles étaient écrits ces mots : *Reservado* (confidentiel) pour le capitaine-général de la Gallice. Accoutumé à tout faire par lui-même, il ouvre ce paquet en présence de ses secrétaires : aussitôt une explosion épouvantable se fait entendre, et ce brave général qu'avait si long-temps respecté la mitraille pendant les sanglantes guerres de l'empire, tombe baigné dans son sang. Les balles sorties de la machine infernale emportèrent sa main droite et deux doigts de la gauche ; sa figure, son ventre, ses jambes furent horriblement mutilés. Le roi, pénétré de douleur à cette nouvelle, et en récompense de ses nombreux services, l'éleva sur-le-champ au grade de lieutenant-général, et lui accorda le droit de signer ses lettres avec l'estampilla (*).

Mais cette dernière faveur ne suppléait qu'à la signature, et Eguia voulait écrire comme auparavant ; il inventa mille moyens pour y parvenir ; enfin il en trouva un qui lui parut extrêmement simple et qu'il mit aussitôt en œuvre. C'est un instrument composé de trois branches au milieu desquelles le bras en se glissant, éprouve une légère pression qui suffit pour assujétir la machine ; sa grande simplicité en fait tout le mérite.

(*) Estampilla, seing gravé sur métal, avec lequel le roi signe ses dépêches.

Lorsque les premiers évènemens de Saint-Hildephonse vinrent troubler l'ordre public, on se défit d'Eguia , en l'envoyant en disponibilité à Valladolid, mais comme on ne pouvait méconnaître ses longs services , on lui conféra le titre de comte de Casa-Eguia.

Après la mort de Ferdinand VII , le brave comte se rendit à Pampelune, et s'entendit avec Zumalacarréguy pour préparer le soulèvement des royalistes en faveur de D. Carlos. Le nouveau gouvernement de Madrid le persécuta , et le relégua à Pampelune , d'où il passa en France.

Rendu auprès de D. Carlos , il fut nommé vice-roi de Navarre. Il eut successivement le commandement en chef de l'armée et la charge de conduire les troupes qui faisaient le siége de Bilbao. Il se serait infailliblement rendu maître de cette place, si les rigueurs d'une saison toute de neige et de glace ne fussent venues se joindre à l'artillerie anglaise, pour lui ravir une conquête assurée. A cette époque, il quitta le commandement de l'armée pour être employé à d'autres fonctions honorables , jusqu'à ce que le malheur de son roi , le forcèrent de s'exiler avec lui , et de venir chercher un asile sur le sol de France.

MORENO.

Moréno naquit à Cadix le 9 décembre 1778. A peine âgé de seize ans , il entra en qualité de cadet dans le régiment de Savoie , et commença sa carrière militaire par la campagne de Catalogne, sous le marquis de l'Union. En 1808 il ins-

talla à Valence la junte suprême contre Napoléon. Ses éminens services et sa bravoure l'élevèrent aux grades supérieurs.
Après le retour de Ferdinand VII en Espagne, il fut nommé
général et capitaine-général du royaume de Grenade. A la
mort de ce prince, il fut un des premiers à s'attacher à la
fortune de D. Carlos ; il le suivit en Portugal et en Angleterre. Il fut ensuite chargé d'une mission importante en
Allemagne ; à son retour, il fut arrêté à Paris, sous le nom
d'Antoine Perez, et condamné comme vagabond à six mois
de prison. Lorsque le temps de sa captivité fut terminé, il
se rendit en Espagne où il alla rendre compte de sa mission
et des dangers qu'il avait courus, à Charles V, son roi, qui
le nomma général en chef de l'armée. Moréno a toujours
pris une part très active aux opérations de l'armée, soit en
qualité de major-général, soit en qualité de général en chef.
Victime de la trahison infâme qui a réduit son roi aux pénibles souffrances de l'exil, il a été mis à mort par ses soldats
révoltés.

VILLARÉAL.

Ce général bouillant d'une ardeur guerrière, se mesurant
avec l'ennemi dans toutes les occasions, n'épargnant pas
plus sa vie au fort du danger, que celle du simple soldat, a
toujours montré un calme, un sang-froid extraordinaire.
Comme on lui demandait pourquoi il exposait sa vie, et qu'on
lui représentait qu'il n'est pas permis à un général d'affron-
er les dangers réservés aux soldats, il répondit : « Dans

une guerre de partisans, où un général ne commande que des volontaires, il doit payer de sa personne, en méprisant lui-même les périls qu'il veut faire surmonter aux siens. »

Toujours on le voyait au milieu du feu le plus meurtrier, comme s'il se fut cru invulnérable. Que de succès n'a-t-on pas dûs à sa présence subite dans l'endroit le plus fortement menacé! Aussitôt venaient se grouper autour de lui une masse d'efforts irrésistibles, et la victoire était ordinairement le fruit de sa généreuse résolution et de son sang-froid; car, disait-il lui-même : Des soldats volontaires résistent souvent à des ordres, mais ils ne résistent jamais à l'exemple. Villaréal naquit à Larréa, province d'Alava, le 24 juillet 1801. Ses premiers essais dans la carrière militaire lui valurent bientôt le grade de capitaine dans le premier bataillon d'Alava.

Villaréal ne fut point oublié dans l'expulsion des officiers connus pour leurs opinions monarchiques.

Après la mort de Ferdinand, il se mit en campagne à la tête d'un bataillon de volontaires royalistes, proclama D. Carlos Roi d'Espagne, et par des efforts inouïs, seconda merveilleusement les opérations de Zumalacarrégui. Elevé en dignité par Charles V, juste appréciateur du mérite, il rendit des services importans à l'armée dont il fut pendant quelque temps général en chef. Il s'empara des forts de Bilbao, il contribua puissamment à la célèbre victoire d'Hernani, et ne déposa les armes que lorsque le roi se vit forcé d'entrer en France après la dissolution de l'armée royale.

GOMEZ.

Le plus hardi, le plus actif et peut-être aussi le plus habile de tous les généraux, dans une guerre de partisans, c'est le général Gomez, qui tant de fois a battu les ennemis de Charles V, tant de fois les a mis à contribution, leur a enlevé leurs convois, les a dispersés, les a étonnés eux-mêmes de la rapidité avec laquelle il se trouvait partout. Parcourant l'Espagne de l'un à l'autre bout, avec une poignée d'hommes, ayant sans cesse à combattre des armées nombreuses, à vaincre des obstacles presqu'insurmontables, il faisait l'admiration et l'étonnement de l'univers entier, tandis qu'il faisait le dépit et la honte de ses ennemis. Tous les bulletins ne sont remplis que de ses exploits : chaque jour les feuilles ministérielles répétaient ces paroles : « Gomez a été battu, il ne lui reste plus personne, il a perdu tous ses soldats » : et le lendemain, Gomez se retrouvait sur un autre point avec cinq ou six mille hommes. De là, nouvelle obligation pour les révolutionnaires, de répéter qu'il avait été encore battu; à ce compte, Gomez aurait perdu près d'un million d'hommes! Où les aurait-il pris?

D. Miguel Gomez s'était appliqué dans sa jeunesse à l'étude des lois, mais la guerre de l'indépendance le fit soldat.

Au moment de l'invasion du général Dupont dans l'Andalousie, en 1808, il fut nommé sous-lieutenant. En 1812 il fut fait prisonnier, et conduit en France au dépôt d'Autun. Il trouva le moyen de rentrer en Espagne, où il reprit du service.

Les nombreuses dépenses qu'il fit pour soutenir les droits du trône, s'élèvent à plus de 36,000 piastres. Gomez s'était déjà uni à Zumalacarrégui pour soutenir les droits de Ferdinand VII, il vint s'unir de nouveau à cet illustre général, pour soutenir ceux de D. Carlos. Il occupa dans l'armée différens emplois, jusqu'au moment où il commença cette célèbre expédition dont le bruit retentit dans l'univers entier. Nous ne nous étendrons pas sur les détails de cette expédition déjà bien connue; d'ailleurs, nous savons que Gomez doit écrire lui-même ses mémoires, pendant les jours de son triste exil. Il est en ce moment à Bordeaux.

ELIO.

Le jeune D. Joachim Elio y Espeleta, naquit à Pampelune le 19 août 1806. Il eut pour oncle le célèbre capitaine-général Elio, victime de la révolution de 1820. Le jeune Joachim hérita du nom et des hautes qualités de son oncle. Plein d'horreur pour les monstres qui avaient versé le sang de l'illustre général, il alla se ranger sous les drapeaux royalistes jusqu'au retour de Ferdinand, époque à laquelle il fut incorporé en qualité de lieutenant dans la garde royale. Il y resta jusqu'à la mort du roi. Alors il se rendit en France, et de là auprès de Zumalacarrégui qui le fit son aide-de-camp. D. Carlos l'ayant élevé au grade de brigadier, il fit la deuxième expédition des Asturies. Ses nombreux services lui ont valu de grandes récompenses; toujours fidèle à la légitimité, il a suivi son roi dans l'exil, après avoir fait les derniers efforts avec l'illustre Cabrera.

CABRERA.

Cet illustre général naquit à Tortose, d'une famille honnête, le 26 décembre 1806. Il suivit la carrière ecclésiastique pendant quelque temps ; mais il n'avait pas encore fini ses études, lorsque dans le couvent où il étudiait, il s'éleva une insurrection scholastique, on crut devoir donner un caractère politique à cette émeute, et Cabrera qui était bien connu pour ses sentimens royalistes, fut exilé avec quelques-uns de ses condisciples. Comme il arrive à tant d'hommes, il n'alla point chercher sa destinée, elle vint le trouver elle-même. Bréton qui commandait à Tortose, celui-là même qui devait plus tard assassiner la mère de Cabrera, envoya ce jeune homme en exil, parce que, disait-il, il avait trempé dans un complot carliste. Le fait était faux, il ne tarda pas à devenir vrai. Cette persécution décida de la destinée de Cabrera. Son génie lui apparut sur le chemin de Tortose à Barcelone : l'exilé n'arriva pas jusqu'au lieu de son exil, il s'arrêta à Morella, et s'y engagea sous les drapeaux de Charles V. Qui aurait dit que cette ville de Morella qui voyait alors les commencemens obscurs du jeune séminariste exilé et transformé en soldat, le verrait un jour D. Ramon Cabrera, comte de Morella, général des armées royales, grand'croix de l'ordre royal et militaire de Saint-Ferdinand, grand cordon de l'ordre royal de Charles III, commandant-général des provinces d'Aragon, de Valence, de Murcie et de Catalogne.

On sait qu'il dut tous ces titres au zèle qu'il déploya pour la cause de son roi le seigneur **D. Carlos.**

Nous remettrons le recit de son histoire à la suite de celle de **D. Carlos**, parce que c'est là l'époque où il a brillé plus particulièrement, dans ces temps difficiles, où resté seul debout au milieu de tant de désastres, il chercha à relever les vastes débris de cette ancienne gloire des héroïques défenseurs de Charles V.

Mais une violente maladie qui avait attaqué chez lui jusqu'aux sources de la vie, vint comprimer ses généreux efforts, et cette âme toute de feu ne put plus subsister que du souvenir de ses anciennes victoires.

Aujourd'hui, le vaillant et fier Cabrera attend dans l'exil, que cette grande lutte recommence, pour faire trembler encore ses ennemis comme autrefois, lorsqu'il chassait devant lui Van Halen, Oraa, O'Donnell, et des armées trois fois supérieures en nombre; c'est avec cette fierté, que conviant l'odieux Nogueras, l'assassin de sa mère, à une lutte à mort, il lui proposait de le combattre avec le bois contre le fer, le bâton contre l'épée, confiant dans la justice du Dieu des batailles, et trouvant la mort du soldat trop noble pour un assassin.

Espoir, vaillans défenseurs de la cause sainte de la légitimité! Il est un Dieu vengeur des crimes des hommes. Du haut des cieux, il contemple vos souffrances et vos mérites; il me semble l'entendre vous dire : Consolez-vous, ô mon peuple, le jour de ma vengeance n'est pas éloigné; vous avez trouvé miséricorde devant ma justice, je vous enverrai châtier ces loups ravisseurs qui désolent mon fidèle troupeau !

Espoir! ô enfans de l'Ibérie, souffrez avec calme; votre Roi vous contemple et vous apprend lui-même à souffrir!

Espoir! L'univers est attentif à vos destinées, il s'intéresse à votre sort, il attend la fin de vos maux, et tous les vœux sont pour votre félicité. Ah! plutôt lisez ces strophes admirables que le cœur de tant de royalistes a dictées. Puissent-elles adoucir vos maux, calmer votre impatience, vaillans guerriers, et vous remplir enfin de cette douce espérance dont nous attendons tous au plus tôt les heureux effets.

VŒUX ADRESSÉS

A CHARLES V ET A MARIE-THÉRÈSE.

Je voudrais que les sons modulés par ma lyre
Fussent plus doux encor que n'est l'hymne des cieux,
Lorsque les chérubins remplis d'un saint délire
Font entendre au Seigneur leurs chants harmonieux.

Comme dans nos jardins la rosée odorante
En perles de cristal se glisse au sein des fleurs,
Je voudrais que ma voix en ce jour éloquente
Pénétrât dans votre ame et charmât ses douleurs.

Illustre successeur des fils de Charlemagne,
Sire, sur votre front, je voudrais voir briller
La royale couronne, et le soleil d'Espagne
En éclatans rayons sur elle étinceler.

Alors environné de votre immense gloire,
Magnanime vainqueur accordant le pardon,
Et roi, distribuant le prix de la victoire ;
Tout votre peuple ému bénirait votre nom !

Sire, écoutez ces mots ! Espérance ! Espérance !
Il viendra ce moment par nos vœux appelé ;
Du Dieu que nous servons l'auguste providence
Veille sur vos destins, ô royal exilé !

Et vous, Ange du ciel ! Vous, noble souveraine,
Dont les hautes vertus captivent tous les cœurs ;
Croyez-en l'avenir ! Une aurore sereine
Se lèvera pour vous, riche de ses splendeurs !

Quand vous aurez banni toute pensée amère,
Sous l'or de vos lambris, dans vos palais puissans,
Daignez vous souvenir parfois de l'étrangère,
Qui vers vous éleva ses timides accens.

Juliette LORMEAU.

Ode a S. M. Charles V.

Tu n'as pas démenti le sang de tes ancêtres,
Ni renversé l'autel des guerriers et des prêtres,
Qui marchaient avec toi sous les drapeaux du Cid ;
Non, tu n'as point trahi le serment que ta bouche
Prononça le jour même où la terreur farouche
      Vint s'asseoir aux murs de Madrid.

Inébranlable appui des droits de la couronne,
Et du pouvoir sacré qui punit et pardonne,
Au moment où ton glaive appuyé sur les lois,
Par un seul coup peut-être, eut fermé mille abîmes,
Et placé, pour jamais, sur des fronts légitimes,
      Le saint bandeau des anciens rois.

Les complots ténébreux et le parjure infâme,
Dont l'intérêt et l'or avaient ourdi la trame,
Ont lâchement brisé ton espoir le plus cher :
Malgré leur foi sublime et leur brûlant courage,
Les Bourbons, héritiers des vertus de Pélage,
      Sont exilés aux bords du Cher.

Mais la main des ingrats, de sang encor trempée,
Repousse en vain leur gloire et leur vaillante épée ;
En vain de ces ingrats la fureur les poursuit :
Sur les cœurs vertueux exerçant son empire,
Partout le saint respect que leur grande ame inspire
      Les accompagne et les conduit.

Déjà leurs yeux ont vu la véritable France,
Ainsi qu'au vieil honneur fidèle à l'espérance,
Incliner devant eux et sa lance et son front :
A l'aspect des proscrits, traversant nos provinces,
Elle aura dit encor que l'exil de ces princes,
      Pour la justice est un affront.

Monarque au cœur français, le tribunal auguste
Dont l'arrêt fut toujours irrévocable et juste,
L'inflexible avenir couronnera ton nom :
Ton peuple en te voyant pardonner et combattre,
A trouvé dans son roi le cœur de Henri-Quatre
      Et le bras guerrier d'un Bourbon.

Ne crains pas, ô Carlos ! que ma lyre inspirée,
Plaignant ton infortune éclatante et sacrée,
Ici vienne émouvoir ou flatter ta douleur :
Consoler un héros c'est offenser la gloire ;
L'héroïsme, humble et calme, au sein de la victoire
      Est toujours grand dans le malheur.

Je viens à la vertu malheureuse et fidèle,
Offrir, avec respect, la couronne immortelle,
Dont l'éclat est plus pur que la clarté du jour.
De l'immuable honneur elle est le prix suprême,
Et le Dieu de Clovis l'accorde à ceux qu'il aime,
      Comme un bienfait de son amour.

Le faste et la grandeur, le sceptre et la puissance,
Tous les biens de la terre et leur prestige immense,
Comme une ombre à nos yeux un jour disparaîtront :
Mais le temps, mais la mort, mais l'éternité même,
Ne peut anéantir le vivant diadème
      Dont le ciel a paré ton front.

Tous les rois de l'Europe, endormis sur le trône,
Ont laissé la révolte ébranler la colonne,
Dont la chute engloutit les autels et l'État.
Un seul, depuis dix ans, un seul roi sur la terre,
Du volcan politique eût éteint le cratère,
      Sans la trahison d'un soldat.

Appui vengeur du droit qui jamais ne succombe,
Tu ne descendras point tout entier dans la tombe ;
A la paix des cercueils appartiendront tes os :
A Dieu seul, qui les voit, ta pensée et ton ame,
A nous le souvenir, le nom, les traits de flamme,
      Et le grand cœur de Don Carlos.

GEORGEU.

ZUMALACARRÉGUY.

Parmi les nombreux témoignages de sympathie offerts à
à la famille royale d'Espagne, le grand poète royaliste,
M. Édouard Turquety, ne pouvait rester en arrière; aussi
l'œuvre suivante a été accueillie par Sa Majesté avec une
bienveillance toute particulière.

Lève-toi de ton mausolée,
Défenseur de l'Espagne et de ses vieilles lois !
Que ta grande ombre désolée
Apparaisse encore une fois !
— Il se lève, il se lève, et son regard sévère
Fait pâlir malgré lui le crime triomphant,
Et l'Espagne tressaille : on dirait une mère
Qui revoit son plus cher enfant.

« — Malheur ! jusqu'au fond de ma tombe
A retenti soudain le cri des opprimés.
On disait : L'Espagne succombe ;
Et mes os se sont ranimés.
Pardessus mon sépulcre, au fort de la tourmente,
J'ai redressé le front, j'appelais au secours ;
Mais rien ne répondait à ma voix suppliante,
Et l'Espagne criait toujours !

Malheur ! je vois la félonie
Déborder sans mesure à flot précipité.

Malheur ! j'assiste à l'agonie
De l'antique fidélité.
Voici l'or qui déprave au lieu du fer qui dompte.
Écoutez ! on n'entend là même où je suis mort ,
Que des sacs de métal que l'on jette sans honte ,
Et qu'on ramasse sans remord.

Où donc êtes-vous, mes armées,
Mes vieilles légions au cœur ferme et puissant ?
Quoi ! détruites ou désarmées,
Toujours du sang, partout du sang ?
La Navarre autrefois flétrissait les esclaves ;
Mères d'un peuple fier , montagnes que j'aimais ,
Où donc s'est absorbé tout le fleuve de braves
Qui descendait de vos sommets ?

Le fleuve a passé sous la terre
Il s'est enseveli. Je ne sais quel démon
A tendu sur l'Europe entière
Le réseau de la trahison.
La vertu dépouillée est seule à se défendre.
Si fort que soit le droit on n'y saurait compter ;
Car on trouve toujours des traîtres pour se vendre ,
Des lâches pour les acheter !

Oh l'infâme ! comme il se joue,
Comme il rit de l'honneur , ce suprême trésor !
Il met son ame dans la boue
Et la foule aux pieds pour de l'or.

O l'effronté transfuge ! un vil appât le gagne ;
Son idole d'hier il la brise aujourd'hui,
Il court livrer son maître… ; et le sol de l'Espagne
    Ne s'est pas entr'ouvert sous lui !

    Anathème sur le parjure !
Qu'on ajoute ce nom aux noms les plus flétris ;
    Qu'il rampe au-dessous de l'injure,
    Au-dessous même du mépris.
Qu'on l'apprenne à l'enfant, mais comme un mot farouche,
Qu'on prononce une fois, à voix basse, en secret,
Ou comme un mot honteux qui salirait la bouche,
    Si la bouche le murmurait.

    « Et toi qu'un traître sacrifie,
Victime de l'Europe, ô mon illustre Roi ;
    Oh ! Que n'ai-je un reste de vie
    A dépenser encor pour toi !
Mais non. Lorsque j'ai vu ta loyauté trompée,
J'ai frémi, j'ai roidi mes deux bras quoique seul.
Hélas ! à mes côtés, je cherchais mon épée,
    Et ne trouvais que mon linceul. »

    « — Dors dans ta fosse, dors tranquille,
Héros de la Navarre, oh ! tu peux sommeiller ;
    N'as-tu pas dans ton froid asyle
    L'espérance pour oreiller ?
Ne crains rien ; dans cet age où tout change et s'altère,
Où triomphe partout l'intérêt le plus vil,
Il faut qu'un roi s'épure au creuset salutaire
    De la douleur et de l'exil.

Il faut l'angoisse, ô chef illustre,
L'angoisse du désir, du péril, du combat,
Pour ajouter un nouveau lustre
A ces vieux sceptres qu'on abat.
Et puis pouvons-nous lire au fond des destinées ?
Qui sait ce que le ciel nous réserve dans peu ?
Qui sait s'il ne faut pas encor quelques années
Pour mûrir la moisson de Dieu ! »

Bourges et Madrid.

Trahison ! trahison ! un lâche a triomphé !
Oui, sous l'or des Anglais l'honneur est étouffé,
Et du vil Maroto l'infâme félonie
Tarife des martyrs la sanglante agonie.
Ils tombent les héros !... et la patrie en deuil
Pleure ses défenseurs sur un vaste cercueil.
Valeureux Espagnols, immortelles victimes,
Glorieux condamnés, quels furent donc vos crimes ?
Guergué, Garcia, Sanz, Iturriz, Carmona...
Il n'osait vous combattre, il vous assassina !
Au traître vous donniez de mortelles alarmes,
Et vous fûtes proscrits pour l'éclat de vos armes.
Trahison !... Les lions sans combat égorgés,
Dans le sang des bourreaux, un jour seront vengés ;
Car déjà l'Espagnol qui frémit sous sa chaîne,
Pousse un cri menaçant de vengeance et de haine.
Vengeance ! noble cri... généreuse fureur...
Tous les cœurs indignés, pleins d'une sainte horreur,
Les bataillons émus de l'armée ennemie,
Les vaincus, les vainqueurs, tous ont dit : Infamie !

Tous se sont ralliés dans leur mépris pour toi !
Deutz vendit une femme, et tu vendis ton Roi !
Maroto, le forfait que ton audace affronte
Met sur ton front le sceau d'une éternelle honte.
Ton nom ne peut mourir ; ton crime détesté
L'attache au pilori de la postérité.
Des traîtres à venir te voilà le modèle.
Quelle gloire attendait ton dévouement fidèle !
Pour te nommer leur chef, s'effaçaient tes rivaux ;
Zumalacarréguy te léguait ses travaux.
D'un nuage sanglant l'Espagne enveloppée,
Comme le fer du Cid invoquait ton épée.
L'Espagne te rangeait parmi ses fiers enfans,
Sur ses monts indomptés, du Maure triomphans.
A tes saints étendards elle essuyait ses larmes,
Et croyait que Dieu même avait béni tes armes ;
Que, nouveau Machabée, et vainqueur d'Ismaël,
Tu rendais son seigneur au peuple d'Israël.
Le trône que souilla plus d'un décret infâme,
Où le meurtre s'assied sous les traits d'une femme,
C'est toi qu'il attendait pour laver son affront.
Charles, à tes côtés, levait son noble front,
Et le proscrit, encor trouvant des jours prospères,
Te devait son retour au palais de ses pères ;
Et Madrid, fatigué du joug qui l'accablait,
Comme un libérateur, dans ses murs t'appelait.
Qu'as-tu fait, malheureux ?... Toi, ce chef intrépide,
Coupable Fabius, temporiseur perfide,
Entends-tu le remords qui gronde dans ton sein.
Avec le monde entier, il t'appelle assassin !
Malheureux ! pour de l'or tu souilles ta mémoire ;
L'or est le prix du sang, l'or a payé ta gloire !
Mais tout l'or de Christine, au cri de tes soldats,
Au cri du monde entier ne t'arrachera pas !
Ah ! reste dans la fange avec ta félonie,
Honte à ces défenseurs de ton ignominie,

Et ces forbans de cour, fauteurs d'Espartero,
Qui suspendent l'honneur sur le sein d'un bourreau.
Symbole du courage, une immortelle étoile,
Que le brave indigné couvre à ton nom d'un voile,
Elle est donc aujourd'hui le salaire éclatant,
Et l'insigne promis au traître qui l'attend?
Jours de deuil et d'opprobre ! Odieux sacrilège !
Au crime des honneurs, il a son privilège !
Par un budget impur n'est-il pas soudoyé?
Oui, le denier du peuple au crime est envoyé.
Les délégués des Rois complimentent le crime !
Quand le crime est heureux, le crime est légitime !
Rumigny, le premier, court à l'Escurial,
Et là, balbutiant un langage royal,
Vient d'un succès honteux saluer l'espérance :
Courtisan diplomate, il fait rougir la France.
Quand le crime triomphe et marche radieux,
Silence ! au moins, silence ! et détournons les yeux !
Ne les fatiguons pas de l'aspect du parjure ;
Mais, pour les reposer, une grande figure
Qu'avec un saint respect l'histoire nommera,
Sur ses rocs menaçans apparait Cabrera...
Cabrera, tourmenté d'une pensée amère,
Contre ses meurtriers suit l'ombre de sa mère ;
Il entend murmurer les mânes de ses sœurs :
Le sang de tous les siens couvre les oppresseurs !
Et le sang veut du sang !... Lâchement condamnée,
Sa mère vieille, aveugle, ils l'ont assassinée...
Devant lui la vengeance agite son flambeau.
Ils ont parlé de paix. Il regarde un tombeau !
De ce tombeau s'échappe une céleste flamme
Qui soutient son courage et dévore son ame.
Ah ! qu'importe le nombre !... aux félons seuls l'effroi !...
Cabrera pour son Dieu, pour sa mère et son Roi,
Triomphe ou meurt. En vain Espartero l'enferme
Dans un cercle de feu : le lion reste ferme.

Glaive de Gédéon disperse l'ennemi !
Fier vainqueur sans combat, ton armée a frémi !
Duc de la trahison, dis-nous quelle est ta gloire ?
Là c'est avec du fer, qu'on obtient la victoire !...
O toi, l'espoir de Charles et l'effroi des tyrans,
Les traîtres sèmeront des traîtres dans les rangs.
Les vainqueurs ont gardé leurs mortelles alarmes :
Lâches et corrupteurs !... Cabrera, crains leurs armes !...
Est-il donc condamné ce peuple de héros ?
Quoi, lorsque les martyrs, en face des bourreaux ;
Disputent, mutilés, une sanglante palme,
Les trônes sont muets, l'Europe reste calme ?
Tant de sceptres brisés n'ont point appris aux rois
Qu'avec les droits de Charles, ils désertent leurs droits !
Unis, ils seraient forts ; la force est la puissance !
La révolte a compté sur votre obéissance,
Rois qu'emporte le flot autour de vous grondant,
Du grand Roi, de Louis, un digne descendant,
Le voilà, sous vos yeux, chassé de l'Ibérie.
Il salue en captif sa première patrie.
Votre frère !... il est seul !... séparé de ses preux,
Il s'assied au foyer d'un peuple généreux,
Et pour trésor royal, il n'a plus que l'aumône ;
Mais il a noblement soutenu sa couronne.
Sa couronne !... sept ans son bras la défendit.
Comme le Fils de l'Homme, un Judas le vendit !
Il tombe ! on a brisé cette ame haute et fière ;
Et dans la France enfin, la France hospitalière,
Un roi proscrit obtient un cachot pour palais :
Contre lui le pouvoir ameute ses valets ;
Le pouvoir outrageant de nobles Bélisaires
Jette à peine une obole à leurs saintes misères.
De sa geôle royale, un prince, hôte sacré,
Sort comme un criminel, d'espions entouré.
La police tremblante au moindre bruit s'alarme :
Charle a pour respirer, le permis d'un gendarme !

Et d'un préfet souvent le sbirre, incognito,
Aux désirs du captif, oppose son *veto*.
Crains du juste-milieu les ignobles entraves ;
Auguste prisonnier, laisse faire tes braves !
Entends mugir la foudre aux murs de la Plana ;
Vois ton peuple !... Jamais il ne t'abandonna !
Des obstacles ? toujours un grand cœur les surmonte.
Fuis nos vils courtisans ; ils conspirent ta honte.
Des écrivains gagés, hypocrites flatteurs,
Adressent à l'exil des éloges menteurs ;
Ils veulent maintenant que, trahi par toi-même,
Ta trop crédule main brise ton diadème !
Ils veulent qu'abjurant les chances des combats,
A ta voix tombe enfin le fer de tes soldats.
Qu'ils meurent, s'il le faut, mais non pas qu'ils se rendent !
Charles, c'est ton honneur que tes geôliers demandent !
Vœux perfides !... C'est toi qui dois les exaucer,
Et de ton rang suprême, aujourd'hui t'effacer !
Ah ! pense à tes aïeux ! ils dictent ta réponse,
Les temps s'accompliront, et que le ciel prononce !
Il t'éprouve peut-être, et tes sujets, un jour,
Consoleront le roi promis à leur amour !
Ils te rapporteront de leurs larmes trempée,
Ta couronne immortelle un moment usurpée.
Sur Madrid, tout-à-coup, un ange passera ;
Les traîtres pâliront, Jésabel frémira.
Tu reverras encor ta royale demeure !
Les instans sont comptés. Dès qu'aura sonné l'heure
Que marque un Dieu vengeur en ses desseins secrets,
Quand se réveilleront les célestes décrets,
Roi cher à tes guerriers, et de leur vie avare,
A ta voix, du Bastan, d'Aragon, de Navarre,
Les bataillons sacrés soudain reparaîtront,
Et du sang des héros, les héros renaîtront !

(France.)

Nous terminerons par les Strophes du noble chevalier
Melano de Calcina.

STANCES

A S. M. Catholique Don Carlos, Roi d'Espagne.

Écoute mes accens ! ta royale infortune
N'entendra point de moi de prière importune ;
Je suis un barde errant dans les jours de douleurs,
Le Seigneur en ces lieux a conduit mes alarmes ;
Et sur ton seuil sacré que j'arrose de larmes,
Ma main veut essayer de jeter quelques fleurs !

Mais d'où vient que ma lyre entre mes doigts brisée,
Ne prête qu'un son triste à ma voix épuisée ?
Au vent qui vient du ciel, sur le socle d'airain
Plaintive et sans vigueur, la corde des batailles
Pleure comme en des jours de tristes funérailles,
Et ce gémissement épouvante ma main !

Silence, sol sacré de la vieille Ibérie,
Pourquoi pleurer ? Ta gloire est-elle donc flétrie ?
Pour un jour de revers reniant ses lauriers,
Abaissant dans l'exil sa grande ame frappée,
Ton roi briserait-il la glorieuse épée
Des empereurs d'Espagne et des rois chevaliers ?

Non ! non ! nous la verrons encor sur les montagnes,
Comme un phare allumé pour toutes les Espagnes,
Rallier au combat les bataillons armés...

. . . .

Sire ! si vous faisiez, — quand le jour que j'implore
Verra vers l'Orient se lever son aurore, —
Aux chevaliers français un appel glorieux,
Vous me verriez alors dans la sainte querelle
M'élancer le premier, ceint du glaive fidèle
   Que j'ai reçu de mes aïeux !

. . . .

Parle ! Et tous les enfans de notre vieille France
Qui des preux chevaliers ont conservé la lance,
Se lèveront soudain dans un grand souvenir ;
Tes soldats, tes sujets, tes amis et tes frères
Nous verront, escortés des ombres de nos pères,
A l'appel de l'honneur, au tournois accourir !

Oh vois l'aigle royal qu'a blessé la tempête
Pour remonter aux cieux lever sa noble tête,
Voulant poursuivre au loin son glorieux essor
Et voir, malgré l'autan et la vague importune,
L'esquif qui portera César et sa fortune,
   Toucher enfin au port ;

Voir le Roi légitime au trône de ses pères,
De la patrie en deuil consoler les misères,
La paix s'épanouir à l'ombre de l'autel,
Et la Religion, de ses mains adorées,
Rallier dans son sein les tribus éplorées
   De la triste Israël !

FIN.

Tours, imp. de R. Pornix et Cie.